대한민국희망수업1교시

그래, 지금은 조금 흔들려도 괜찮아

대한민국 희망수업 1교시

그래, 지금은 조금 흔들려도 괜찮아

2010년 12월 6일 제1판 제1쇄
2012년 8월 27일 제1판 제4쇄

지은이 강병철, 고병태, 권혁소, 김경윤, 김보일, 김재룡, 김춘현, 박두규, 신현수, 오중렬, 이계삼, 이득우, 이수석, 전병철, 조재도, 최은숙
펴낸이 강봉구

편집 김윤철
마케팅 윤태성
디자인 디자인시
인쇄제본 (주)아이엠피

펴낸곳 작은숲출판사
등록번호 제313-2010-244호(2010년 8월 5일)
주소 121-894 서울시 마포구 합정동 367-9
전화 070-4067-8560 팩스 0505-499-8560
홈페이지 http://littlef2010.blog.me
이메일 littlef2010@naver.com

ISBN 978-89-965430-0-8(43040)
값 14,000원

대한민국 희망수업 1교시

그래, 지금은 조금 흔들려도 괜찮아

작은숲

차례

I

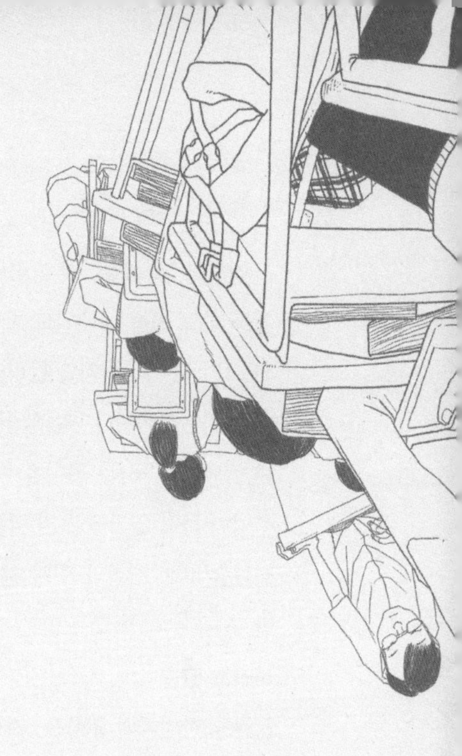

II

1

첫사랑, 첫 수업, 첫 경험……. '첫' 자가 들어가는 단어들은 늘 두렵기도 하고 가슴 설레기도 합니다. 나이를 먹을수록 '처음'에 대한 추억과 그리움은 더 커져만 갑니다. 그것은 다시 돌아올 수 없는 그 무엇에 대한 아련함이거나 애틋함이거나, 어쩌면 사랑이라고 해도 될 듯합니다. 그러나 다시는 돌아올 수 없는, 지나간 시절의 아름다움이었다고 추억만 하고 있기엔 우리 삶은 한편으로는 한없이 치열하고 끝없이 고달팠습니다. 시험과 입시 제도의 굴레 속에서 자유로운 적이 없었지만, 지금 우리 학교는 많은 사람들이 원하는 것과는 다른 방향으로 달려가고 있습니다. 자살, 왕따, 경쟁주의 교육, 사교육 열풍이 사라지지 않는 대한민국의 교육은, 지금 길을 잃고 헤매고 있습니다. 더구나 아이들은 학교 안에서나 밖에서나 여전히 공부하는 '기계', 점수 따는 '기계'로 전락되었고, 학부모들 역시 알 수 없는 무언가에 떠밀려 가고 있습니다. 대학은 가야 하니까, 남들도 다 하니까, 남들에게 뒤처지지 않기 위해서, 어디로 가고 있는지도 모른 채 우리는 그렇게 달려가고 있습니다.

2

요즘 선생님의 모습에서 옛날의 '스승'을 떠올리는 사람이 얼마나 될까요? 선생님도 엄연한 직업의 하나임을 부인하기 어렵지만, 다른 직업에 비해 더 특별한 직업의식과 교사로서의 사명감을 요구받고 있는 것 또한 사실입니다. 그러나 학교 교육을 둘러싼 현실은 선생님으로

하여금 '스승'이 아닌 '직업인'이 되라고 요구하는 것만 같아 안타깝습니다. 뭐라고 꼭 집어 이야기할 수는 없지만, 분명 우리가 잊고 사는 것이 있습니다. 소셜 네트워크니 스마트폰이니, 첨단 기술문명 덕에 우리가 마치 다양하게 '소통'하고 모두에게 공평한 기회가 '보장'되는 사회에서 살아가고 있다고 세상은 강변하지만, 그 속에서 우리가 잃어버린 소중한 '가치'가 있습니다. 그리고 이제는 그것을 찾아 나서야 할 때라고 생각했습니다. 세상이 아무리 변해도 지켜야만 하는 '가치', 특히 학교에서 잃어버렸던 소중한 '가치'를 되살려야 한다고 생각했습니다.

3

다양한 개성이 존중받고, 1등도 꼴찌도 아름다운 학교를 꿈꾸는 16분의 선생님들이, 그 '가치'를 찾아 두렵고 설레는 마음으로, 지금, 여기, 대한민국에서의 희망 첫 수업을 만들어 보았습니다. 하지 않으면 안 될 것 같은 이야기, 단 한 번도 쉽게 꺼내지 못했던 이야기, 시험과 입시와 진도에 떠밀려 할 수 없었던, 그래서 스스로 자책하면서 포기하고 낙담할 수밖에 없었던, 지난 시절에 숨겨둔 이야기들을 대한민국의 미래를 이끌어 갈 아이들에게, 또한 아이들의 엄마 아빠들에게 떨리는 마음으로 털어놓고 싶었습니다. 솔직하고 담담하게 털어놓는 자기 고백 같은 이야기를 담아내고 싶었습니다. 그러나 그 과정이 쉽지만은 않았습니다. 희망수업이라는 말에서, 1교시라는 말에서, 첫 수업이라는 말에서 압박감을 느끼지 않을 수 없었습니다. 어쩌면 처음이자 마지막일 수도 있는, 단 한 번의 수업이라면이야 말할 것도 없었습니다. 그 수업은 내용이 어떻든 솔직할 수밖에 없었습니다. 국어 선생님

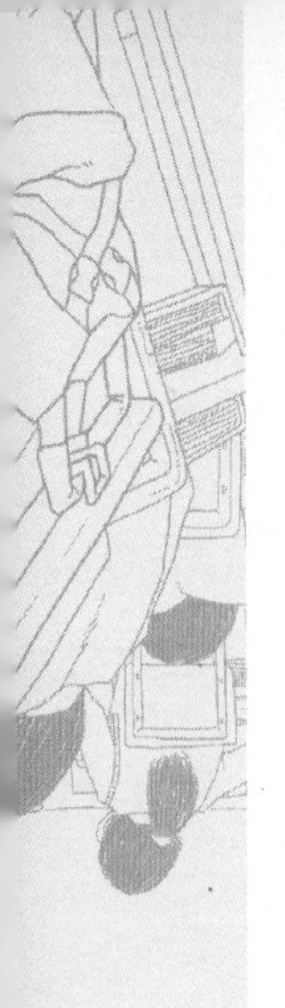

이든 영어 선생님이든, 수학 선생님이든 과학 선생님이든, 음악 선생님이든 체육 선생님이든, 어떤 과목을 담당하고 있든지 16분의 선생님들이 토해 낸 이야기들에서 제가 찾아낸 공통점은 '진실'이었습니다. 사람의 마음을 울리는 것, 마음으로 전해지는 것, 그것의 중심에는 언제나 '진실'이 있다는 사실을 새삼 깨달았습니다.

4

그렇더라도 너무도 다양하고 개성도 강한 16분의 선생님들이 함께 모여서 어떤 화음을 낼 수 있을지, 또랑또랑 빛나는 눈으로 1교시 첫 수업을 기대하고 있을 학생들에게 얼마나 큰 감동과 지식을 줄 수 있을지 걱정이 많습니다. 저마다 다른 색깔과 목소리 그리고 서로 다른 내용을 다른 방식으로 말하고 있지만, 그래서 전혀 어울릴 것 같지 않지만, 그래서 더 아름답고 소중한 한 권의 책, 한 시간의 '대한민국 희망수업 1교시'가 되기를 기대합니다. 다시 말하지만, 이 책을 관통하고 있는 하나의 목소리가 있다면, 그것은 바로 '진실'이라고 말하고 싶습니다. 그리고 '상식'이라고 말하고 싶습니다. 그래서 이 책을 만나게 될 학생들과 학부모님들이 진실과 상식이 통하는 세상을 꿈꾸는 데 조금이나마 보탬이 되었으면 하는 바람을 가져 봅니다.

끝으로 이 책의 취지에 공감하고 기꺼이 여름방학을 반납하면서 원고를 써 주신 16분의 선생님들께 감사의 인사를 드립니다.

외모는 산도적(?)같지만 마음은 한없이 따뜻한, 시도 쓰고 붓글씨도 쓰는 권혁소 음악 선생님, 김남주 기념사업회를 이끌면서 해남의 크고 작은 지역 일에도 열심인 해남의 김경윤 국어 선생님, 지리산의 시인 구례의 박두규 국어 선생님, 일찍부터 논술의 길을 개척해 온 인천의 이수석 철학 선생님, 시 쓰는 공주의 전병철 역사 선생님, 살면서 끊임없이 늘 새로운 길을 두드려온 천안의 조재도 국어 선생님, 국어 선생님보다 더 국어에 관심이 많은 천안의 이득우 영어 선생님, 비상한 기억력으로 신기할 정도로 과거를 재현해 내는 공주의 강병철 국어 선생님, 아들이 태어나기 전부터 대학생이 된 지금까지 육아일기를 써온 인천의 고병태 수학 선생님, 불시에 찾아온 공황 장애를 글쓰기로 이겨 낸 인천의 김춘현 사회 선생님, 여러 다양한 매체에 가장 활발한 활동을 펼치고 있는 밀양의 이계삼 국어 선생님. 시 쓰는 춘천의 김재룡 체육 선생님, 시인이면서도 가장 빛나는 산문을 써 온 청양의 최은숙 국어 선생님, 문·이과를 뛰어넘는 무불통지의 독서가이면서 손톱으로 밑줄 긋는 선생님으로 알려진 서울의 김보일 국어 선생님, 과학을 어려워하는 아이들에게 쉬운 과학을 만들어 주기 위해 끊임없이 고민하는 의정부의 오중렬 과학 선생님, 두루 고맙습니다. 아울러 이 책 '대한민국 희망수업 1교시'를 통하여 16분 선생님들을 새로운 인연으로 묶어 준 작은숲출판사께도 감사의 인사를 드립니다. 고맙습니다.

2010년 11월

16분 선생님들을 대신하여 신현수 씀.

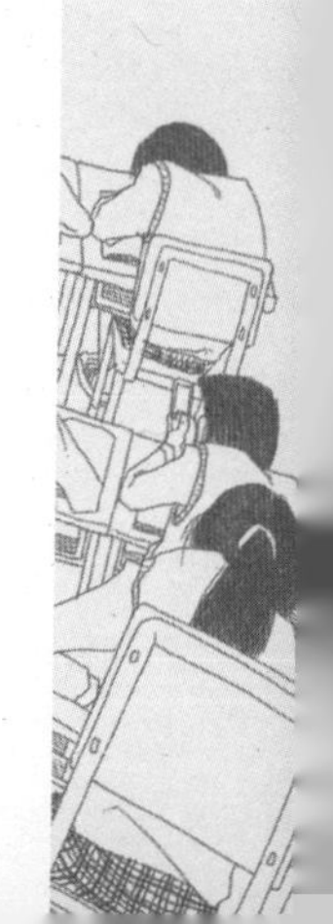

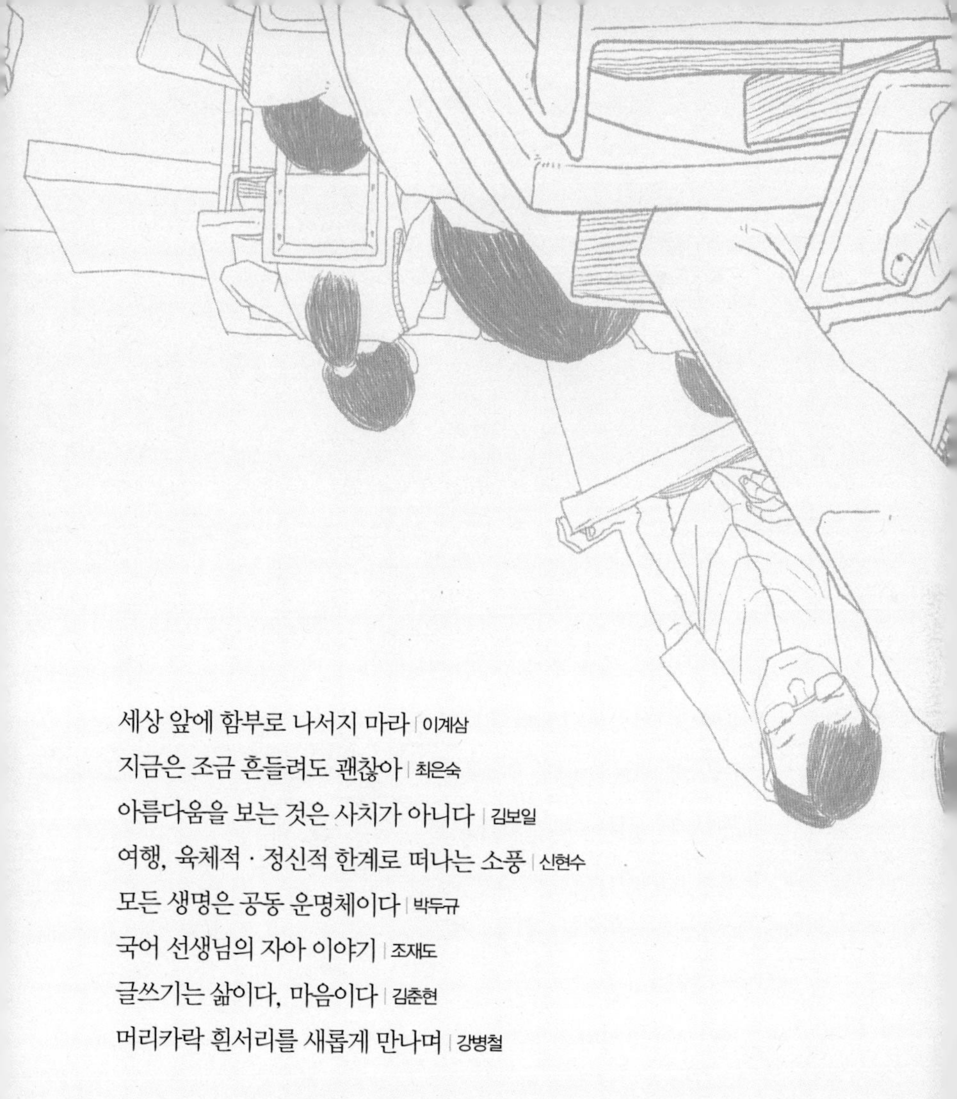

I

세상 앞에 함부로 나서지 마라

이 계 삼 시인, 경남 밀양 밀성고등학교 국어 교사

1973년에 경남 밀양에서 태어났습니다. 경기도 김포 통진중학교와 통진고등학교에서 일했으며, 지금은 경남 밀양에 있는 밀성고등학교 국어 선생님으로 일하고 있습니다. 또 전교조 밀양지회에서 활동하면서 『녹색평론』, 「한겨레」, 「프레시안」, 『교육희망』, 『함께 여는 국어교육』 등 여러 매체에 교육과 사회에 관한 글을 쓰고 있습니다.

공교육 학교와 궁합이 맞지 않는다는 생각을 늘 하면서도 아이들과 즐겁게 수업을 할 때가 제일 좋고, 함께 펼쳐 놓고 뭘 먹을 때 가장 행복합니다. 맨날 남의 차 얻어 타면서도 운전면허 없는 게 큰 훈장인 양 유난 떠는 게 특기이고, 자전거 타고 어슬렁거리는 것이 일생의 취미인 사람입니다. 거기서 얻은 에너지로 여러 매체에 글을 쓰고, 전교조를 비롯한 여러 사회 활동에도 힘을 보태고 있습니다.

전상국의 소설 「우상의 눈물」이라는 단편이 있다. 나는 이 작품을 통해 1교시를 시작한다.

우상의 눈물–기표와 형우

최기표라는 아이가 있다. 고등학교 2학년인데, 나이가 또래보다 한 살 많기도 하고, 아이라고 하기엔 하는 짓이 너무 무섭고 캄캄하다. '다크 포스'가 엄청난 친구다.

기표는 2학년 13반에 편입되었다. 이 반엔 부유한 집안의 도련님으로 자라난 유대와 형우 같은 똘똘한 아이들이 있다. 담임은 젊은 화학 교사인데, 과학 선생답지 않게 문학적인 비유도 곧잘 쓰는 사람이다. 담임은 '자율'이라는 낱말을 좋아한다고 말한다. 그러면서 항해에 방해가 되는 놈은 가차 없이 엄단하겠다고 엄포도 놓는다. 속이 빤히 들여다보이는 연설을 긴장해서 듣고 있는 아이들이 우스워진 유대는 "이 배의 선장은 누굽니까?"라고 담임에게 들이댄다. 자율 어쩌고 하지만, 실은 당신이 선장 아니냐는 힐난이라고 할 수 있다. 그러나 기표는 이 장면을 반장이 되고 싶어 하는 잘난 아이, 유대의 '잘난 척'으로 느낀다. 기표는 재수파 아이들을 불러 모아 유대를 학교 강당 뒤편으로 불러내 린치를 가한다. 정강이 끝에 쪼인트를 먹이고, 사이다 병을 깨서는 병 조각으로 제 팔뚝을 그어 터져나오는 피를, 무릎을 꿇고 있는 유대의 입에 들이댄다. 오장이 뒤집히듯 치밀어오르는 욕지기와 거센 공포로 유대는 허물어진다. 그때 씨부렁거리는 기표의 한마디는 "메시껍게 놀지 마!"라는 것이었다.

기표는 그런 아이다. 모든 게 제 마음대로다. 아이들이 채플–이 학교는 기독교계 미션 스쿨이라서 '채플'이라는 성경 수업이 있다–하러 간 빈 교실에서 담배를 피우고, 반 아이들의 도시락을 꺼내 먹어 버린다. 담임이 교실을 나가자마자 담임이 던져준 매스 게임용 추리닝을 주머니칼로 찢어 버린다. 그리고는 다른 아이 것을 빼앗아 입고는 미안하다, 고맙다는 둥 한마디 말이 없다.

기표는 뱀처럼 작고 징그러운 눈을 가졌다. 평생토록 선행이라는 말로 포장될 행동을 해보일 인간과는 거리가 멀어 보인다. 교사들도 그의 안하무인한 앙갚음이 두려워 그를 제대로 다스리지 못한다. 그가 이끌고 있는 재수파라는 조직이 있다. 공부를 못해 한 해를 유급해서 또래보다 한 살 많은 아이들의 집단이고, 기표는 강력한 카리스마로 이 아이들을 다스려 나간다.

기표의 왕국은 난공불락의 요새처럼 보인다. 그런데 그의 앞에 두 사람이 등장한다. 한 명은 담임이고, 한 명은 반장 형우다. 유대는 어느 편도 들지 않고 이들을 냉정하게 관찰한다.

형우는 기표 못지않은 물건이다. 부유한 집안에서 자란 똘똘한 아이인데, 사리가 밝고 두뇌 회전이 빠르다. 그는 반장으로서 기표를 충심으로 공대하면서 반을 이끈다. 입바른 소리도 곧잘 하고, 의협심이 있고, 그 말에 무게가 있다. 기표가 3학년 학생을 때려 징계를 받게 되자 일사불란하게 탄원서를 조직하여 기표를 구해 주기도 한다. 형우가 이렇게 할 수 있는 것은 담임이 형우를 전폭적으로 밀어주기 때문이고, 기표 또한 형우의 이야기만큼은 신뢰하고 귀를 기울여 준다.

그렇다면 담임과 형우는 기표를 걱정해서 그를 돕고 있는 것인가? 그렇지는 않은 것 같다. 다만 그들은 기표를 길들이고 싶어 한다. 담임과 형우의 입장은 충분히 이해할 수 있다. 기표 하나로 인해 학급은 전통적인 질서라는 것이 완전히 허물어져 있다. 기표는 단순한 교란자가 아니라 담임과 형우의 '공식 권력'을 사실상 무력화시키는 2학년 13반의 실질적인 지배자인 것이다. 따라서 그들의 '길들이기'는 권력 투쟁이기도 한 것이다.

지금까지의 권력 투쟁은 비교적 순탄했다. 기표는 이 싸움의 의미를 잘 모르고, 복잡한 계산 같은 것은 할 줄 모르는, 그저 철저하게 악할 뿐인 '순수한 악마'였다. 그런데 형우가 결정적 실수를 했다. 거기서 그만 자신의 의도를 노출하고 만 것이다. 기표가 다시 유급할 위기에 놓이자 형우가 담임과 의논한 끝에 반에서 공부 잘하는 아이들을 동원하여 기표의 커닝을 조직적으로 준비한 것이다. 기표가 요청한 것이 아니라, 형우가 일방적으로 준비한 커닝이었다. 이때 형우가 아이들을 설득하는 명분을 잠시 들어 보자.

> 나쁜 낙제 제도 때문에 그들이 구제 불능의 상태에 놓이도록 방관하는 것은 옳지 못한 것 같다. 물론 공부를 잘 못하는 것은 그들의 책임이다. 그러나 책임으로 그들을 추궁하기엔 그들이 너무 한심한 상태의 아이들이다.

보다시피 형우에게는 기표에 대한 분명한 경멸의 감정이 있다. 형우는 그런 기표를 '구제'하고 싶다고 말한다. 그리고는 "이 일은 우리 모두를 위한 것"이라고 못박는다. 그렇다면 기표는 이 갸륵한 제안을 받아들일 것인가? 당연히 기표는 거절한다. 형우는 기표를 아직 잘 몰랐던 것이다. 기표는 시험 첫날 자신에게 전해진 커닝 쪽지를 감독 선생에게 전달하며 "어떤 새끼가 이런 것을 나한테 전해 왔습니다."라고 까발린다. 그러나 누군지는 말하지 않았다. 감독 선생이 누군지를 물었지만, 아무도 실토하지 않았고, 기표가 재차 "어떤 개새끼야~"라고 으르릉거리자 형우가 벌떡 일어섰다. 이제 둘의 기싸움이 벌어지는 것이다. 어떻게 될 것인가. 그런데, 뜻밖에도 형우가 일어서자 여기저기서 불쑥불쑥 "제가 그랬습니다."라며 함께 일어서는 아이들이 있다. 형우와 함께 커닝을 모의했던 열댓 명의 아이들이 모두 일어서 버린 것이다.

기표는 노랗게 질려 버린다. 이것은 좀 이상한 조짐이었다.

감독 선생은 이 사태를 친구를 도우려는 급우들의 우정과 정직성으로 이해했고 사태는 마무리되었지만, 자존심에 상처를 입은 기표는 유대에게 그러했듯이 형우를 학교 뒷산으로 끌고 가 잔인하게 린치를 가한다. 기표는 끝장을 볼 심산이었던 것일까. 형우가 병원에 입원하게 되고, 형우에게 학교 측의 추궁이 들어온다. 그러나 형우는 린치의 주모자로 기표네를 지목하지 않고 끝까지 버틴다. 학교 측은 기표를 처분할 명분이 없어졌고, 기표는 계속 학교를 다닐 수 있게 된다. 그러나 기표는 형우에게 두 번 패배한다. 형우는 일약 학교의 영웅이 되어 버렸다. 형우는 정의와 의리의 남자가 되었고, 기표는 형우의 의협심으로 겨우 자리를 보전한 한낱 '양아치'가 되어 버린 것이다.

기표의 카리스마는 이때부터 무너져 내리기 시작한다. 눈도 제대로 쳐다보지 못했던 무시무시한 기표를 아이들은 이제 스스럼없이 '형'이라고 부르고, 어깨도 치고, 기표 또한 형우를 함부로 하지 못하게 된다. 담임과 형우는 기표를 이제 '보통의 존재'로 끌어 내리기 위한 결정타를 준비한다. 기표를 교무실로 내려보낸 뒤 열린 학급회의에서 형우는 유대에게 드러냈던 경멸(그 새끼한테는 사과 따위 받고 싶지 않다.)은 씻은 듯 감추고, 아이들에게 기표의 집안 사정을 전해 주면서, 기표를 미화하는 데 열을 올린다. "기표 아버지는 중풍으로 식물인간으로 누워 있고, 기표 어머니는 심장병을 앓고 있다. 기표의 여동생은 버스 안내원이고, 돈 때문에 그것도 그만두고 술집에 나가려다 기표에게 심하게 얻어맞은 적도 있다. 기표네 식구들은 라면으로 끼니를 때운다." 운운……. 신화적 존재였던 기표는 형우에 의해 한낱 "판잣집, 그 냄새 나는 어둑한 집에서 라면 가락을 허겁지겁 건져 먹는 한 마리 동정받아 마땅한 벌레"로 변모되어 나타났다. 형우는 기표를 위한 '불우 이웃 돕기 성금 모금'을 제안했고, 아이들은 환호했다. 기표의 사정이 널리 알려지기 시작했다. 신문에도 났다. 각처에서 모금과 편지가 쇄도했다. 이제 기표는 부끄러움을 잘 타는 아이로 변해 버렸다. 그 당당한 체구는 왜소하게 찌부러졌고, 사진 찍을 때 '치이즈' 하듯 '썩소'를 머금는, 쉬는 시간에는 국어책을 읽는 순한 아이로 탈바꿈했다.

그러나 자신과 재수파들의 얘기가 영화로 만들어질 무렵, 기표는 드디어 탈주를 감행한다. 집을 나가 버린 것이다. 그리고 학교에도 나오지 않는다. 기표가 집을 나가면서 여동생에게 보낸 편지의 맨 앞에는 이렇게 쓰여 있었다.

"무섭다, 나는 무서워서 살 수가 없다."

기표의 몰락

기표는 뭐가 무서웠던 것일까? 형우가 무서웠을 것이다. 그 곱상하게 생긴 야무진 소년의 철저한 계산과 끈기 있는 공작으로 자신이 철저히 몰락하고 말았던 것임을 기표는 뒤늦게 깨달았던 것이다.

반 아이들이 무서웠을 것이다. 추리닝을 함부로 빼앗아 입어도, 도시락을 먹어 버려도, 교실에서 담배를 피워도, 메스껍게 구는 녀석에게 린치를 가해도 꼼짝 못하던 아이들, 그들이 뭉친 집단 대중이 얼마나 무서운 존재인가를 뒤늦게 알게 된 것이다.

기표는 세상이 무서웠을 것이다. 무릎 꿇고 사느니 서서 죽겠다며 꼿꼿하게 맞붙어 보고자 했던 세상이 어느 날 자신에게 천사 같은 얼굴을 하며 다가와 선의를 베풀어 주었다. 성금을 모아 주고, 신문에다가는 자신을 우정과 의리의 남자로, 효성 지극한 소년으로 묘사해 주었다. 그는 뭐가 뭔지 몰라 어리둥절했을 것이다. 그러던 어느 순간, 자신은 이들로부터 동정받아 마땅한 한 마리 벌레임을, 자신에게 베풀어진 선의에는 자신을 거꾸러뜨려 그들의 세상으로 순치시키려는 날카로운 발톱이 숨겨져 있었음을 뒤늦게 깨달았던 것이다. 그러나 그것을 깨달았을 때는 이미 늦었고, 결국 그가 선택할 수 있는 것은 '탈출'밖에 없었던 것이다. 비굴한 탈주였고, 완전한 패배였던 것이다.

남은 것들-기표가 떠난 2학년 13반

나는 이 소설을 다 읽은 뒤, 아이들에게 단 하나의 질문을 던진다.

"기표가 떠난 2학년 13반은 좋은 반인가?"

나는 거기에 세 가지 유형의 답변을 제시한다.

① 좋은 반이다. 왜냐하면 ~

② 좋지는 않지만, 현실적으로 최선이다. 왜냐하면 ~

③ 나쁜 반이다. 왜냐하면 ~

여러분은 어떻게 생각하는가. 선택은 한 가지만 할 수 있다. 우선, 나와 함께 이 소설을 공부한 친구들의 답변을 한번 경청해 보자.

① 좋은 반이다. 왜냐하면 ~

일단 그 반에서 기표한테 맞는 애가 없고, 그리고 기표한테 주눅들어 신경 쓸 일이 없어지니까 혈압이 낮아져서 성격이 좋아질 것이다. 기표가 불쌍한 애는 맞다. 그러나 지가 한 일은 졸라 못된 짓이다. 다른 사람은 조금도 생각하지 않는다. 방식이 나쁜 건 인정한다. 그러나 그런 악당이 사라졌기 때문에 그 반은 좋은 반이다.

– 2학년 박철호

② 좋지는 않지만, 현실적으로 최선이다. 왜냐하면 ~

현실적으로 기표로 인해 많은 아이들이 피해를 입었다. 내가 아는 대로 나열해도 도시락, 매스 게임 추리닝, 정신적 피해, 이 정도가 있다. 그러므로 그런 기표가 사라진 것은 좋은 일이다. 그러나 이런 문제가 남는다. 아이들이 그를 끝까지 욕하지 않은 것은 그가 순수한 악마였기 때문이다. 반대로 담임과 반장은 겉

우리는 대체로 날 때부터 선하고, 어떤 상황이 와도 자신의 선함을 위해서 고통스럽게 싸우는 영웅의 이야기에 익숙하다. 그리고 그 반대편에 서 있는 악당, 날 때부터 악했고, 어떤 상황이 와도 자신의 악함을 반성하지 않는 악당의 이야기에도 익숙하다. 그러나 과연 실제로 그러한가.

으론 착하지만, 권력으로 한 아이를 길들여 버렸고, 그것도 자신들의 선행으로 포장시켰다. 그들은 위선자이다. 우리는 모순을 갖고 있다. 겉으로는 드러난 악을 싫어하지만, 그 악이 순수하다면 매력을 느낀다. 그런데 위선자를 싫어하면서도 현실적으로 도움이 되니 인성하고 만다. 이게 현실이다.

- 2학년 황인수

③ 나쁜 반이다. 왜냐하면 ~

사람은 날 때부터 폭력을 알고 태어나진 않는다. 기표도 사람이고, 어릴 적부터 불우했고, 그 영향을 많이 받았을 것이다. 남 잘 되는 거 못 보고, 뺏고 싶고, 착한 척하는 것 못 봐주는 성미도 생기고. 기표도 겉으로는 나쁜 짓을 일삼았지만, 마음 한편에는 따뜻한, 안정된 삶을 원하고 있지 않을까. 그 방법을 몰라서 자기 울분을 터뜨리는 길만 찾다가 나쁜 길로 접어든 것 같다. 그에 비하면 형우와 담임은 너무 야비하다. 형우와 담임은 속물적이고, 이기적이고, 계산적인, 지금 정치판 같다는 생각이 든다. 기표가 없는 2학년 13반은 형우가 중심이 된 위선적인 반이 될 것이다.

– 2학년 최윤정

여러분들은 어떻게 생각하시는가? 정답이 없는 질문이니 누구나 답할 수 있다. 한 가지씩 해석해 보자.

① 기표가 떠난 2학년 13반은 좋은 반일 수 있다

현실적으로 존재하는 폭력이 사라졌다. 아무리 순수한 악이라도 악은 악이다. 그가 자행한 폭력의 공포를 현실적으로 겪어야 하는 이들의 입장에서 보면, 기표가 떠난 것은 후련하고 말할 수 없이 다행스런 일이다. 한 사람의 악한 존재로 인하여 교실의 모두가 평온하지 못한 일상을 살아야 한다는 것은 얼마다 부당한 일인가. 담임과 형우는, 권모술수가 있었을지언정 공동체의 번영과 안정을 가져다 준 뛰어난 지도자이다. 마키아벨리가 『군주론』에서 그리워했던 바로 그 지도자이다.

② 좋지는 않지만 현실적으로 최선이다

과정의 부당함을 모르지 않으나 어쩌겠는가. 담임과 형우의 위선이 지배하는 이 반을 어찌 '좋은 반'이라 할 수 있겠는가. 그러나 기표의 선택도 옳지 않았다. 굶주린 모두가 도둑질을 하지는 않는다. 기표와의 공존은 현실적으로 불가능했다. 잘못은 기표가 먼저 저지른 것이다. 담임과 형우의 술수는 기표가 먼저 공포 분위기를 조성하고 학급의 질서를 교란했기 때문에 대응 차원에서 마련된 것이다. 담임과 형우는 기표와 공존하기 위해 나름 대로 굉장한 애를 썼다. 그리고 기표 자신도 변해야 할 의무가 있었다. 그러나 기표는 그것을 스스로 포기하고 떠난 것이다. 아이들과 담임, 반장이 모두 기표를 발가벗기우고 초라한 존재로 만들어 깎아내리는 일이 '옳지 않은 일'임을 모르지 않았을 것이다. 그러므로 2학년 13반은 정의와 진실이 살아 있는 학급이라고 볼 수는 없지만, 현실적으로 가능한 최선의 길이었다. 이상은 이상일 뿐, 현실일 수는 없다.

이제 내 생각을 이야기할 차례다.

나는 ③을 지지한다. 물론 이것은 내 생각이다. 내 생각에 동의할 필요는 조금도 없고, 나는 ①과 ②를 지지하는 이들을 내 생각으로 이끌어 낼 생각은 추호도 없다. ①번, ②번, ③번이 공존하는 세상이 좋은 세상이다. 사실 말이지만, 지금껏 이 세상은 ①번과 ②번과 같은 사고방식이 지배해 왔다. 공동체에 해악으로 지목된 존재는 이유를 불문하고 가차 없이 추방되어야 했고, 이것에 능란한 이들이 영웅의 칭호를 얻었다. '현실적 최선'이라는 이름의 현실주의는 진실과 진리를 향한 인간의 꿈을 언제나 꺾어 왔다. 따라서 ③을 추구하는 세력은 현실 세계에서는 언제나 소수였다는 사실을 먼저 말하고 싶다.

내 이야기를 하기 전에 우선, 두 가지 질문을 던져 보자.

– 기표의 악은 어디에서 왔는가?
– 선과 악의 거리는 얼마나 먼 것인가?

누구나 짐작하듯이 기표의 악은 상당 부분, 그의 환경에서 왔다. 그의 환경은 그야말로 최악이다. 아버지의 중풍, 어머니의 심장병, 여동생의 버스 안내양 생활, 뚝방동네 빈민촌에서 그는 똑똑하고 잘난 사람들에 대한 본능적인 분노를 키워 왔을지도 모를 일이다. 그래서 그는 최우등생에, 부잣집 아들인 유대가 2학년 첫날 첫 시간에 '깐죽거리며' 담임 앞에서 나대는 모습을 보고는 그냥 질러 버린 것이다. 드러난 것은 기표의 잔학무도함이다. 그러나 그 배후에는 기표의 성장과 현재의 사회·경제적 삶 전체가 모두 서려 있는 것이다.

우리는 소설을 읽음으로써 그의 모든 것을 지켜볼 수 있었기에 기표의 '악'의 근원을 이해할 수 있다. 그러나 현실 세계에서는 이 '악'을 가능케 한 외부적 맥락을 충분히 이해하는 것은 대단히 어렵다. 북한이 왜 저렇게 남한과 미국과 국제 사회를 향해서 말도 안 되는 생떼를 쓰는지 우리는 충분히 알고 있는가? 그 역사적 맥락은 어떤 것인지 우리는 잘 알고 있는가? 김길태가 저지른 그 끔찍한 범죄가 과연 그의 유전자에서 기인한 것인지, 아니면 그가 걸어온 삶의 맥락에서 기인한 것인지 우리는 쉽게 단언할 수 있는가? 우리가 올바른 판단을 내리지 못하는 것은 이처럼 눈에 보이는 '악'이 어디서 왔는지를 가늠할 수 없기 때문이다. 그러므로 우리는 악을 이해하기 위해 공부해야 하고, 악인의 이야기에도 귀를 기울여야 하며, 세상이 흔히 '악'이라 단죄하는 것에 대하여 의문을 품어야 한다.

두 번째 질문에 답해 보자. 선과 악의 거리는 얼마나 먼 것인가. 우리는 대체로 날 때부터 선하고, 어떤 상황이 와도 자신의 선함을 위해서 고통스럽게 싸우는 영웅의 이야기에 익숙하다.

그리고 그 반대편에 서 있는 악당, 날 때부터 악했고 어떤 상황이 와도 자신의 악함을 반성하지 않는 악당의 이야기에도 익숙하다. 그러나 과연 실제로 그러한가. 내가 경험으로 증언할 수 있는 확실한 진실은 이 세상에는 100%의 악도 없고, 100%의 선도 없다는 것이다. 우리는 언제나 51%의 선과 49%의 악으로 겨우 선의 편에 서거나, 때로는 그 비율의 아슬아슬한 차이로 악행을 저지르기도 하는 평범한 사람들일 뿐이다. 선과 악의 거리는 '제빵왕 김탁구'의 김탁구와 구마준의 거리처럼 그렇게 멀지 않다. 그렇게 착한 김탁구도 사흘만 굶겨 놓으면 남의 집에 뛰어들어가 빵을 훔치는 사람이 될 수 있다. 오갈 데 없이 악한 사람도 그에게 선한 삶의 가능성을 열어 주면 그 순간만큼은 선인으로 살 수 있다.

내가 깊은 감동으로 읽었고, 이런 이야기를 할 때마다 함께 읽곤 하는 한 신문 기사가 있다. 이 할아버지의 기막힌 인생사를 읽어 보자.

> 벌써 2년째다. 서울 후암동의 중복 장애아 보육원인 '가브리엘의 집'과 탁아소 '빛나리 공부방'에 한 달에 두 번씩 과자 상자가 배달된 지가. 매월 15일과 30일 동네 슈퍼마켓 주인은 이 두 곳에 과자를 배달한다. 아이들의 이틀 주전부리 분량이다. 기부자는 '익명'이다. 슈퍼마켓 주인은 "누가 보내는지 밝히지 말아 달라고 부탁했다."고 했다. 보육원과 탁아소 운영자는 자신을 드러

내지 않는 기부자에게 고맙다는 인사도 못했다. 아이들은 보름마다 과자 파티를 하며 즐거워한다.

기자는 수소문해 그 숨어 있던 기부자를 만날 수 있었다. 그는 기자를 만나는 것을 거부했다. 전화로 수차례 설득했다. 어렵사리 만난 그는 일흔을 눈앞에 둔 할아버지였다. 그리고 놀랍게도 그는 나라에서 매달 생활비 37만 원을 받는 기초 생활 보장 대상자였다. 혼자 살고 있었다. 더구나 그는 5년 전 뇌출혈로 쓰러졌고, 지금도 어지럼증 같은 후유증에 시달리는 환자였다. 가족들은 할아버지가 병원에 입원한 뒤 그의 곁을 떠났다. 철저히 버림받았다. 그는 나이 먹어 일도 못하는 데다 보살펴 줄 가족조차 없는 '불행한 노인'인 셈이다.

할아버지는 후암동 쪽방촌에 한 달 10만 원의 사글세를 내며 살고 있다. 두 평 남짓한 그의 방은 대각선으로 누워야 발을 뻗을 수 있을 정도로 좁다.

아침은 건너뛰고, 점심은 무료 급식으로 해결한다. 나라에서 받는 37만 원 가운데 보육원 아이들에게 줄 과자 값으로 12만 원을 지출하고, 10만 원을 방세로 내면 15만 원이 남는다. 그 돈으로 약값과 생활비를 쓴다. 교회에 헌금도 한다.

할아버지는 일찍부터 고아가 됐다. 어머니는 할아버지가 다섯 살 때 폐결핵으로 숨졌고, 아버지 역시 6·25 전쟁통에 숨졌다. 고아원에서 청소년기를 보낸 할아버지는 부산에서 밀수를 하는 '주먹'으로 거칠게 살았다. 경찰과 총격전까지 벌이며 도망 다니다가 자수해, 군대를 다녀와서는 남대문 시장에서 액세서리

장사를 했다.

그러나 뇌출혈로 쓰러지며 가족은 해체됐다. 부인은 "어떻게 대소변을 받아 내고 사느냐"며 가출해 버렸다. 아들은 아버지를 병원에 팽개친 채 소식을 끊었다.

세상이 원망스러웠다. 퇴원한 그는 심한 우울증에 시달렸다. '확' 불 질러 버리고 자신도 죽겠다며 휘발유를 넣은 페트병을 목에 건 채 거리를 하루 종일 방황했다. 달리는 전동차에 뛰어들어 자살하려고 지하철 정류장을 서성이기도 했다.

죽을 '용기'가 모자랐던 할아버지는 빗물이 새는 쪽방에 누워서 곡기를 끊고 죽음을 기다렸다. 밤새 얼굴에 떨어지는 빗방울을 피하지 않은 채 모진 삶에 마침표를 찍으려 했다.

"과자를 왜 보육원에 보낼 생각을 했나요?"

순간 할아버지의 눈시울이 붉어진다. 어눌한 목소리가 떨린다.

"어렸을 때 고아원에서 지는 해를 보면서 무척이나 배가 고팠어. 과자를 정말 먹고 싶었지. 쪽방에서 죽기를 기다리던 어느 날 동네 탁아소 아이들이 떠드는 소리가 들리는 거야. 그 소리가 마치 참새가 짹짹거리는 것 같았어. 너무 듣기 좋았지. 그리고 어린 시절 미치도록 먹고 싶었던 과자라도 그들에게 주고 죽어야겠다고 생각했어. 그래서 일어났지."

눈물이 흐르는 뺨을 훔치는 손에 경련이 인다. 할아버지는 기초 생활 보장 대상자 신청을 했고, 생존에 필요한 최소한의 생활비를 조각내 아이들에게 과자를 사주기 시작했다. 김두환(69) 할아버지는 행복하다. 표정도 좋다. 그리고 이렇게 말씀하신다.

그러므로 중요한 것은 '공존'이다. 기표를 기표답게
대우해 주는 세상, 기표의 가난과 비참을 보듬어
주는 세상, 기표의 악행을 정면으로 응시하고
대화하는 세상이 제일 좋은 세상이다.

"도와줄 수 있어서 너무 고마워!"

– 이길우 기자, 「쪽방에서 온 과자」, 『한겨레』에서 인용

나는 기표 또한 얼마든지 이 할아버지 같은 사람이 될 수 있다고 믿는다. 인간이란 한없이 너절한 존재이기도 하지만, 또한 이렇게 한없이 깊고 아름다운 존재이기도 하다. 누구도 기표의 삶의 가능성을 단정 지을 수 없는 것이다.

기표의 악은 아주 짧은 순간에 교정될 수도 있었다. 그는 실제로는 겁 많고 순박한 내면을 가진, 한없이 약한 한 소년이었을 뿐이다. 그를 지렛대 삼아 제 자신의 존재 가치를 들어 올리려는 형우 같은 아이들의 술수 말고, 진심 어린 충고 한마디, 혹은 단호하고 결기 어린 저항이 그를 선한 삶으로 이끌어 냈을 수도 있다. "왜 남의 도시락을 훔쳐 먹어!" " 너 거지야?" "맘에 안 든다고 사람을 그렇게 때려? 너도 한번 당해 볼래?" 하는 매서운 저항에 기표가 한 번이라도 맞부닥쳤다면, 그는 그런 행동을 절대로 반복할 수 없었을 것이다.

중요한 것은 악과의 공존이다. 다시 한 번 강조하지만, 세상에는 절대선도 없고 절대악도 없다. 선한 의지, 선한 사람들로 넘쳐 나는 세상은 그 반대의 경우만큼이나 끔찍한 지옥이다. 선한 사람은 악한 사람이 있기 때문에 선한 사람이 될 수 있다. 영웅은 그가 날 때부터 영웅이 아니라 시대가 만들어 내는 것이다. 김구와 윤봉길과 안중근은 일제가 만들어 준 영웅이다. 간디

는 영국의 식민지 지배가 만들어 준 것이다. 선이든 악이든, 위대함이든 너절함이든, 모두 주어진 환경에 바탕하고 거기에 궁극적으로 종속될 따름이다. 그러므로 중요한 것은 '공존'이다. 기표를 기표답게 대우해 주는 세상, 기표의 가난과 비참을 보듬어 주는 세상, 기표의 악행을 정면으로 응시하고 대화하는 세상이 제일 좋은 세상이다.

담임과 형우는 어떤 사람인가?

오늘날 이 세계에는 수많은 담임과 형우들이 넘쳐난다. 담임과 형우는 어떤 사람인가. 그들은 굉장히 능력 있는 지도자이다. 그들은 자율과 민주주의의 외피를 쓰고 있으며, 현실적 악을 거꾸러뜨리는 데 성공했다.

형우는 기표에 대한 경멸의 감정을 유대에게 노골적으로 드러낸다. 담임 역시 마찬가지다. 기표가 가출하고, 학교를 나오지 않을 때 병색이 완연한 기표의 어머니가 학교에 찾아온다. 기표의 급우들을 보자 이렇게 고마운 아이들이 어디 있겠느냐면서 아이들의 손을 더듬어 쥐려 할 때, 담임은 기표 어머니를 내쫓듯 교무실에서 밀어 낸다.

형우와 담임이 기표를 길들이는 것은 결국 공동체의 안녕을 위한다는 명분을 내걸고 있다. 형우가 기표를 위한 커닝을 모의하면서 내건 명분은 결국 '우리 모두를 위해서'라는 것이었으며, 유대에게 자신은 지금 '기표를 구제하는 중'이라고 말한다.

누가 누구를 '위한다'는 것, 누가 누구를 '구제해 준다'는 것은 우리들의 정치 지도자들이 버릇처럼 내세우는 명분이다. 2003년 당시 미국의 대통령이었던 부시가 국제법을 무시하고, UN도 바지저고리로 만들면서 이라크를 침공할 때 내건 명분도 '이라크의 내랑 살상 무기를 제거하고, 이라크 인민들을 압제자로부터 해방시켜 주겠다.'는 것이었다.

'진충보국 멸사봉공(盡忠報國 滅私奉公)'이라는 혈서를 써서 일제에 충성을 맹세하고, 다카기 마사오(高木正雄)라는 이름으로 항일 무장 투쟁 세력을 소탕했던, 만주군 장교 박정희라는 청년이 있었다. 그가 현역 육군 소장으로 5.16 쿠데타를 일으키며 한강 다리를 건너 중앙청을 점령한 뒤 내건 혁명 공약은 이런 것이었다.

> 퇴폐한 국민도의와 민족정기를 바로잡고, 도탄에 빠진 민생고를 시급히 해결한다.

그는 대통령으로 재임할 때 '국민 교육 헌장'이라는 걸 만들어서 우리의 출생의 이유까지 친절하게 규정해 주었다. 어린 시절 초등학생이던 우리가 좔좔 외워야만 집에 갈 수 있었던 국민교육헌장의 맨 첫머리는 이렇게 시작하고 있다.

> 우리는 민족중흥의 역사적 사명을 띠고 이 땅에 태어났다.

우리는 정말로 모년 모월 모일 모시에 조산원에서, 산부인과 병원에서, 집 안방에서 민족을 중흥시키기 위한 사명을 띠고 이 땅에 태어났다는 말인가.

나의 사회적 경험으로, 또 지적 경험으로 이렇게 말할 수 있다. '누구 누구를 위해서'라는 말이 입에 발려 있는 인간들, '누구 누구를 구제하겠다'는 말을 입버릇처럼 떠드는 인간들은 실제로는 대개 사기꾼이라고 말이다. 이런 사람들을 경계해야 한다.

우리의 대통령께서는 서민을 위하겠다고 입버릇처럼 떠들고, 가끔 재래시장에 출몰해서 어묵도 드시고, 목도리도 걸쳐 주지만 실제 그의 정책들은 토건회사, 재벌, 특권층들을 편들어 줄 뿐이었고, 힘없고 약한 이들을 지속적으로 고통스럽게 하는 것들이었다. 그가 지명해서 장관과 총리 후보자에 오른 이들의 면면을 보자.

그들은 청문회에서 국가를 위해 봉사할 기회를 달라고 그렇게 하소연들을 늘어놓았지만, 실상 그들은 시민이 지켜야 할 기본적인 덕목조차 함부로 내팽개친 모리배들일 뿐이었다. 단적으로 2010년의 대한민국을 이끌었던 권력의 핵심, 빅3(대통령, 여당 대표, 국무총리)는 모두 병역 의무를 요상한 이유로 미꾸라지처럼 빠져나간 이들이었다.

'기표'는 이 사회에서 '현실적 악'이라는 이름으로 불리우는, 함께 살기는 하지만 그래도 딱 없었으면 좋을, 그런 존재들의 다른 이름이다. 지금 미국의 입장에서 기표는 '이란, 북한, 쿠바' 같은 나라들일 것이다. 일본의 극우 정치인들에게는 깡패 국가 '북한'

이 바로 그러한 존재인 것이다. 유럽의 순혈주의자들과 극우분자들에게는 '집시'들과 제3 세계에서 온 '이주 노동자'들일 것이며, 미국의 KKK단원들에게는 '흑인'일 것이다. 영등포구의 번영을 약속하며 국회의원에 출마했던 정치인 전여옥씨에게 기표는 영등포역에 진 치고 살아가는 노숙인들일 것이다. 그래서 그는 국회의원이 되면 지역 발전을 위해 영등포역의 노숙인들을 싹 청소하겠다고 공약할 수 있었던 것이리라.

권력을 가진 자들, 가지려는 자들은 항상 '기표'들을 기다린다. 그들은 '기표'를 지렛대로 삼아 지도자로서의 자신의 존재 가치를 들어올리고 싶어 한다. 2,500년전, 중국 춘추 전국 시대의 캄캄한 세상 앞에서 세상을 바로잡겠다고 나서서는 그 자신 세상을 더욱 캄캄하게 만드는 '영웅호걸'들의 위선을 지켜보며 절망했던 사상가 노자(老子) 할아버지는 "불감위천하선(不敢爲天下先)–세상 앞에 함부로 앞장서지 말라."고 일갈하셨다.

세상을 바로잡겠다고, 구제해주겠다고 자신은 지금 세상을 위해서 살고 있다는 그들이 마음 깊은 곳에 꿈꾸는 것은 권력이요, 남들 위에 섬으로써 자신을 드러내고 싶어 하는 옹졸한 자기 실현의 욕구일 따름이었다.

세상은 기표가 아니라 담임과 형우, 이들이 지속적으로 망쳐 왔다.

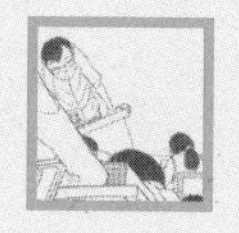

지금은 조금 흔들려도 괜찮아

최 은 숙 시인, 충남 청양중학교 국어 교사

1966년에 충남 연기에서 태어났습니다. 1993년에 충남 서산중학교에서 첫발을 뗀 뒤, 천안 목천중학교와 천안북중학교를 거쳐 지금은 충남 청양중학교에서 국어 선생님으로 일하고 있습니다. 1990년 『한길문학』에 「연탄」 외 두 편의 시를 발표하며 시인이 되었고, 시집 『집 비운 사이』와, 『세상에서 네가 제일 멋있다고 말해 주자』, 『미안, 네가 천사인 줄 몰랐어』 등 두 권의 교육 산문집을 냈으며, 대전충남작가회의 청소년 잡지 『미루』의 편집 주간으로 학생문예일꾼을 발굴하는 데 힘쓰고 있습니다.

천장호수를 돌아 칠갑산 고개를 넘어가는 출근길이 아름다워서 행복하고, 그가 가진 것 중 가장 좋은 것을 불러낸다는 청양의 아이들이 학교에서 기다리고 있는 것이 행복하다는 그는, 동료 교사들과 더불어 독서 모임을 하며 죽을 때까지 공부하고 성장하고 싶은, 그러한 삶이 몸담고 있는 학교와 지역에 작은 보탬이 되기를 바라는 선생님입니다.

십여 년 전 나는 충남 천안의 시골에 살았습니다. 우리 마을엔 축사를 고쳐서 세운 조그만 교회가 있었습니다. 어느 날 시내에 나갔다가 교통경찰에게 주정차 위반 딱지를 떼었어요. 도로에 차를 세워 두고 잠깐 볼일을 보고 온 사이에 일어난 일입니다.

이제, 다 나았어요…… 이제 괜찮아요

시골에 살아서 그런지 마을을 벗어나 복잡한 시내에 나갔다오면 속도 위반, 신호 위반, 주정차 위반 등 골고루 범칙금과 과태료 통지서가 날아오는 일이 적지 않았기 때문에 크게 놀랄 일은 아니었습니다. 우리 동네에는 신호등도 없을 뿐만 아니라 면사무소 마당, 가게 앞, 길가, 아무데나 차를 세워도 괜찮거든요.

그런데 그날은 집으로 돌아오는데, 자꾸 뭔가가 꾸역꾸역 치밀어 오르는 것이었어요. 길가 한적한 곳에 차를 세웠습니다. 안전벨트를 풀고 의자 등받이를 뒤로 젖히자 저 속에 웅덩이가 찰

랑이며 고여 있던 것처럼, 거기에 펌프질을 하는 것처럼 갑자기 눈물이 솟아올라왔어요. 내가 가르치는 아이들이 함께 사는 동네에서, 언제 학부모님들이 지나갈지 알 수 없는 거리에서 걷잡을 수 없이 울음이 터져 나왔습니다. 이유를 알 수가 없었어요. 과태료 때문에? 그건 아니었어요. 아마 나는 갑자기 세상이 낯설고 외로웠던 모양입니다. 그동안 울지를 못해서 체했던가 봅니다. 주정차 위반 딱지가 마중물처럼 목구멍에 들이부어진 것 같았습니다.

격정의 시간이 지나고 나서 눈물을 닦고 한참 바람을 쐬었습니다. 물도 한 모금 마시고 화장도 고쳤습니다. 심호흡을 하고 시간을 조금 더 보냈습니다. 그런 뒤에 아무렇지도 않은 얼굴로 교회로 갔습니다. 교회 마당에 들어설 땐 나는 다시 평소의 내가 되어 있었습니다.

목사님과 사모님은 내 또래입니다. 지나다가 들러 차도 나누고 밥상이 차려져 있으면 수저 하나 더 놓고 같이 먹는 사이입니다. 평소 대로 사모님이 부엌일 하는 것도 거들고 빨래도 개면서 이런 저런 이야기를 나누는데, 사모님이 물어보았습니다.

"선생님, 무슨 일 있어요?"

"아니, 왜요? 아무 일도 없는데요."

사모님은 야무진 음성으로 또 물어왔습니다.

"어떤 놈이 뭐래요? 누구예요? 가만 안 둘 테니."

나는 그만 웃음을 터뜨렸습니다. 가슴이 시원하게 걷히는 것 같았어요. 그가 드러내지 않는 내 마음을 읽듯, 나도 그 말 한 마디에 담긴 무한한 것을 바라본 것입니다. 평소에도 그랬습니다. 이러 이러한 일로 속상하다고 털어놓으면 나보다 더 열렬하게, 사정없이, 사모님답지 않게 욕을 시원하게 해줘서 속이 펑 뚫린 나는 내가 욕하는 이에게 너무 미안해지고, 악역을 맡아 준 사모님과 깔깔거리고 웃으며 다시 세상과 따뜻한 관계를 이어갈 힘을 회복합니다.

어른도, 선생도 그럴 때가 있습니다. 학생들이 아픈 것처럼 선생도 아픕니다. 학생들이 감기에 걸리는 것처럼 선생도 감기에 걸리고, 겹겹이 늘어선 각종 시험을 거쳐 통과해야 하는 세상에 대해 막막한 학생들처럼 선생도 때때로 어깨에 얹힌 세상이 무겁습니다. 아무것도 아닌 걸 핑계 삼아 큰일이 난 것처럼 울 수도 있습니다. 어떤 놈이 뭐라 하지 않아도요.

나란히 앉아 교회의 흙벽을 한지로 도배하면서 사모님이 푸념합니다.

"제가 어릴 때부터 조그맣고 약해서 우리 엄마가 걱정하셨어요. 나중에 시집가서 어떻게 살림을 할지 걱정이라구요. 그때 우리 작은 어머니가 그러셨대요. "걱정 마세요, 형님. 애경이는 '사' 자(字) 들어가는 신랑 만나 손가락에서 물 튕겨 가며 살 거예요."라구요. 그런데 그 많은 사 짜 중에 하필 목사를 만나 가지고 물을 튀기기는커녕 이렇게 풀까지 발라 가면서 살 줄 누가 알았겠어요?"

그러면서 손가락에 엉겨 붙은 풀을 벽에 휙휙 뿌리는 걸 보면 나는 배꼽이 끊어질 것 같습니다. 사모님도 웃고 목사님도 웃습니다. 목사 중에서도 하필이면 시골 교회 목사인 그는 잔잔하고 깊은 사람입니다. 목사이면서 농부이고, 손수 나무를 깎고 흙벽돌을 찍어서 예배당을 짓는 목수이기도 합니다. 시골 교회 목사님들은 대부분 마을의 심부름꾼이기도 하지요. 형광등을 갈아주어야 할 때도, 보일러가 고장이 나도, 병원에 가야 할 때도, 동네 할머님들은 목사님을 찾습니다. 동원이 할머님이 절에 가시느라 길에 서서 하루에 몇 대 들어오지 않는 버스를 기다리고 계시면 절에까지 모셔다 드리기도 합니다.

저를 교회로 데려온 건 할머니 손에서 자라는 동원이입니다. 동원이는 학교에 오면 자기가 다니는 교회 이야기를 내게 끝없이 들려주었고, 학교에서 돌아와 교회에 책가방을 벗어 놓기 바쁘게 국어 선생인 저의 이야기를 시작했다고 합니다. 동원이는 말이 많습니다. 사모님은 궁금하셨다고 해요.

"네 이야길 그렇게 다 들어주는 선생님이 도대체 누굴까?"

어느 날 동원이가 두 분의 편지와 농사 지은 밀가루, 참기름을 한 병 들고 와 제게 전해 주었습니다. 편지엔 그분들이 시골에서 목회를 하며 사는 이야기와 동원이를 사랑해 주셔서 고맙다는 인사, 그리고 저녁 식사에 초대하고 싶다는 내용이 적혀 있었습니다.

십 년이 지난 지금도 우리의 첫 만남이 어제 일처럼 기억납니다. 하얀 고무신을 신은 두 사람이 반가이 우리 식구들을 맞아 주었습니다. 마당은 깨끗이 비질이 되어 있고, 농기구는 가지런히 정돈되어 있었습니다. 말수가 많지 않으면서도 유쾌하고 밝은 사람들이었습니다. 마당의 화덕 앞에서 구들돌에 삼겹살을 구워 저녁을 먹었습니다. 마치 오래된 벗을 만난 듯 낯설지 않고 정다웠습니다. 무엇보다도 학교가 끝나면 교회로 와서 해가 저문 뒤에야 집으로 돌아간다는 동원이의 모습이 학교에서 보는 것과 너무나 달라서 놀랐습니다. 학교에선 존재가 드러나지 않는 녀석이지요. 한글도 깨치지 못했고 당연히 또래 집단에서 소외되어 있습니다. 싱글벙글 웃으면서 닭장에서 계란을 거두어 포장하는 동원이의 표정은 자신감에 차 있고 눈에서 빛이 났습니다. 그것만으로도 목사님과 사모님이 어떤 사람들인지 짐작할 수 있었습니다. 우리는 늦도록 화덕 앞에서 이야기를 나누었고, 그날 이후 함께 긴 시간을 쌓아 갔습니다.

몸도 마음도 으슬거리며 춥던 어느 날 (그러고 보니 30대 중반 그때가 내게는 뒤늦은 질풍노도의 시기였나 봅니다.) 목사님은 별 말도 없이 방에 군불을 때 주면서 자고 가라고 했습니다. 웃풍이 살짝 있는 그 뜨끈한 방에서 내 영혼은 몸살을 마음 놓고 앓고 일어났습니다. 며칠 뒤 교회에 갔을 때 목사님의 네 살 먹은 막내딸 효비가 물었습니다.

"선생님, 이제 다 나았어요?"

무슨 소린가, 하다가 어린 것의 그 섬세한 기억이 코끝을 찡하게 해서 효비를 꼭 안고 다 나았다고 말해 주었습니다.

"다 나았어. 이제 괜찮아."

사람은 누구나 어떤 사람인가를 마음속에 안고 그의 모습을 닮아 가면서, 충돌을 겪기도 하면서 완성되어 간다고 생각합니다. 돌아보면 삶의 마디마다 품었던 이가 누구였는가에 따라 내가 서 있는 곳의 좌표가 그려지곤 했습니다. 서른 살 언저리, 나의 나이테가 되어 준 이들은 그 시골 교회의 목사님 부부였습니다. 걸음을 나란히 해준 친구이면서 스승이었습니다.

선생님이라 불리는 이들은 흔들림이 없는 줄 알았습니다. 잘못 가지 않는 줄 알았습니다. 그러나 선생이 된 이후에도 여전히 나는 길을 묻습니다. 내가 가는 이 길이 맞는가, 의심합니다. 나처럼 흔들리는 아이들을 바라봅니다. 다가가서 내 곁에 있는 벗들과 스승들을 만나게 해주고 싶습니다. 의지가 약해지고 열정이 식을 때 나는 어떻게 했는가 말해 주고 싶습니다.

나는 스승을 바라보았습니다. 스승의 좌표를 확인하고 다시 마음을 추슬러 방향을 잡곤 했습니다. 지금 네가 흔들리는 것은 누군가의 중심이 되어 주기 위한 것이라고 스승들은 가르쳐 주셨습니다. 배운 대로 전해 주어야겠지요. 방황해 보지 않고서야 있어야 할 자리를 어떻게 찾겠느냐고, 앓아 보지 않고 다른 사람의 몸살을 어찌 읽겠느냐고, 너의 약함은 너와 너의 벗들을 위하여 꼭 필요한 것이다, 그러니 지금은 조금 흔들려도 괜찮다 하고요.

선생이 된 이후에도 여전히 나는
길을 묻습니다. 내가 가는 이 길이
맞는가, 의심합니다. 나처럼 흔들리는
아이들을 바라봅니다. 다가가서 내 곁에
있는 벗들과 스승들을 만나게 해주고 싶습니다.

"다 나았어요. 이제 괜찮아요."

아이들도 내게 그렇게 말할 때가 있겠지요. 우린 그때 한 뼘은 더 자라 있을 것입니다.

고추밭에서 받은 칭찬

아이들과 함께 몸을 써서 무언가를 할 때, 나는 가장 행복합니다. 한 달에 한 번 전일제로 운영되는 계발 활동 시간에 학생들과 교회에 와서 일을 해도 좋겠느냐고 여쭈었습니다. 목사님이 그러라고 하셨습니다. 토요일이 되면 우린 교회 마당에 모여서 트럭을 타고 산밭으로 달려갔습니다. 목사님의 트럭은 90도로 꺾인 논두렁길도 아무렇지도 않게 휙 돌아갑니다. 짐칸에 올라앉아 휘늘어진 나뭇가지에 뺨을 맞으면서도 아무도 차 안으로 들어가려고 하지 않습니다. 덜커덩 덜커덩 휘청거리며 산비탈을 오르는 트럭을 타고 소리소리 지르면서 떠들어 대는 게 얼마나 재밌는지 안 타 본 사람은 모릅니다.

산밭에는 세숫대야만한 누렁호박들이 늙어 가고 있었습니다. 호박을 거두어 트럭에 차곡차곡 쌓아올렸습니다. 호박이 짐칸을 가득 채우자 녀석들은 누가 먼저랄 것도 없이 손가락을 권총처럼 치켜세우고 트럭 주위에 달라붙어 경호원의 포즈를 취했습니다. 목사님도 재치 있게 트럭을 천천히 몰고 가시고 녀석들은 호박을 경호하면서 따라갑니다. 일을 좋아하는 아이는 아마 드물겠지요. 혼자 하면 힘이 들 텐데 이렇게 토요일에 친구들과 함께 놀면서 일할 때는 끝없이 재잘거리고 웃어 댑니다. 일하다 말고 밭을 강아지처럼 뒹굴면서 장난을 쳐도 아무도 뭐라 하지 않습니다. 일꾼으로 대접받으면서 새참도 먹습니다.

목사님은 우리를 위해 힘들지 않게 일할 만큼의 일을 남겨 두곤 하셨습니다. 고구마도 캐고 마른 수숫대도 거두었습니다. 일을 마치고 돌아오면 사모님은 은행나무 아래 멍석을 깔고 점심을 차려 주셨습니다. 농사를 엄청 많이 지으면 참 힘들겠지요.

나는 우리 아이들이 나중에 커서 무슨 일을 하든지 계발 활동을 하는 토요일처럼 웃으면서 재밌게 일할 만큼의 논과 밭을 가졌으면 좋겠습니다. 목사님처럼 이웃 할머니들 일을 돕는 걸 당연하게 아는 젊은이로 성장했으면 좋겠습니다. 농약 대신 우렁이나 오리를 논에 키울 줄 알았으면 좋겠습니다. 마을 학교에 있는 학생들에게 이런 토요일을 내주는 사람들이 되었으면 좋겠습니다. 그리고 또 봄과 여름과 가을과 겨울의 들녘을 아는 시인과 화가와 음악가도 나왔으면 좋겠습니다. 시인과 화가와 음악가가 아니더라도 시를 읽고 그림을 볼 줄 알고 음악을 즐겨 듣는 사람들로 살아간다면 더욱 좋겠습니다.

밭에서 붉은 고추를 따던 날, 관옥 이현주 목사님이 전화를 주셨습니다. 무슨 일이실까? 목사님이 나의 긴장을 읽으셨는지 "그냥 했어요." 하셨습니다. 그리고 내가 어느 잡지에 연재하고 있는 교단 일기를 칭찬하셨습니다.

"참 좋아요. 잘 읽고 있어요."

그렇게 몸 둘 바를 몰라보기가 처음이었어요. 목사님의 칭찬을 받은 기쁨과 그러나 칭찬받을 만하지 않다는 부끄러움으로 더듬거리면서

"아니에요. 아이고, 아니에요."

를 되풀이했어요.

"아, 누가 칭찬하면 그런가부다 하고 그냥 놔둬요. 그 사람 생각이니까. 잘난 척 할 것도 없고 아니라고 할 것도 없고."

그 말씀을 듣자 휴대폰을 들고 고추밭에서 어쩔 줄 몰라 하던 마음이 조용해졌습니다. 목사님은 강의를 하시든, 글을 쓰시든, 당신이 한다고 생각하지 않는 분입니다. 바람과 연주자 없이 피리가 저 혼자 소리를 낼 수 없듯이 혼자만의 힘으로 무언가를 할 수 있는 존재는 이 세상에 없다고 말씀하셨거든요. 목사님의 칭찬을 받고 흥분해서 어쩔 줄 몰라 한 건 '내가 썼다.'는 생각 때문이었지요.

저 아이들이 없다면, 단비교회 목사님이 밭을 내주지 않았다면, 아이들과 즐겁게 놀아 주시고 일을 가르쳐 주시지 않았다면, 하늘이 쾌청한 날씨를 허락해 주지 않았다면 이렇게 행복한 토요일을 누릴 수 있을까? 그러므로 혼자 한 일이 하나도 없는데 오늘 하루가 담긴 글을 '내가' 썼다고 할 수 있을까? 일하는 것보다 웃고 떠드는 때가 더 많은 아이들 속에서 시종일관 훈훈한 웃음을 머금고 있는 목사님을 바라봅니다.

"스승들이 계시지 않다면 내 생이 얼마나 가난할 것인가."

학교에 돌아가면 고추를 따면서 내가 무슨 전화를 받았는지

아이들에게 자랑하게 될 것입니다. 무얼 배웠는지도요. 앞으로 혹시 관옥 목사님께 다시 칭찬을 받게 된다면, 그땐 가만히 있으리라고 다짐합니다. 아마 잘 안 될 것 같지만…….

목소리가 들릴 만큼 가까이에서

우리 동네 아이들을 길에서 만날 때 얼마나 반가운지 모릅니다. 학교에서 놈들이 말썽을 피우면 선생의 입장이 아니라 옆집 아줌마 같은 마음이 되어 안절부절 못합니다. 하루는 아랫집 지영이가 제 또래 친구들과 함께 아파트 지하 주차장으로 후배들을 불러 슬리퍼로 얼굴을 때리며 '교육'을 시켰습니다. 남녀 공학에서 여학생들이 남자 선배들과 지나치게 친하면 여자 선배들이 가만 두지 않습니다. 꼬리를 쳤다는 것이지요. 지영이 아빠가 학교로 불려왔습니다. 아랫집 아저씨께서 화가 난 담임 선생님 앞에 앉아 계시니 몸 둘 바를 모르겠더군요.

"한두 번이어야지요, 전학을 시키시는 게 좋겠어요."

지영이 아빠는 눈도 끔쩍 않고 평소의 말투 대로 느릿느릿 대답했습니다.

"전학은 뭘, 거기 간다고 애가 달라지겠습니까? 아주 짤라 버리슈. 학교 다니면 뭘 혀. 맨 못된 짓이나 배우는 걸."

담임 선생님은 말을 잇지 못했습니다. 퇴근하다 만난 기수 아빠에게 지영이 아빠가 학교에 오셨던 일에 대해 이야기했더니, 기수 아빠가 빙그레 웃으셨습니다.

"그게 우리 농민덜이 관에 가서 기 안 죽으려구 쓰는 방법이
에요."

큰 소리를 탕탕 쳐야 공무원들이 깔보지 않고 일이 수월하게 된다는 거예요. 지영이 아빠는 말도 표정도 없고 얼굴은 시커멓습니다. 지나다 보면 목에 엄청 굵은 금목걸이를 하고 웃통을 벗어부친 채 마당에서 장작을 팹니다. 세상을 다 뽀개 버릴 기세입니다. 그런 지영이 아빠도 딸내미가 다니는 학교는 '관'으로 느껴졌나 봅니다. 나도 '관'에 속한 선생이지만 퇴근하면 이웃집 사람이라서 마을회관에서 개장국을 끓일 때도 끼워 주시고 동네 아저씨의 생신 날 동네 사람들이 모여 만두를 빚어 먹을 때도 초대를 받습니다. 노래 못해도 괜찮다고 노래방에 갈 때도 데리고 가십니다. 그렇게 지낸 우리들의 이야기가 책으로 묶여 나왔을 땐 동네 잔치를 해주셨습니다. 아직 밤바람이 찬 3월에 교회 마당에서 아이들과 동네 어른들과 학교 선생님들과 친구들이 어울려 북적이며 놀았습니다. 사회자가 아이들에게 마이크를 들려주며 선생님이 어떤 분이냐고 물었습니다.

"천사 아니에요. 화나면 무서워요. 저도 엄청 맞았어요."

정말 창피했습니다. 어이그, 미리 교육을 시키는 건데…….

십 년 전 그때처럼 내가 가르치는 아이들과 한 동네에서 살 수 있는 날이 또 오겠지요. 집에 있으면 옆집 미경이가 엄마한테 야단맞는 소리가 종종 들려왔습니다. 풀이 죽어 심부름 가는 미경이에게 왜 야단맞았느냐고 물어 보았더니 동생들이 방을 안 치

웠는데 언니라는 이유로 야단맞았다고 투덜거렸습니다.

"나도 언니라서 엄마한테 맨날 혼났어. 언니가 무슨 죄니?"

"선생님은 동생이 몇 명인데요?"

"네 명."

"힘드셨겠다."

얘기하다 보면 속상한 것을 잊기도 해요. 목소리가 들릴 만큼 가까이에서 그렇게 살고 싶습니다. 아이들이 기운 없어 보일 때 편을 들어주겠습니다.

"왜, 어떤 놈이 뭐래? 누구야? 가만 안 둘 거야."

괜찮다고, 우리에게 오는 모든 일은 알고 보면 다 좋은 일이라고, 너 혼자 겪는 게 아니라 우리가 자라기 위하여 함께 맞이하는 일이라고 알려 주고 싶습니다.

바로 지금이야

천안을 떠나 청양으로 온 첫봄, 장곡사 가는 길로 빙 돌아 퇴근을 했습니다. 꽃이 핀지 제법 되었는데, 아직도 흰 벚꽃이 구름처럼 피어 있더군요.

'지금, 바로 여기.'

장곡사 가는 길의 벚꽃 터널이 내게 준 말입니다. 차를 세우고 내려서 꽃잎이 날리는 나무 아래 서 보았습니다. 그 순간 온전하고 눈부셨습니다. 바쁜 일을 다 마치지 못해서, 함께 보고 싶은 사람들이 아직 오지 않아서, 늘 지나치곤 했어요. 그러는 사이 꽃이 지고 속잎이 피어나고 차창 밖으로 아름다운 순간들이 흘러갔습니다. 마음먹고 차를 세웠습니다. 향긋한 꽃내음을 들이마셨습니다. 하늘도 보고 산등성이도 바라보았습니다. 오랜만에 온전히 존재하는 느낌이었습니다. 그리 많은 시간이 필요한 건 아니었어요. 모든 게 다 갖춰져야 누릴 수 있는 것도, 목적지에 도착해야만 얻을 수 있는 것도 아니었습니다. 아름다운 존재감, 합일의 느낌은 가는 길에, 한 순간의 마음에 있었습니다.

우리 아이들에겐 공주 고등학교, 공주대 부속 고등학교, 홍성 고등학교 등등 목표하는 학교가 있습니다. 고등학생이 되면 대학이 목표 지점을 차지하겠지요. 그 다음엔 취직, 그 다음엔 집 장만, 그 다음엔……. 그들의 선생인 나는 그곳 역시 도달해야 할 곳이 아니라 과정일 뿐이라고 말합니다. 생을 채우고 있는 건 한 순간, 한 순간의 과정이므로 지금 이 자리가 아름답고 행복해야 한다고 말합니다.

우리 아이들이 가장 좋아하는 국어 수업은 도서실에 와서 자기가 읽고 싶은 책을 마음껏 읽는 것입니다. 서운하기도 합니다. 아무리 자료를 열심히 준비하고 재미있게 한 시간을 보내도, 그래도 가장 좋은 건 도서실에 가는 것이랍니다. 도서실에 와서

『만화 삼국지』, 『야한 질문 쿨한 대답』, 『맨발의 겐』, 『식객』, 『먼 나라 이웃나라』, 『코난』, 『원피스』……, 주로 만화책에 코를 박고 숨소리도 안 냅니다. 그 속에 섞여 있으면 잠이 솔솔 옵니다. 눈꺼풀이 무거워지고 아이들의 키득거리는 얼굴, 옆에서 누가 말을 걸어도 모를 만큼 열중해 있는 모습이 가물가물해지면서 '아, 참 행복하다.' 하는 생각이 스쳐갑니다. 17년이나 국어를 가르쳐 왔는데, 선생으로서 뭔가를 하는 수업보다 아무것도 안 하는 수업을 더 즐거워하다니 선생의 존재는 작아질수록, 차지하고 있는 자리가 좁을수록 더 좋은 것 아닌가 싶네요.

궁금하고 기대가 됩니다.

꽃도 보고, 책도 읽고, 사랑도 하고, 싸움도 하고, 어울려 살아가는 나의 평범한 하루하루가 어떤 곳으로 나를, 내 곁에 있는 이 아이들을 이끌어 줄지…….

아름다움을 보는 것은 사치가 아니다

김 보 일 서울 배문고등학교 국어 교사

1960년에 용산에서 태어났습니다. 한때 광고 카피라이터라는 직업에 이끌려 대기업 홍보실에서 일한 적이 있으나, 저돌적인 기업 생리에 염증을 느껴 사표를 던진 이후, 서울에 있는 배문고등학교에서 줄곧 국어 선생님으로 일하고 있습니다. 풍진 세상 책으로 건너 보겠다는 마음으로 시작한 그의 독서는 아마추어로서의 독후감들을 묶은 『나는 상식이 불편하다』라는 책을 내게 했고, 그 이후 『한국의 교양을 읽는다 2-과학편』, 『책꽂이 속에 숨어 있는 논술(공저)』, 『국어 선생님의 과학으로 세상 읽기』, 『생각의 스위치를 켜라-14살 철학 소년』, 『인문학으로 과학 읽기』, 『14살 인생 멘토』 등의 책을 내는 힘이 되었습니다.

책읽기보다는 달리기를 더 좋아하고, 달리기보다는 지리산 꼭대기에서 밤을 지새며 별을 바라보는 것을 더 좋아합니다. 읽어야 할 책들과 달려야 할 길들과 바라볼 수 있는 밤하늘이 있는 한 지구는 충분히 살아볼 만한 행성이라고 생각하는 그는, 몽테뉴와 밀란 쿤데라와 폴 오스터의 애독자이기도 하지만 진화 심리학과 철학 서적도 좋아라고 찾아 읽습니다. 이렇듯 즐거움을 추구하는 독서엔 경계나 금기가 없다는 것이 그의 생각입니다.

다니던 회사를 그만두고 교사라는 직업으로 방향을 틀자, 많은 사람이 제게 묻더군요.

"도대체 왜, 교사라는 직업을 택했습니까?"

생각하기에 따라서 이 질문은 답하기 매우 어려운 것이라고도 할 수가 있습니다. 그 질문 속에는, 당신은 당신의 인생에서 무엇을 가장 중요하게 생각하는가, 당신은 어떤 일에서 행복을 느끼는가, 당신에게 있어서 직업은 어떤 의미를 갖는가, 라는 매우 중대한 의문을 동시에 품고 있으니까요. 그러나 그런 골치 아픈 문제를 떠나 즉시 답을 해야 할 때가 있습니다. 그럴 때 나의 답은 이것입니다.

"나는 책을 읽기 위해 교사가 되었습니다."

나의 꿈, 어린 시절의 책 읽기

대학 시절 나의 꿈은 책을 읽고 글을 쓰는 일이었죠. 대학 재학 시절에는 거의 매일 한 권씩 시집을 읽었고, 헤세(Hesse, Hermann)의 소설과 박경리의 『토지』, 홍명희의 『임꺽정』, 조정래의 『태백산맥』을 밤새 읽었던 기억이 지금도 새롭습니다.

대체 언제부터 책읽기에 흥미를 붙였을까요. 아마도 괴도 뤼팽과 샤일록 홈스를 읽던 초등학교 때부터였던 것 같습니다. 초등학교 시절 동네에는 초등학생들을 위한 조그마한 도서관이 있었는데(도서관이라기보다는 자그마한 책방이었는지도 모르겠습니다.) 그곳에서 『돈키호테』, 『몽테크리스토 백작』, 『햄릿』, 『엄마 찾아 삼만리』, 『ABC 살인 사건』, 『억만이의 미소』와 같은 책들을 빌려 읽었습니다. 아마도 그것이 책과 가깝게 된 계기가 된 것 같습니다. 그러나 그 정도 가지고는 책벌레라고 할 수는 없겠죠. 사실, 남산을 뛰어다니면서 연을 날리고, 잠자리와 풍뎅이를 잡고, 계곡을 뒤져 가재를 잡는 즐거움에 비하면 독서의 즐거움은 아무것도 아니었죠. 학원을 간 적도 없었고 과외를 한 적도 없는 제게는 어떻게 하면 즐겁게 놀 수 있을까, 오늘은 어떤 놀이를 할까, 그런 것들이 유일한 관심사였을 뿐입니다.

초등학교 때 시작된 책에 대한 관심은 중학교까지 이어지지 못했습니다. 친구들과 축구를 하고 탁구를 치는 재미에 푹 빠졌고, 소위 '섰다'를 배워 친구들과 노름하는 재미에도 빠졌었죠. 중학교 때 노름을 했다면 너무 빨리 도둑질을 배운 셈인가요. 원래 나쁜 일에 빠져 드는 것이 좋은 일에 몰입하는 것보다 쉬운 법이니, 공부는 둘째 치고 노는 일에 밥 먹는 것도 잊을 정도였죠.

중학교 2학년 때는 두 명의 친구와 함께 무전여행을 떠난 적도 있었습니다. 천안까지 열차를 타고 가서 그곳에서 시작한 무전여행이었습니다. 걷다가 지치면 농장 일도 거들어 주고 밥도 얻어먹을 생각이었는데, 밥을 얻어먹을 배짱이 없어서 하루 종일 쫄쫄 굶으면서 성환까지 걸어왔다가 너무도 지쳐서 주머니에 있었던 얼마 되지 않는 돈을 톡톡 털어서 시외버스를 잡아타고 집으로 돌아왔던 기억이 있습니다. 대장부가 한번 집을 나섰으면 가 볼 만큼은 가 보는 것이 도리일 터인데 하루만에 돌아와 보니 얼마나 머쓱하던지, 며칠 동안 집에서 고개를 들 수가 없었습니다.

중학교 2학년 때까지 공부는 '나 몰라라' 하고 놀기만 하다가 3학년에 올라가 보니 왠지 공부가 하고 싶다는 생각이 들더군요. 부모님이 공부를 강제로 시킨 것도 아니고, 담임 선생님의 말씀에 마음이 움직인 것도 아니었습니다. 뭐 특별한 이유도 없이 그저 공부를 한번 해보고 싶다는 생각이 들었을 뿐입니다.

집엔 공부방이 없었기 때문에 남산 시립도서관을 찾았습니다. 그때나 지금이나 남산 시립도서관은 참으로 아름다운 곳입니다. 커다란 창으로 남산의 싱그러운 숲과 멀리 서울시의 풍경까지 한눈에 내려다볼 수 있는 곳이죠. 도서관에 일찍 도착하기 위해 칼바람이 부는 새벽에 일어나 후암동 언덕을 올랐던 기억이 지금도 새롭습니다. 그러나 지금 생각해 보면 공부와 책을 위해 도서관을 찾은 것은 아니었던 것 같습니다. 고백하건대 남산 시립도서관이 매력적이었던 가장 큰 이유는 그곳에 여학생이 많았다는 사실이었습니다. 정말이지 책을 읽으러 갔다기보다 여학생들을 보러 남산 시립도서관에 갔는지도 모릅니다. '님도 보고 책도 보고……', 저의 사춘기는 그렇게 시작되었다고 할 수 있죠.

내 인생의 거대한 도서관

탁 트인 곳에서 멀리 내려다보이는 서울의 풍경들을 바라보면서 사춘기 특유의 감상에 젖곤 했지요. 아름다운 소녀와 어디론가 멀리 떠나는 상상도 했고, 공연히 나만 어딘가에 버려진 것 같다는 근거 없는 감상에 젖어들기도 했었죠. 그리고 3층 남학생 휴게실 베란다에서 2층 여학생 휴게실 베란다에 있는 여학생들을 향해 침으로 물방울을 만들어 날리곤 했었죠. 그런데 누구의 관심을 끌기에 나란 아이는 아주 볼품없는 학생이었을 뿐입니다. 공부를 뛰어나게 잘한 것도 아니고, 키가 큰 것도 아니고, 주먹이 센 것도 아니고, 옷을 잘 입어 스타일이 좋은 것도 아니고, 뭐 하나 변변하게 내세울 것이 없었습니다. 그래서일까요. 한 번도 여학생들에게 쪽지를 건넨 적도 없고, 말을 걸어 본 적도 없었습니다. 물끄러미 그녀들을 바라보는 일, 그게 내가 할 수 있는 모든 것이었습니다. 그때의 심정을 기억하며 훗날에 쓴 시 한 편을 살짝 보여 줄까요?

내 열여섯의 은밀한 회랑에서 느리게 숨 쉬고 있는 도서관

좀벌레들은 소리도 없이 책들을 갉아 대고
낡아 가는 페이지를 열어 내가 책 속에 물고기처럼 잠겨 있을 때
그 도서관의 넓은 창으로 지나가던 하늘과 나무와 새들
우리도 그 하늘과 나무와 새들처럼 책 속에서
낡은 도시와 성곽들을 늦도록 배회하였다.
그때 도서관의 푸른 창을 배경으로 한 소녀가 있어
책장을 넘길 때마다 그녀의 둥근 어깨를 넘어 오던 향기
무엇이라 이름해야 했을까.
참을 수 없는 한 사람의 내음을
열여섯에 있어 한 소녀의 향기란 먼 나라와도 같은 것이었으니
그때 우리가 그리워하였던 것은 모두
갈 수 없는, 먼 나라의 종루와 뾰족한 지붕탑 같은 것들이었다.
동생은 침으로 물방울을 만들어 허공에 띄우며
어느 계집애의 머리칼에 앉아 주기를 바랐고
나는 아카시아 향내에 취하여
어머니가 있는 산동네의 불빛을 바라보곤 했지만
어떤 길 잃은 천사도 루핑 지붕 같은
우리 형제의 허름한 어깨에 내려앉지 않았다.
그래, 그때 나는 대책 없는 열여섯이었고
세상은 우리가 책 속에서 찾아 낸 의문 부호들처럼
먼 곳에서 아득히 아름다웠다.
다만 내가 그 도서관의 곰팡내 나는 서고를 들어 설 때마다
책들은 나를 맞는 설레임으로 조용히 몸을 뒤채며

좀벌레들이 갉아먹은 오랜 도시와 성곽으로
동생과 함께 나를 데려다 주곤 하였다.
헌책처럼, 어머니처럼, 낡은 것들의 품은 아늑하고
그 아늑함 속에서 과거를 그리워하며 너와 난
한 걸음 한 걸음 우리가 알지 못하는 세상으로 나아갔다.

– 김보일, 「천국, 거대한 도서관」(미발표)

프랑스의 과학 철학자이자 비평가인 바슐라르의 『몽상의 시학』이라는 산문 중에 '천국은 다만 거대한 도서관이 아니겠는가.'라는 구절이 있습니다. 그 구절을 읽고 이십 대 후반에 썼던 시가 바로 '천국, 거대한 도서관'이라는 위의 시입니다.

먹고 싶은 것도 못 먹고, 가지고 싶은 것도 못 가지고……, 가난은 참으로 불편한 것입니다. 가난은 요즘 말로 '스타일'도 망칩니다. 못사는 집 아이는 겉만 봐도 티가 나지 않습니까. 어떻든 그 당시에 초라한 나 자신을 마주하는 것은 그렇게 유쾌한 일이 아니었습니다.

그때 책들은 아주 좋은 도피처가 되어 주었습니다. 책을 읽는 순간만은 현실의 모든 자질구레한 아픔에서 벗어날 수 있었으니까요. 또한 책 속에는 나와 같이 변변치 못한 인생들이 수두룩했습니다. 김유정의 소설들을 읽어 보세요. 그 소설들 속의 주인공들, 요즘 말로 얼마나 '찌질한' 인생들입니까. 인물이 반반하던가요, 아니면 재산이 많던가요, 배운 게 있던가요. 뭐 하나 제대로 된 것이 없는 소위 '루저' 인생들 아닙니까. 도서관 한 모퉁이에서 그런 소설들을 킥킥 대며 읽고 있노라면 나의 사소한 불행쯤은 간 데 온 데가 없어지곤 했습니다.

그리고 오래된 책갈피가 풍기는 냄새는 깨끗하고 윤기 나는 여학생들의 머리칼에서 풍기는 냄새만큼이나 나를 설레게 했죠. 그 설렘 때문일까요. 언젠가는 도서관 사서 같은 누나와 반드시 결혼을 할 거라는 생각을 했었던 적도 있었죠.

어쨌든 남산 시립도서관은 아름다운 곳이었습니다. 그곳에서 한 권 한 권 책을 읽다 보니 내가 그렇게 볼품없는 아이라는 생각은 더 이상 들지 않더군요. 이상이나 서정주의 시를 외울 수도 있고, 김유정이나 김승옥의 소설이 어떻다고 남들에게 말할 수 있는데, 어찌 내가 볼품없는 아이일까 하는 생각이 들더라구요. 그렇다고 내가 썩 괜찮은 녀석이라고까지 내세울 수 있었던 것은 아니었지만, 책이 분명 나의 자존감을 높여 주었던 것만은 틀림이 없었습니다. 남들이 읽지 않는 소설이나 시를 읽을 때, 내가 조금 특별해지고 있다는 느낌이 들었으니까요. 어떻든 내가 조금씩 당돌해지기 시작한 것이죠. 책을 한 권 한 권 읽다 보니 그 당돌함에 가속도가 붙기 시작했습니다. 나보다 덩치가 큰 녀석들에게 시비를 붙을 정도로 당돌했습니다. 예전에는 상상도 못할 변화였죠.

아마도 덩치 큰 녀석들에게 시비를 거는 나의 심정은 이랬을 것입니다. '나는 너희들이 보는 것처럼 그렇게 시시한 녀석이 아니다. 나는 너희들이 보는 것 이상이다. 너희들의 눈에는 그런 내가 보이지 않겠지. 진짜 나를 볼 수 없는 너희들이 참으로 한심스럽다.' 그런 생각을 품었으니 덩치 큰 아이들에게도 삐딱한 시선을 던질 수 있었던 거죠.

그런데 과연 그때의 내가 별난 존재였을까요. 나는 결코 엄청난 독서로 머리를 채우고 남들이 소유하지 못한 이론이나 관념으로 무장한 천재는 아니었죠. 천재 소년 시인 랭보처럼 아주 특별한 상상력의 소유자였던 것도 아닙니다. 나는 단지 남들보다는 몇 권의 책을 더 읽은 아이였을 뿐입니다. 그러나 바로 그 남들보다 더 읽은 몇 권의 책들이 '나는 남들과는 다르다.'는 알량한 자존심을 만들어 주었던 거죠.

중학교 3학년 때는 아마도 나의 인생에서 공부에 가장 열심히 매달린 시기였을 것입니다. 누가 시키지도 않았는데도 왜 그렇게 공부와 독서에 매달렸는지 모르겠습니다. 뭔가 특별난 나를 만들어 보겠다는 오기가 작동했는지도 모르겠어요.

책에 밑줄 긋고, 책을 옮겨 적고

중학교를 졸업하고, 요즘식으로 하면 특목고에 해당하는 학교에 진학하였습니다. 당시에는 추첨, 소위 '뺑뺑이'로 고등학교에 진학했던 시절이었지만 내가 입학한 학교만은 시험을 통해 학생을 선발하는 곳이었습니다. 그래서였을까요. 입학한 학교에는 소위 '엄친아'들이 바글거렸습니다. 중학교 때까지만 해도 공부 좀 한다 했는데,

고등학교에서는 방심은 곧 하위권으로의 추락과 같았습니다. 아무리 공부를 열심히 해도 성적은 중위권 이상으로 올라갈 수 없었죠. 수재들의 벽이 너무 높았던 겁니다. 저로서는 자존심이 무척 상했죠. '나는 더 이상 특별한 존재도 아니다. 나는 그저 평범 이하일 뿐이다.'라는 자의식이 제 작은 자존심에 상처를 주었습니다. 성적도 중간 정도나 그 이하밖에 안 되는 아이, 책은 좀 읽었다고 하지만 남들 앞에서 서면 우물쭈물거리다 하고 싶은 말도 제대로 못하는 소심한 아이가 바로 저였습니다. 도저히 손도 못 대는 문제를 척척 풀어 대는 아이, 영어를 유창하게 구사하는 아이, 근사한 언변으로 문학 토론회의 사회를 도맡아 보는 아이들을 보면서 저는 매사에 자신감을 잃어갔습니다.

그러나 여전히 나는 잘 뛰는 아이였습니다. 한강에서 돌팔매질로 단련된 어깨는 친구들로 하여금 나를 학급에서 가장 '멀리 던지기'를 잘하는 아이로 인식하게 해주었고, 그 덕분에 야구를 할 때의 포지션은 늘 투수였습니다. 나는 어느새 쪼그맣지만 잘 뛰고, 잘 던지는 아이로 친구들에게 인식되기 시작했습니다. 그러나 지적으로는 여전히 별 볼 일 없는 아이였을 뿐입니다. 나의 자존심이 그런 평범함을 인정하지는 않았지만, 어쨌든 나는 평범한 아이였을 뿐입니다.

어떤 친구는 사르트르를 읽고 와서 '실존은 본질에 앞선다.'라는 말을 이해하느냐며 장광설을 토로하기도 했습니다. 어떤 녀석들은 노자와 장자를 언급하면서 '무위자연'을 떠들기도 했죠. 생전 처음 듣는 말에 나는 어안이 벙벙해졌습니다. '어랏, 이 자식들 봐라. 내가 방심하고 있는 사이에 제법들 똑똑해졌네. 그렇다면 나도 질 수 없지.' 그런 질투심이 독서에 다시 관심을 돌리게 했습니다. 조금은 특별한 아이 되기 프로젝트, 그것이 나의 독서의 출발점이었던 셈이죠.

그렇게 해서 『갈매기의 꿈』과 『모모』를 읽기 시작했고, 김광균의 시와 서정주의 시들을 다시 읽기 시작했습니다. 그러나 그 정도로 읽어서는 남들과 다를 수 없다는 생각에 열화당 출판사에 나온 1976년 판 『주머니 속의 콩트』를 샀습니다. 그 책에는 김승옥, 김주영, 박완서, 송영, 이제하, 이청준, 조선작, 조해일, 최인호, 홍성원, 황석영 등 당대의 유명한 작가들의 글이 종합선물세트처럼 실려 있었습니다. 유명 작가들의 생각의 단편들을 접한다는 것은 아주 즐거운 일이었습니다. 나는 그 책 속에서 마음에 드는 구절들을 찾아 노트에 옮겨 적고 시간이 날 때마나 들여다보곤 했습니다.

그런데 '지학' 수업 시간 중에 그 노트를 몰래 보다가 그만 선생님께 들키는 일이 생겼습니다.

"너, 이 녀석…… 보고 있는 게 뭐야. 앞으로 가지고 나와 봐."

나는 꿀 먹은 벙어리가 되어 노트를 선생님에게 내밀었습니다. 혹시 그 노트를 빼앗기는 것은 아닐까, 노심초사하고 있는데, 노트를 건네받으신 선생님께선 노트를 한 장 한 장 펼쳐보시더니 아이들에게 그 노트에 담긴 구절을 읽어 주시는 것이었습니다. 그런데 참으로 이상하게도 그때, 아이들의 눈이 휘둥그레졌습니다. 나는 아직도 그때 아이들의 눈동자를 잊을 수가 없습니다. 내가 특별한 아이로 탄생하는 순간이었으니까요. 멋진 구절로 자신의 노트를 가득 채우는 아이, 자신들의 이해력이 미치지 못하는 난해하면서도 폼 나는 구절로 자신의 노트를 채울 수 있는 아이로 재탄생하는 순간이었으니까요. 그저 달리기 잘하고, 돌멩이든 야구공이든 멀리 던지기만 하는 아이에서 멋진 구절과 심오한 철학을 사랑하는 아이로 친구들에게 각인되는 순간이었으니까요. 아, 그때 내가 다니던 학교가 남녀 공학이었다면 얼마나 좋았을까요. 숱한 여학생의 시선을 자랑스럽게 받고 있는 나의 모습이 상상이 아니라 현실이었다면 얼마나 좋았을까요. 나의 승리에 고개를 떨구는 남학생들의 위축된 모습을 확인하는 일은 얼마나 가슴 뿌듯한 일이었을까요. 어찌 그 위대한 순간을 이 지면을 빌어서 축하하지 않을 수 있겠습니까. 인생에는 이렇게 특별한 순간이 있게 마련입니다. 고등학교 1학년 때 백일장에서 '차상'을 타게 된 것도 자랑스러웠지만 '지학 시간 사건'만큼 나에게 특별한 사건은 없었습니다.

그때 문학은 나에게 위대한 인류의 정신을 담은 보물창고가 아니라, 내 자신을 조금은 특별하게 보여 줄 수 있는 액세서리와도 같은 것이었습니다. 그런데 그 액세서리가 빛을 잃는 사건이 일어난 것은 고등학교 3학년 때의 일입니다.

문학, 내 인생을 이끌다

그때 어떤 소녀로부터 자기가 다니던 교회에서 여는 문학의 밤에 초청을 받았습니다. 시나 수

필을 발표하는 자리였는데, 배경 음악을 깔고 촛불을 켜 놓고 자신이 쓴 글을 읽는 모습이 무척이나 '폼 나게' 보였습니다. 저는 객석에서 그저 멍하니 그것을 바라보는 한 명의 청중일 뿐이었습니다. '나도 저 자리에 서고 싶다.'는 욕망이 일었지만, 만약 그때 누군가가 글을 발표할 기회를 주었다고 할지라도 단상에서 얼굴이 벌개져서 걸어 나왔을 것이 분명합니다. 소심함, 그것은 저를 따라다니는 운명적인 꼬리표였으니까요. 여학생들로부터 박수를 받는 친구들의 모습을 보면서 저의 평범함, 아니 소심함에 절망할 수밖에 없었죠. '나는 정말 머저리에 불과하구나.' 하는 자괴감이 들기도 했습니다. 더구나 작품 강평회에서 제가 말할 차례에서, 입 속에서 나와야 할 말들이 하얗게 머릿속에서 증발했을 때 느꼈던 수모와 당혹감의 무게는 열여덟 살의 소년에게는 자못 큰 것이었습니다.

그 무렵 제가 읽었던 수필은 박완서의 「꼴찌에게 보내는 갈채」였습니다. 선두가 결승점을 통과한 지 한참이나 지난 뒤에 홀로 뛰고 있던 마라톤 선수를 보면서 작가는 이렇게 말합니다.

> 나는 그런 표정을 생전 처음 보는 것처럼 느꼈다. 여태껏 그렇게 정직하게 고통스러운 얼굴을, 그렇게 정직하게 고독한 얼굴을 본 적이 없다. 가슴이 뭉클하더니 심하게 두근거렸다. 20~30등의 등수를 초월해서 위대해 보였다. 지금 모든 환호와 영광은 우승자에게 있지만 그는 환호 없이도 달릴 수 있기에 더 위대해 보였다.

나는 그 구절에 밑줄을 그었습니다. 그것은 '소심한 나, 별 볼 일 없는 나'에게 주는 응원의 메시지였습니다. 저는 그 글이 주는 위로의 힘에 기댔습니다. 그 기댐은 슬프기도 했지만 의외로 달콤한 것이기도 했습니다. 마치 이글스의 「호텔 캘리포니아」의 전주곡을 처음 들었을 때처럼 말입니다. 고등학교 2학년 때 친구와 강촌에 놀러가서 언덕에 기대어 새우깡에 소주 반병을 처음 마셔 보았을 때의 기분과도 흡사했습니다. 온몸에 힘이 풀리면서 혈관이 뜨뜻해지는 기분, 그 속으로 수천 마리 새들이 날아다니는 느낌, 그러면서도 기분이 쨍하고 '업'되는 그런 기분 말입니다.

이청준의 소설 「병신과 머저리」를 읽었던 것도 그 무렵이었습니다. 무슨 말인지 통 몰랐지만 "형은 자기가 솔직하게 시인할 용기를 가지고, 마지막에는 관모의 출현이 착각이든 아니든, 사실로서 오는 것에 보다 순종하여, 관념을 파괴해 버릴 수 있는 힘이 있었다. 무엇보다도 형은 그 아픈 곳을 알고 있었으니까." 라는 구절에 밑줄을 긋고 그것을 통째로 외워 버렸습니다. "새는 알에서 나오려고 싸운다. 알은 곧 하나의 세계다. 무릇 태어나고자 하는 자는 하나의 세계를 파괴하지 않으면 안 된다. 그 새는 신에게로 날아간다. 그 신의 이름은 아브락사스이다."라는 『데미안』의 구절도 통째로 암기해 버렸습니다.

당시 교과서에 실렸던 안톤 슈낙의 「우리를 슬프게 하는 것들」의 구절들은 또 어떠했는지요. "울음 우는 아이들은 우리를 슬프게 한다. 정원 한 구석에서 발견된 작은 새의 시체 위에 초록의

양광이! 떨어질 때……. 대체로 가을은 우리를 슬프게 한다."라는 구절을 나는 지금도 설렘이 없이는 기억할 수가 없습니다.

"내가 뤼르봉 산에서 양을 치고 있을 때의 이야기입니다."로 시작하는 알퐁스 도데의 아름다운 소설 「별」을 제가 다시 읽는다면, 그것은 순전히 그때의 감동을 다시 기억하기 위해서일 것입니다.

> 우리 주위에는 총총한 별들이 마치 헤아릴 수 없이 거대한 양떼처럼 고분고분하게 고요히 그들의 운행을 계속하고 있었습니다. 그리고, 이따금 이런 생각이 내 머리를 스치곤 했습니다. – 저 숱한 별들 중에 가장 가냘프고 가장 빛나는 별님 하나가 그만 길을 잃고 내 어깨에 내려앉아 고이 잠들어 있노라고.

「별」의 마지막 장면은 언제 읽어도 당시의 떨림을 그대로 전해줍니다. 바슐라르가 『촛불의 시학』에서인가 말했던 '나에게 살러 오는 구절'이 바로 그런 구절이 아니었을까요. 그 구절들은 마치 나를 위해 설계되고 디자인된 구절처럼 보였습니다. 펜촉에 잉크를 적셔 그 구절을 노트에 옮겨 적었고, 하굣길의 버스 안에서 몇 번이고 그것을 되뇌곤 했습니다.

아, 그때 '애비는 종이었다.'로 시작되는 서정주 시인의 시 「자화상」은 얼마나 무섭도록 아름다운 시였는지요. 애비는 종이었다고 솔직하게 고백할 수 있는 시인의 용기, 자신의 미천함을 당당히 드러낼 수 있는 그 처절한 자기 고백은 어린 날의 저를 몹시도 흔들어 놓았습니다.

> 애비는 종이었다. 밤이 기퍼도 오지 않었다.
> 파뿌리같이 늙은 할머니와 대추꽃이 한주 서 있을 뿐이었다.
> 어매는 달을 두고 풋살구가 꼭 하나만 먹고 싶다하였으나……
> 흙으로 바람벽한 호롱불 밑에
> 손톱이 까만 에미의 아들.
> (후략)

지금 읽어도 가슴을 절절 끓게 하는 힘과 여운이 있습니다.

아름다움에 흔들릴 수 있는 마음

우리의 마음은 흔들리도록 설계되었는지도 모르겠습니다. 아름다운 사람을 보면 흔들리고, 아름다운 광경을 보면 흔들리고, 아름다운 음악을 들으면 흔들리고, 아름다운 글을 봐도 흔들립니다. 나는 흔들리는 내가 좋았습니다. 내가 밑줄 그은 구절에 같이 흔들릴 수 있는 사람이 있다면 나는 기꺼이 그를 친구로 맞았을 것입니다. 그러나 주위에선 흔들리지 말고 목표를 향해 뚜벅뚜벅 걸어 나가기만을 원하는 것 같았습니다. 나의 아버지도 그랬고 나의 어머니도 그랬습니다. 나를 가르친 선생님들도 그랬습니다. '성적을 올려라!', 그것은 내가 학교를 다닐 때나 지금이나 똑같이 학생들에게 부과되는 지상의 명령입니다. 그런 지상의 명령은 문학을 아주 초라한 것으로 만들어 버립니다. 문학은 소위 '잘 나가는 사람'의 아이템은 아니니까 말입니다. 나도 그런 이유로 문학과는 거리가 먼 기계공학과에 입학하게 되었습니다. 프랑스 유학을 바랐던 아버지의 소망이 강력하게 작용한 결과였죠. 어쩔 수 없이 나의 문학적 감수성은 수학과 물리 공식에 자리를 내주어야 마땅했지만, 한번 밴 문학에의 열정은 쉽게 사라지지 않았습니다.

대학 1학년 때 물리학보다 더 저의 관심을 끈 것은 에밀 아자르의 소설 『자기 앞의 생』과 『달려라 모모』였습니다. 에밀 아자르 소설 속 주인공의 불행이 오히려 저를 위로했고, 『나의 라임 오렌지 나무』에 등장하는 소년, 제제의 불행은 제게 눈물을 흘리게 만들었죠. 여러분은 혹시 이런 경험을 해본 적이 있나요? 타인의 슬픔과 불행을 보며 눈물을 흘릴 때, 자신의 불행이 사소해지는 것 같은 경험 말입니다. 시인 허수경이 '슬픔만한 거름이 어디있으랴.'라고 말했듯이 슬픔에는 묘한 치유의 힘이 있는 것 같습니다.

타인의 불행에 동참해 그의 불행을 내것으로 만드는 공감의 능력이 인간에게는 있습니다. 공감은 타인과 나 자신을 동일시하는 감정입니다. 한 편의 소설을 읽으면서 주인공의 불행에 동참할 때 우리는 편협한 자신에서 벗어나 타인이 되어 보는 경험을 합니다. 공과대학을 그만두고 국문과로 방향을 튼 것도 문학이 주는 그런 경험을 다른 어떤 경험보다 소중하게 생각했기 때문입니다. '내가 나 자신을 벗어나 타인이 되어 보는 탈아(脫我)의 경험', 나는 문학적 경험을 그렇게 정의하고 싶습니다.

내가 좋아하는 시를 한번 같이 읽어 보시겠습니까.

닭 한 마리 발을 벌린 채 기름 속에 펄펄 끓는 동안
이상히도 고요한 밤하늘 바라보며
아내와 나는 우리네 살림살이에 대한 걱정을 한다.
닭은 한 마리에 2천 5백 원
하늘로 삐죽삐죽 솟아오른 노점상 천막들 사이로
바람이 불고 흔들리는 하늘에 별이 몇 개 간신히 반짝인다.
아내와 나는 잠시 그것이 안타깝다.
그러나 닭집 여편네는 임신 중
백열등 빛이 질펀하게 흐르는 시장 바닥
그녀는 칼 솜씨 하나로 닭 모가지를 싹둑싹둑 자르며
피에 범벅진 손으로 자신의 아이를 키우고 있다.
우리는 또 잠시 소스라쳤지만
뱃속의 피에 또 엉겨 있을 그녀의 아이가
태어나서 자기를 낳아 준 백정 어미를 탓하지 못하리라는 것을
나는 그녀의 당당한 표정에서 읽을 수 있다.
아니 그 표정에 섞인 어떤 안간힘 속에서 읽을 수 있다.
바닥에 흩뿌려진 닭 내장 비린내

닭이 죽어 그녀의 아이를 살리지 않는다면
그 칼은 언제라도 우리를 찌를 수 있다.
우리가 별을 보고 있는 순간에도
칼은 무참하게 닭 배때기를 찌르고
아내와 나는 살림살이에 대한 걱정을 상관없이 한다.
질펀한 시장바닥을 흘러가는 백열등 빛
머리에 두른 수건에 묻은 비린내가 코를 찌르고
별은 이제 하나도 안 보였지만
나는 그 여편네와 우리네 사이에
어떤 인연처럼 끈끈한 (혹시 핏덩이 같은) 그 무엇이 치밀어
우리들을 맺고 있음을
백열등 불빛밖에 남은 것 없어도 알아차릴 수 있다.
증오이거나 사랑이거나
소매 스치는 인연이거나 닭 배때기를 함께 찌르는 목숨의 뜻이
거나

– 김정환, 「닭집에서」

시의 내용을 산문적으로 요약하면 이렇습니다. 아내와 나는 닭을 사러 닭집에 갑니다. 닭을 파는 여인은 임신을 했습니다. 임신한 여인이 닭의 모가지를 비틀어 닭의 목을 칼로 내리치는 모습을 나와 아내는 바라봅니다. 그때 나는 이렇게 생각합니다. '뱃속의 피에 또 엉겨 있을 그녀의 아이가 태어나서 자기를 낳아 준 백정어미를 탓하지 못하리라는 것을, 나는 그녀의 당당한 표

정에서 읽을 수 있다.'

닭의 모가지를 비틀어 칼로 내리치는 여인의 이야기를 그리고 있지만 그 여인을 바라보는 시인의 따스한 눈길 때문에 이 시는 더없이 아름다운 시로 읽힙니다. 이렇게 시인은 더러움의 이면을 볼 수 있는 사람입니다. 표피적인 아름다움만을 보는 사람이 아니죠. 더러움의 이면을 볼 수 있는 눈은 누추하고 보잘것없는 사람들과 공감할 수 있는 시인의 눈이겠지요. 그러나 그 눈은 시인만이 가질 수 있는 것은 아닐 것입니다. 아름다운 것에 흔들릴 수 있는 마음을 가진 사람이라면 누구나 그런 눈을 가질 수 있겠죠.

국어 교사를 직업으로 택한 것은 바로 그런 구절에 탐닉하고 싶다는 내 욕심 때문이었습니다. 학생들을 바르게 인도하자, 그들에게 문학적 감수성을 심어 주자는 거창한 목표 같은 것은 없었습니다. 그런 점에서 나는 매우 이기적인 국어 선생임에 틀림이 없습니다. 하지만 나부터 흔들리지 않고는 남을 흔들 수 없다는 것이 저의 변명이라면 변명입니다.

흔들리는 마음은 부족함과 결핍에서 온다고 나는 생각합니다. 흔들리는 마음은 불완전함과 결핍을 채우고 싶은 마음입니다. 가난은 그 불완전함과 결핍의 다른 이름이겠죠. 아름다운 사람을 보고 흔들릴 때 나는 그 사람의 온기와 숨결로 나의 허전함을 채우고 싶어 하는 거겠죠. 겨울 난로 위의 주전자가 하얀 입김을

퐁퐁 내뱉고 있는 날, 에릭 사티의 피아노곡 「짐노페디」를 들어 보셨는지요. 아름다운 음악은 우리들의 마음을 얼마간은 덥혀 주지요. 우리가 스스로 완벽한 인간이라면 어떤 위대한 풍경도 우리를 채울 수 없을 것입니다. 풍족한 인간은 채움이 필요 없는 인간일 테니까요. 문학은 인간이 스스로의 결핍을 채우려는 노력이라고 나는 생각합니다. 아무리 물질적으로 풍족할지라도 인간에게는 결핍이 있기 마련입니다. 우리가 가진 것이 없어 우리의 결핍을 스스로 메우지 못할 때도 우리는 결핍을 채우려는 노력을 포기하지 않습니다. 왜일까요? 우리에겐 꿈과 상상의 힘이 있기 때문입니다. 그러므로 나는 문학은 부족한 존재가 꾸는 꿈이라고 생각합니다. 중학교 시절 남산 시립도서관의 나는 또 얼마나 나약하고 부족한 존재였던지요. 그러나 가난했기 때문에 꿈꿀 수 있었고, 꿈꿀 수 있었기 때문에 그다지 불행하지는 않았습니다.

얼마 전 나는 지리산에서 텐트도 없이 한데서 침낭 하나로 비박을 하다 잠을 깬 적이 있습니다. 그때 얼마나 많은 별들이 밤하늘을 수놓고 있었던지요. 참으로 장엄하기 그지없는 광경이었습니다. 그때 하늘이 한 권의 책이었다면 나는 거기에 수많은 밑줄을 그었을지도 모릅니다. 학교로 돌아왔을 때 나는 내가 본 밤하늘을 학생들에게 보여 주고 싶어 이렇게 말했습니다.

아름다움을 보는 것은 사치가 아닙니다.
그 아름다움 때문에 우리는 몇 번의
혹독한 시절을 거뜬히 버틸 수 있는 힘을
가질 수가 있는 것이죠. 문학은 정작은
그런 힘과 내공을 기르는 공부입니다.

취직을 위해 좋은 대학에 가는 것도 중요하고 스펙을 쌓는 것도 중요하지만 장엄한 별밤을 보는 것도 그 이상으로 중요한지도 모른다.

나는 내가 떨리는 마음으로 본 것을 나의 가족들과 친구들도 떨리는 마음으로 봐 주었으면 합니다. 아름다움을 보는 것은 사치가 아닙니다. 그 아름다움 때문에 우리는 몇 번의 혹독한 시절을 거뜬히 버틸 수 있는 힘을 가질 수가 있는 것이죠. 문학은 그런 힘과 내공을 기르는 공부입니다.

이 글을 읽을지도 모르는 여러분들이 아름다움에 감염될 수 있는 여유를 가졌으면 합니다. 그 여유가 여러분의 시선이 머무는 수많은 책 속에서 길러지길 바랍니다.

배움을 통해서도 우린 성장하지만 세상의 아름다움을 통과해 내면서 우리는 더욱 우람한 나무가 되는 것이겠죠.

여행, 육체적 · 정신적 한계로 떠나는 소풍

신현수 시인, 인천 부평 고등학교 국어 교사

1958년에 충북 청원에서 태어났습니다. 충남 대천여자고등학교, 대천고등학교에서 일했으며, 전교조 결성으로 해직(1989년)되었으나 1994년에 복직하여 지금은 모교인 부평고등학교에서 국어 선생님으로 일하고 있습니다. 계간지『시와 의식』(1985년 봄호)에 「서산 가는 길」 등 5편이 박희선, 김규동 시인에게 추천되어 시인의 이름을 얻었으며, 그 후『서산가는 길』,『처음처럼』,『이미혜』,『군자산의 약속』,『시간은 사랑이 지나가게 만든다더니』,『신현수 시집(1989-2004)』(상, 하) 등의 시집과,『선생님과 함께 읽는 한용운』,『시로 만나는 한국 현대사』 등을 냈습니다. 그 동안 전교조 인천지부 부지부장, 민예총 인천지회 부지회장, 한국작가회의 인천지회 지회장, 평화와 참여로 가는 인천연대 상임대표, 사단법인 지역 복지 센터 '나눔과 함께' 이사장 등으로 일했습니다.

작은 체구에서 뿜어져 나오는 열정과 포근함으로 인천에서 '평화와 참여로 가는 인천연대' 상임고문, '인천 의제 21 실천협의회' 운영위원, '인천문화재단' 이사, '인천시립수봉도서관' 운영위원 등의 직함을 여러 개 가지고 있으면서도 학교에서는 국어 선생으로서의 역할에도 충실한 사람입니다. 두 차례 평양과 백두산, 묘향산 등을 다녀왔고, 「부평신문」에 '신현수의 걷기 여행'을 연재하는 등 여행에도 관심을 가지고 있는 그의 마음은, 언제나 '사람'을 향하고 있습니다.

여행은 좋은 것이다. …… 돌아오지만 않는다면(괴테)

사실 너희들을 가르치면서, 인간적인 대화나, 내가 진정 너희들에게 하고 싶었던 얘기를 한 번도 해본 적이 없는 것 같아. 난 늘 너희들을 혼내거나, '엎드려 뻗쳐'를 시키거나, 건조하게 교과서를 읽어 나가거나, 문제를 풀거나, 가끔 실없는, 유머 같지도 않은 유머로 교실을 썰렁하게 만들기나 했지. 그래서 난 오늘 모처럼 너희들과 진지한 얘기를 해보려고 해. 어떤 얘기냐 하면, 여행에 관한 이야기.

여행을 권하는 다섯 가지 이유

성공회 켄터베리 대주교 로버트런시는 "중세인은 종교 때문에 여행자가 되었지만, 현대인은 여행이 종교가 되었다."라고 했어. 지금 내게 여행이 종교라고까지는 말할 수 없지만, 지금 진정 나를 가장 가슴 뛰게 하는 것은 '여행'이라고까지는 말할 수 없지만, 현재 내가 가장 깊게 관심을 갖고 있는 것이 여행이라는 건 부인할 수 없을 것 같아. 홈페이지에 그동안 다녀온 곳에 관한 여행기를 열심히 올리고, 못 가본 곳들에 대해서는 남들이 써 놓은 여행기를 열심히 퍼 나르고 있는 걸 보면 말이야. 그러고 보니 요즘 내가 읽고 있는 책도 대부분 여행에 관한 책이고, 내가 유일하게 챙겨 보는 텔레비전 프로그램도 여행 프로그램이야.

사실 처음에는 '국외여행'을 다니지 않았어. 나만 여행을 다니는 게 왠지 다른 이들, 특히 내가 몸담고 있던 시민단체 상근자들에게 미안했기 때문이야. 더구나 내 한 번의 여행비는 그들에게는 몇 달치 월급과 맞먹는 돈이지. 그래서 한때는 이 세상 모든 노동자들이 국외여행을 떠나게 되는 날까지 나도 여행을 가지 않겠다고 다짐한 적도 있었어. 지금이야 모두 지키지 못한 헛된 다짐들이 되었지만 말이야.

그랬던 내가 지금 여행에 빠져 있고, 너희들에게도 적극적으로 권하려는 이유는 뭘까? 여행의 어떤 점이 그렇게 좋은 것일까?

내가 생각하는, 여행의 가장 좋은 점은 여행지가 관념에서 현실로 바뀐다는 거야. 가 보기 전에는 머릿속에서 관념으로만 존재하던 곳이 여행을 하고 나면 구체적 현실로 바뀐다는 거야. 그러면서 내가 여행한 땅을 이해할 수 있을 뿐만 아니라 지속적인 관심이 생기게 되는 거지. 나라 밖 뉴스를 듣거나 볼 때 여행한 곳에 관한 뉴스가 나오면 확실히 달라. 기자가 무슨 얘기를 하고 있는지도 알 수 있어. 여행을 하면서 서로 왔다 갔다 하다 보면 세상에 늘 존재하던 싸움도, 전쟁도 좀 줄어들지 않을까?

둘째는, 상식적인 얘기겠지만, 세상을 보는 시야가 넓어지고, 내가 알고 있는 세계가 전부가 아니라는 걸 알게 돼. 나아가 세상은 정말로 얼마나 다양한 사람이 얼마나 다양한 생각과 모습으로 살아가는 곳인지 깨닫게 되는 거야. 비유가 적절한지는 모르겠지만, 여행 중에 양변기에서 일을 본 후 물을 내리는 법을 몰라 헤맨 적이 한두 번이 아니야. 또 터키의 작은 도시에서 수동식이었던 엘리베이터 문 때문에 고생한 적도 있어. "나는 조그마한 땅에 태어났는데도, 아직 나라 안의 경관조차 다 보지 못했다."면서 "나의 글이 조잡하고 놀라울 것이 없는 이유가 바로 여기에 있다."고 한 조선 중기 때의 문신인 허목의 고백은 여행이 생각과 마음을 키워 주는 좋은 취미임을 말해 준다고 할 수 있지.

셋째는, 환경을 바꾸면 생각도 바뀐다는 거야. 국내에 있을 때는 풀리지 않았던 엉킨 생각들이 어느 순간 정리가 돼. 갑자기 눈물이 주르르 흘러내리던, 만주 벌판을 달리던 기차 안에서의 동트는 새벽. 난 그때 갑자기 이 세상에 이해하지 못할 것은 하나도 없다는 생각이 들었어. 이처럼 여행은 내게 세상을 이해하는 계기를 만들어 주었지. 그래서 알랭 드 보통은 『여행의 기술』이라는 책에서 "여행은 생각의 산파"라고 말했나 봐. 그는 또 "움직이는 비행기나 배나 기차보다 내적인 대화를 쉽게 이끌어 내는 장소는 찾기 힘들다. 우리 눈앞에 보이는 것과 우리 머릿속에서 떠오르는 생각 사이에는 기묘한 상관관계가 있다. 때때로 큰 생각은 큰 장소를 요구하고, 새로운 생각은 새 장소를 요구한다. 다른 경우라면 멈칫거리기 일쑤인 내적인 사유도 흘러가는 풍경의 도움을 얻으면 술술 진행되어 나간다." 고도 했어.

넷째, 여행은 자신이 아무것도 아니라는 사실을, 잘난 척할 게 하나도 없다는 사실을 깨닫게 해줘. 자신이 얼마나 한심하고 모자라는 인간인지를 알게 되지. 생전 처음 보는 풍경과 사람들 앞에 홀로 떨어졌을 때의 막막함이란 겪어 보지 않으면 몰라. 그런 상황을 겪으면서 성숙하는 거야. '아, 나는 정말 아무것도 아니구나. 나는 참 모자라는 인간이구나.'라고 느끼는 거지. 어느 때, 어느 곳에서든, 자신이 아무것도 아니라는 것에 마음이 편안해지기 시작하면 이제 내 삶은 점점 더 자유로워지는 거지.

다섯째, 이 얘기는 좀 개인적인 경험이라 이해할지 모르겠는데, 여행은 나를 외로움에서 해방시켜 주지. 아무도 모르는 낯선 세상으로 떠나면 나는 더 외로워지고, 지독한 외로움의 극단으로 나를 몰아가는 거지. 그래서 더 이상 어떻게 하지 못하는 처절한 외로움을 겪으면 어느 순간 그 외로움에서 해방되는 느낌……. 너무 어려운가? 스위스의 여행가 엘라 마일라르트의 "여행이란 자신의 육체적, 정신적 한계로 떠나는 소풍이다." 란 말이 가슴에 절절하게 와 닿아.

지금은 아무나 갈 수 없는 땅, 북한 기행

그 동안 내가 다녀온 곳 중에서 오늘은 두 군데만 너희들에게 소개하려고 해. 바로 북한과 만주야. 사진을 보면서 얘기하면 더 좋을 텐데 좀 아쉽구나. 얘기하기 전에 여행 관련 용어부터 한번 볼까?

나는 위에서 굳이 '해외여행'이라고 하지 않고 '국외여행'이라고 했어. '해외여행'이라는 말 있잖아. 그건 일제가 남긴 말이래. 일본은 섬나라니까 다른 나라로의 여행은 무조건 해외인 거지. 우리도 북으로는 휴전선에 가로막혀 있으니 섬나라나 마찬가지라고? 생각해 보니까 그러네. 그래도 그건 약간 다른 문제지.

북한과 만주 중 어디부터 얘기해 볼까? 너희들뿐만 아니라 보통 사람들도 가 보기 어려운 곳부터 얘기해 볼까? 북한부터 얘기해 보자.

나는 그동안 북한을 네 차례 다녀왔어. 꽁꽁 얼어붙은 요즘 남북의 분위기로는 마치 꿈같은 일이기는 하지만…….

첫 번째 방문이었던 2001년 통일 대축전 때는 평양과 백두산, 묘향산을 다녀왔고, 두 번째 방문이었던 2005년 남북작가대회 때 역시 평양과 백두산, 묘향산을 다녀왔어. 그리고 세 번째 방문이었던 2007년 금강산 관광과 네 번째 방문이었던 2008년 개성 관광 때는 개성을 다녀왔지. 중국 쪽으로도 백두산을 한 번 올라가 봤으니 백두산만 세 번 올라 가 본 셈이야. 자랑 같지만 북한을 통해 백두산을 두 번이나 가 본 사람은 아마 드물 거야. 매우 드문 경험을 한 거지.

2001년 북한을 처음 방문했을 때의 감동은 10년이 지난 지금까지도 생생해. 그런데 여기에서 남북 관계에 관한 용어부터 한 번 정리하고 넘어가는 게 어떨까.

'북한'이란 용어는 나도 앞에서 쓰긴 했어. 우리끼리야 뭐 이렇게 쓸 수 있다고 하더라도, 나중에 혹시 북녘분들을 만나면 쓰지 말아야 할 용어야. 왜냐고? '북한'이란 뜻은 북쪽의 대한민국이란 뜻이기 때문이지. 물론 우리 헌법에는 '대한민국은 한반도와 그 부속 도서로 한다.'고 되어 있지만, 그건 우리만의 생각에 불과해.

북녘에도 엄연히 유엔에 가입한 '조선 민주주의 인민 공화국'이라는 실체가 있어. 우리가 '북한'이라고 하는 것은 북이 우리보고 '남조선'이라고 하는 것과 같은 거지. 북이 우리를 보고 '남조선'이라고 부르면 기분이 유쾌하지는 않지? 마찬가지로 '북한'이란 용어도 북에게는 그렇다는 거야. 북한이나 남조선이나 모두 자기중심적 사고에서 나온 표현들인 셈이지.

현재 북은 대한민국이 아니고, 남도 물론 조선 민주주의 인민 공화국이 아니야. 언젠가는 통일이 되겠지만 그때까지는 가능하면 서로 가치 중립적인 용어로 불러야 해. 남쪽·북쪽, 또는 북측·남측, 또는 남녘·북녘, 또는 이남·이북 등으로 말이야. 북의 지도자에 대한 호칭 문제도 마찬가지인데, 적어도 이름만 부르는 것은 삼가야 할 것이라고 생각해. 북측도 물론 그래야 하고 말이야.

서로가 서로를 배려하고 인정하는 태도야말로 통일의 물꼬를

트는 일이야. 통일은 서로의 체제와 이념에 대해 무조건 미워하고, 경계하고, 욕하는 것이 아니라 서로의 체제와 이념의 차이에 대해 이해하고 인정하는 속에서 시작되는 것이지. 그렇지 않다면 통일의 길은 요원할 수밖에 없으며, 단언컨대 우리 민족은 남과 북 모두 어두운 나락으로 떨어지고 말 거야. 비유하자면 남과 북은 한 몸에 머리가 둘 달린 사람이라고 할 수 있어. 어느 한쪽이 병들고 아플 때, 함께 아파하지 않고 오히려 비웃거나 구경만 하고 있다면, 나머지 한쪽도 결국은 죽고 말겠지. 머리는 둘이지만 몸은 한 몸이기 때문이야.

이 시대 최고의 최대의 과제는 누가 뭐래도 분단된 조국의 통일이야. 그 방법은 2000년에 남과 북의 정상이 합의한 6.15 공동 선언의 정신을 실현하고 실천하는 것이지. 그것이야말로 우리 겨레를 살리고 우리 민족을 살리는 유일하고도 완전한 길이야.

통일 이야기가 나와서 잠깐 오버 했나? 다시 본론으로 돌아가 볼까? 평양은 공원과 아파트의 도시였어. 대동강에서는 유람선도 탔고, 평양 교외에 있는 동명왕릉도 관람했지. 묘향산에도 갔었어.

묘향산은 산에서 묘한 향기가 난다고 해서 붙인 이름이래. 옛 사람들은 '금강산이 수려하고 지리산이 장엄하다면, 묘향산은 수려하고도 장엄하다.'고 했어. 그런데 그 장엄하고도 수려한 묘향산의 정상에는 못 올라가고, 만폭동 계곡에 발만 담그고 말았으니 얼마나 안타까웠던지…….

다음은 백두산 천지. 그 높은 산꼭대기에, 그렇게 거대하고 시퍼런 물이 고여 있을 거라고는 상상도 하지 못했어. 천지의 오묘함? 놀라움? 장쾌함? 그 어떤 말로도 표현하기 어려웠던 백두산 천지…….

두 번째 방문이었던 2005년 민족 작가대회 때는 문학 관련 행사를 빼면 행선지는 2001년과 비슷했어. 특별히 잊히지 않는 장면은 백두산 베개봉 호텔 앞에서 북쪽 분들이 구워 놓은 백두산 감자를 얻어먹은 일이야. 지금 생각하면 참으로 꿈같은 일이었지.

2007년에는 봉우리가 일만이천 개나 된다는 금강산을 방문했어. 문화회관에서 그 유명한 평양 모란봉 교예단의 공연도 관람했고, 구룡연, 상팔담, 만물상, 삼일포 등도 관람했지.

2008년에는 당일치기로 개성을 다녀왔어. 한겨울 얼어붙은 박연폭포를 보면서 황진이가 박연폭포를 '송도삼절'이라고 한 이유를 이해할 수 있었어. 관음사라는 절도 봤고, 정몽주의 충절과 서경덕의 학덕을 아울러 기리기 위해 정몽주의 집터에 세운 숭양서원, 아직도 붉은 색이 감도는 선죽교, 정몽주의 충절을 기리기 위해 세운 표충비, 고려 박물관도 둘러봤지.

그런데 불행하게도 내가 다녔던 모든 곳들이 지금은 갈 수 없는 곳이 되어 버렸어. 백두산 관광도 거의 현실로 이루어질듯 하다가 중단되었고 말이야. 백두산은 그렇다 쳐도 기반 시설이 모두 갖추어진 금강산과 개성 관광을 중단한 것은 참으로 안타까운 일이지. 얼어붙은 남북 관계가 풀려서 금강산과 개성만이라도 자유롭게 관광할 수 있는 날이 하루 빨리 왔으면 좋겠어.

중국의 속셈과 우리의 무관심…… 중국 기행

이제 중국 얘기를 해봐야 할 것 같아. 사실 중국은 워낙 땅덩어리가 넓으니까 웬만해서는 중국을 봤다고 하기가 어렵지. 1년을 다녀도 다 못 본다는 얘기가 있을 정도니까 말이야. 나는 오늘 너희들과 중국 중에서도 만주 얘기를 좀 해보려고 해.

'만주'란 말은 많이 들어 봤지? 그런데 구체적으로 어디를 말하는지는 잘 모르겠지? '만주' 하면 일반적으로 중국의 '동북3성' 지역을 말해. '동북 공정'이라는 말은 들어 봤지? 동북3성이란 중국 동북쪽의 세 성, 즉 요령성, 길림성, 흑룡강성을 말하는데, 만주라고 하면 대체로 이 동북3성을 말해. 그러면 '동북 공정'이란 뭘까?

쉽게 말하면 동북3성이 예로부터 중국 땅이고, 그러니 당연히 그곳에 살았던 사람들도 중국 사람이고, 그곳 역사도 중국의 역사라는 거지. 몇 년 전부터 중국은 소위 '동북 공정'이라 하여 옛 만주 땅을 무대로 번성했던 고구려, 발해 등을 자신의 지방 정부라고 우기면서 중국의 역사로 편입시키려는 의도를 노골적으로 드러내 왔어. 그러면서 역사의 왜곡도 서슴지 않고 있는데, 고구려를 동북 소수 민족 정권이라고 말하고 있지. 내 눈으로 직접 확인하지는 못했지만 집안시 박물관의 머릿돌에도 "고구려는 중국의 소수 민족 정권"이라는 글이 있다고 해. 목단강에 가서는 발해 상경 용천부지를 돌아봤는데, 발해 박물관에 들어가니 관리인이 우리를 계속 따라 다니더구나. '발해는 중국의 지방 정부'라고 써 놓은 걸 지울까 봐 따라다녔나 봐.

백두산도 중국이 눈독을 들이고 있는 곳이지. 그들은 대대적으로 백두산을 개발하면서 영유권을 선점하기 위해 세계 지질공원 등재도 추진하고 있다고 해. 인삼도 이미 '장백 인삼'이란 이름으로 상표화해서 세계 무대에서 우리 인삼과 싸움을 예고하고 있다고 하니, 그들의 속셈이 무섭기까지 하지 않니?

그런데 정말 안타까운 것은, 이런 중국에 비해 우리나라는 무대책이 대책 아닌가 여겨질 정도로 거기에 대응하려는 노력이 전혀 보이지 않는다는 점이야. 중국의 동북 공정에 잘 대응하는 문제는 통일 문제에 있어서도 매우 중요해. 우리가 어려움에 빠진 북한을 일방적으로 밀어붙이기만 한다면, 그래서 북한이 중국과 점점 가까워지기라도 한다면 그건 정말로 큰일이고, 그게 바로 중국의 속셈이기 때문이야. 어차피 북한과 한국이 유엔에 따로 따로 가입되어 있는 마당에 대한민국은 평양 북쪽의 땅들에 대해서는 권리를 주장할 아무런 역사적, 국제법적 근거도 없게 되는 거지. 어쩌면 북한을 포함하여 소위 '동북4성'이 될지도 모르는 일이야. 이런 우려가 2010년 김정일 국방 위원장의 중국 방문 경로에서도 드러났지? 또 이야기가 통일로 빠졌네.

다시 본론으로 돌아갈까? 난 만주, 즉 동북3성 지역을 세 번이나 방문했는데, 그 첫 번째는 지난 2006년 여름이었어. 고구려 유적과 백두산을 둘러봤지. 인천에서 배를 타고 24시간이나 간 후에 영구항에서 내려 환인, 집안, 압록강, 통화, 이도백하, 백두산, 연길, 용정, 도문(두만강), 심양, 다시 영구……. 이런 순서로 다녔어.

유리왕(고구려의 2대 왕) 때 수도를 졸본에서 집안(국내성)으로 옮긴 탓인지, 환인에서는 졸본성 외에 이렇다 할 고구려 유적을 볼 수 없었어. 그러나 집안에서는 사정이 좀 달랐지. 도시 전체가 무덤군이었는데, 집안(국내성)은 장수왕이 평양으로 천도(427년)할 때까지 425년 동안이나 고구려의 서울이었기 때문이야. 아직도 무려 12,000여 기의 무덤이 남아 있다고 하니 그 위세를 짐작할 수 있지. 집안의 인구는 약 23만 명 정도 되는데, 그중 조선족은 약 10%인, 2만 명 정도라고 하니 적은 숫자는 아니지.

집안에서는 먼저 유명한 장군총을 관람했어. 장군총은 대체로 장수왕의 무덤으로 알려져 있는데, 평양으로 천도까지 한 마당에 굳이 장수왕의 시신을 여기까지 끌고 와서 묻었을까 하는 의문이 생겼어. 장군총 뒤편으로는 5기의 배총이 있었는데, 부하 장군 또는 후실의 무덤으로 알려져 있지.

장군총을 본 후에는 일제의 비문 조작으로 말 많고 탈 많았던 광개토 대왕비와 광개토 대왕릉을 봤어.그런데 여기도 굳이 공개할 필요가 있을까 하는 생각이 들었지.

백두산(중국은 백두산을 장백산, 창바이산이라고 불러)은 내가 갔던 날이 마침 토요일이라 그런지 시장 바닥보다 더 시끄럽고 소란스러웠어. 백두산 천지로 올라가는 길이 열리는 기간은 눈이 녹는 6월 말부터 첫눈이 내리기 시작하는 9월 초까지 약 3개월 정도인데다가, 더구나 이날은 토요일이어서 그런지 차라리 아수라장이라는 표현이 어울릴 정도였어. 탐방객이 많으면 출입구를 많이 만들어 놓으면 좋으련만, 하나뿐인 출입구에서 입장권을 일일이 검사까지 했어.

백두산을 관광하는 코스는 두 종류인데, 지프차를 타고 천문봉으로 올라가 천지를 내려다보거나, 장백 폭포 옆으로 난 콘크리트 계단을 걸어 올라 직접 천지로 가는 길이야. 나는 두 번째 코스를 선택했지. 폭포가 바위에 사정없이 떨어지며 생기는 물보라는 장백 폭포를 더욱 장엄하게 했어. 두 시간쯤 걸었나. 힘들었지만 어쨌든 천지에 도착했지.

천지 물에 손도 담가 봤지만 북한에서 천지를 처음 봤을 때의 감흥은 전혀 없었어. 감흥은커녕 오히려 계속 속만 상했지. 천지 관광 때문에 폭포를 따라 콘크리트 구조물을 마구 만들어 놓은 것도 그랬지만, 백두산 천지까지 노점상이 올라와 연기를 피우면서 장사를 하게 내버려 두는 중국 정부 당국 때문이었어. 심지어 그들은 천지에 산다는 괴물까지 모형으로 만들어 놓고 기념사진을 찍거나, 우리 한복을 빌려주고 사진을 찍는 등 중국은 백두산을 이용해 엄청난 돈을 벌어들이고 있었지. 우리 땅으로 오가지도 못하고 남의 나라로 돌아와서야 비로소 북녘 쪽 천지를 바라다 봐야 한다는 것도 속상했지. 백두산을 바라보며 노천탕

우리 땅으로 오가지고 못하고 남의 나라로
돌아와서야 비로소 북녘 쪽 천지를 바라다 봐야
한다는 것도 속상했지. 백두산의 주인인 우리는
정작 북쪽으로 갈 수조차 없다는 사실에 자꾸만
속이 상했지.

에서 뜨거운 백두산 온천물에 몸을 담그고 있으니 감개가 무량했지만, 백두산으로 돈을 벌고 있는 중국을 뜬눈으로 지켜보면서, 백두산의 주인인 우리는 정작 북쪽으로 갈 수조차 없다는 사실에 자꾸만 속이 상했지.

연변? 간도? 거기에 우리 민족이 살아?

연변 얘기 좀 해볼까? 한때 텔레비전의 개그 프로에 '우리 연변에서는……' 하는 우스갯소리도 있었지? 그럼 도대체 연변은 어디를 말할까?

중국 전체 인구 13억 중에서 조선족은 약 210만 명 정도 된다고 하는데, 그중 약 절반 정도가 연변에 살아. 연변은 조선족 자치주의 이름이고, 연길은 연변 조선족 자치주에서 가장 큰 도시 이름이야. 말하자면 연길은 연변 자치주의 '주도'인 거지. 연변은 조선족의 정치 · 문화 · 경제의 중심지로 조선족이 전체 인구 중 60% 이상을 차지하고 있어. 아마 연변이라는 이름은 연길의 주변이라는 뜻이 아닌가 생각해. 그렇다면 간도는 어디를 말할까?

간도는 대체로 연변과 같은 이름으로 보면 되는데, 청나라가 자신들의 조상이 살았던 이곳을 만주족의 성역으로 삼고 아무도 들어가지 못하게 '봉금 지역'으로 선포한 후에 우리나라와 청나라 사이에 생긴 섬과 같은 곳이라는 뜻에서 간도(間島)라고 한 것이라고 해. 우리나라가 새로 개간한 땅이라 하여 간도(墾島)로 적기도 하지.

만주는 앞에서도 여러 번 말한 것처럼 옛 고구려, 발해 지역인 동북3성 지역을 일컫는 명칭이야. 연변 조선족 자치주는 성으로는 길림성에 속하고 연길시, 용정시, 도문시, 돈화시, 화룡시, 훈춘시 등 6개의 시와 왕청현, 안도현 등 2개의 현으로 이루어져 있어. 연변에서 한글은 제2 공용어일 뿐만 아니라 간판 등을 만들어 달 때 한자보다 한글을 앞에 쓰는 게 법으로 정해져 있지. 한글을 먼저 안 쓰면 벌금을 내야 하고 행정 지도도 받는다고 해. 그런데 최근에 한국 관광객이 급격히 늘어나면서 연길은 점점 소비적이고 향락적인 도시로 바뀌어 가고 있다는 느낌을 받았어. 그래서 좀 조금은 씁쓸했지.

그런데 조선족은 왜, 그곳에 살게 된 것일까? 원래 만주에는 고구려 이후 한민족이 거주하기 쉽지 않았어. 청나라는 그곳을 신성한 지역이라고 해서 사람들의 출입을 금하는 '봉금령'을 실시했지. 그래서인지 청나라가 강성할 때는 출입조차 어려웠지만 대기근이 들었던 1869년 기사년 재해 이후에는 우리 민족들이 하나둘씩 만주로 생활 영역을 넓혀 갔어. 이후 3년간 이 곳으로 건너간 사람이 6만 명이고, 그 가운데 함경북도에서 넘어간 사람이 2만 6천 명이나 된다고 해.

거기다가 1910년 경술국치 이후 만주로 이주하는 사람이 더욱 늘어났어. 수많은 사람들이 일제 치하였던 우리 땅을 벗어나 만주로 건너갔다가 해방 후에는 다시 많은 사람들이 고향으로 돌아왔지만, 적지 않은 사람들이 만주에 남았어.

만주에 남은 조선족은 문화 대혁명 속에서도 언어를 지켜 냈어. 조선족은 언어를 지켰을 뿐만 아니라 문화를 유지한 소수 민족 가운데 하나이지만, 요즘 같은 변화 속에서도 조선족이 한국인의 특성을 계속 지니고 있을까 하는 생각이 들었어.

두 번째 만주 방문은 2008년 여름, 한 보름쯤의 여행이었어. 요령성의 성도인 심양에 가서는 심양 서탑과 중산 광장 등을 봤고, 2006년에도 갔던 연변 자치주의 주도인 연길에 가서는 홍범도 봉오동 전투 전적지를, 훈춘에 가서는 조·러·중 국경을, 도문에서는 100미터 쯤 되는 도문대교를 반쯤 건너갔지. 다리 건너편이 바로 북한의 남양시이니까, 도문대교 한가운데가 중국과 북한의 변경선인 거지. 중국은 이곳까지 오는 데에도 돈을 받고 있었는데, 백두산에서처럼 남의 나라의 분단으로 돈을 벌고 있다는 생각을 하니 기분이 유쾌하지 않았어.

용정에 가서는 홍범도, 서일 장군 등 수많은 독립지사는 물론 윤동주 시인까지 배출한 북간도 지역 최고 명문학교인 용정중학교를 방문했고, 윤동주의 묘도 찾아갔어. 그런데 버려져 있던 동주의 묘를 찾아낸 사람이 누군지 아니? 바로 일본인이야. 아이러니지? 동주의 무덤 앞에서 잔을 따르고 절을 했어. 동주가 술안주로 살구를 내놓더군. 동주의 묘 바로 왼쪽에 살구나무가 있었어.

또 '탈취15만원사건비'도 봤어. '15만 원 탈취 사건'이란 요즘으로 말하자면 은행 현금 수송 차량 탈취 사건인데, 15만 원이 어느 정도 큰돈이냐 하면, 5000여 명의 독립군을 무장시킬 만한 돈이라고 해. 혹시 영화 「놈놈놈」이라고 들어 봤니? 이 영화가 바로 이 사건을 소재로 했다고 해.

명동교회와 윤동주 생가(명동촌), 문익환 목사님의 고향인 장재촌, '선구자'라는 노래에 나오는 일송정 등도 봤어. '선구자'는 너무나 유명한 가곡이지? 우리나라 사람으로서 이 노래를 안 불러 본 사람, 한 번도 안 들어 본 사람은 아마 한 명도 없을 거야. 김대중 대통령께서 돌아가셨을 때 장례식장에서 장중하게 울려 퍼졌던 이 노래. 그런데 이 노래가 실은 그동안 겨레를 속여 온 친일 노래라는 사실을 알고 있니? 참 속상한 일이지. 자세한 얘기는 다음 기회에 선생님이 준비하고 있는 다른 책에서 더 자세하게 설명해 줄게.

화룡에 가서는 나철 묘지를 보고 김좌진 장군의 청산리 대첩 승전 기념비로 갔어. 비는 많이 훼손되어 있었는데, 나중에 들으니 중국 측에서 비의 개보수를 허락하지 않는다고 해.

권하촌에서는 안중근 의사가 이토 히로부미를 저격하기 1년 전인 1908년에 세 달가량 머물렀다는 초가를 봤어. 하얼빈 역에서는 안중근 의사가 이토 히로부미를 저격했다는 장소도 봤지. 그러나 조금 허망하더라. 표지석 하나 없이 그냥 플랫홈 바닥에 표시만 해 놓았어. 하얼빈에서 731부대도 갔었는데, 731부대는 다 아는 것처럼 생체 실험을 한 일본군 부대야. 중국인과 조선인, 몽골 인, 러시아 인 등이 이 부대의 실험 대상이었지. 미국인과 유럽 인 등 연합군 전쟁 포로도 731부대의 손에 죽었어. 그런데 2010년에 물러난, 서울대학교 총장 출신으로 국무총리를 지냈던 어떤 분이 731부대를 독립군 부대라고 했던 거 기억 나니?

참으로 부끄럽고도 부끄러운 일이지.

하얼빈 공원에도 갔어. 안중근이 죽으면 묻어달라고 했던 바로 그 공원. 지금은 이름이 조린 공원으로 바뀌었지. 목단강에 가서는 발해 상경 용천부지를 돌아봤어. 앞에서도 말한 것처럼 박물관에 들어가니 관리인이 우리를 계속 따라 다녔지.

세 번째 방문은 2010년 여름, 단둥. 단둥은 압록강을 사이에 두고 북한 신의주를 마주보고 있는 중국 최대의 변경 도시야. 지척에 북한 땅이 건너다보이니 실향민들이 많이 찾는 곳이기도 하고, 백두산에 오르려는 우리나라 관광객들의 기지 같은 도시이기도 하지. 고등학교 1학년 때 배우는 박완서의 소설 「그 여자네 집」 알지? 그 소설에 나오는 곳이 바로 단둥이야.

단둥에도 역사 왜곡의 장소가 있어. 단동시에서 북쪽으로 약 30km 떨어진 호산장성. 호산장성의 '호산'은 '호랑이가 누워 있는 모습의 산'이라는 뜻이라는데, 어쨌든 이 호산장성이 중국과 우리나라 역사학자들 사이에 논란이 많은 곳이야. 이곳이 논란이 되는 것은 중국학자들이 이곳을 만리장성의 동쪽 끝이라고 주장하고 있기 때문이지. 중국은 1990년대에 이곳을 중국성 형태의 성곽으로 새로 축조한 후부터 만리장성의 동단이라 주장하고 있고, 우리나라 학자들은 수·당의 침략에 대비해 고구려가 세운 '박작성'으로 추정하고 있지. 산성에서 내려오면 근처에 '일보과'라는 곳이 있어. 말 그대로 한 걸음만 건너면 북한 땅, 중국은 북한 땅을 가까이 바라볼 수 있는 곳은 모두 관광지로 만들기로 작정한 것 같아. '지척'이라는 돌 표지도 있는데, 이 표지는 중국 곳곳에 많아. 말 그대로 북한과 매우 가까운 거리라는 뜻이지.

단둥에는 한국 전쟁 때 끊어진 압록강교가 있어. 여기도 물론 입장료를 받아. 압록강에는 두 개의 철교가 있는데, 하나는 신의주와 연결되는 '조중우의교'이고, 또 하나는 관광지로 활용하는 '단교'야. 단교는 일제가 만주 진출을 위해 만든 길이 944m, 너비 11m의 철교인데, 1950년 미군의 폭격으로 단둥 쪽만 남고 신의주 쪽은 끊어져서 교각만 남았어. 그래서 '끊어질 단' 자를 써서 '단교'라고 부르는 거야. 원래는 신의주 쪽에서 9번째, 중국 쪽에서 4번째가 개폐식으로 되어 있어, 수평으로 90도를 회전시키면 선박들이 통과할 수 있도록 되어 있었다고 해. 단교 입구에는 군사령관이었던 팽덕회와 중국군들의 부조가 만들어져 있어. 단교 위에서는 비장한 중국 남자 목소리로 계속 방송이 나왔어.

중국은 현재 압록강 하류 지역인 남항 지역에 인구 40만 규모로 신도시를 개발하고 있는데, 신도시가 완공되면 단둥은 인구 100만 명이 넘는 초대형 국경 도시가 된다고 해. 2010년 9월 말에는 신압록강 대교가 착공될 예정이고……. 신대교는 자동차 전용도로로서 신도시와 북한의 용천군을 바로 연결하게 되는데, 신압록강대교가 완성되면 북한 경제의 중국 의존도는 더욱 심화될 것이 분명해.

동북3성을, 그중에서도 북한과 중국의 변경 지방을 여행하는 마음은 늘 편치 않아. 집안도 그랬고, 도문도 그랬어. 훈춘도 그랬고 양수도 그랬지. 중국 좋은 일만 시키고 있다는 생각……. 남의 나라 분단을 돈벌이로 여기는 많은 중국인들……. 이래저래 만주 여행은 언제나 마음이 무겁지.

북한과 만주 여행 얘기만 하다 보니까 분위기가 좀 무거워졌지? 여행이 무거운 것만은 아니야. 내가 그 동안 다녔던 상해, 항주, 소주, 내몽골을 비롯한 중국의 다른 지역, 일본, 대만, 홍콩, 마카오, 태국, 베트남, 캄보디아, 그리스, 터키 등에 대한 얘기는 다음 기회로 미루자.

지금까지 한 이야기가 공부에 지친 너희들에게 약간의 위안이 되었으면 좋겠어. 그리고 너무 한가한 얘기로 몰아붙이지는 말아 줘. 현실은 어렵고 팍팍하더라도 언젠가는 세계 여행을 하고 말겠다는 꿈은 꿀 수 있는 거 아냐? 내가 너희들에게 가장 바라는 것은 내 얘기를 통해서 너희들이 여행을 하고 싶다는 생각을 하게 되는 거야. 생각만 해도 가슴 벅차고, 설레는 여행 말이야.

육체적 · 정신적 한계로 떠나는 소풍, 여행을 꿈꿔 보자꾸나.

모든 생명은 공동 운명체이다

박 두 규 시인, 전라남도 구례 고등학교 국어 교사

1956년에 전북 임실에서 태어났습니다. 1983년 전남 고흥의 남양중학교에서 국어 교사로 첫발을 디딘 후 현재 전남 구례고등학교에서 일하고 있습니다. 1985년 『남민시』 창립 동인으로 문단에 나왔으나, 1992년 창비에 시가 실리면서 본격적인 작품 활동을 시작했습니다. 그 이후로 『사과꽃 편지』, 『당몰샘』, 『숲에 들다』 등의 시집과 포토포엠 에세이 『고라니에게 길을 묻다』를 내기도 했습니다.

또한 전교조 일에도 오랫동안 힘을 보태 분회, 지회, 지부에서 조직 실무를 17년 동안 맡아 했으며, '순천교육공동체시민회의'를 조직하여 전남 고교 평준화 사업을 성사시켰고, '여순사건순천시민연대'를 결성하여 위령탑을 세우고 여순 사건 진상 규명과 명예 회복을 위한 활동을 했습니다. 그리고 요즘은 생태 · 환경문제의 절박함을 느끼고 '국시모 지리산사람들' 대표를 맡아 국립공원 케이블카 설치 반대운동과 '지리산만인보' 같은 성찰을 위한 걷기 사업 등을 하고 있습니다. 또 '생명평화결사' 부위원장으로 생명평화 사상의 일상화 운동을 펼치며 현대인들의 자본주의적 가치관을 극복하고 대중들의 생명평화적 가치관 확장을 위해 힘쓰고 있습니다.

글자도 그림도 아닌 이 무늬는 무엇일까요?

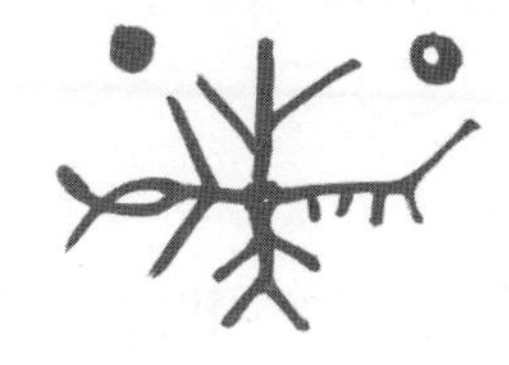

모든 생명은 공동 운명체이다

참 이상하게 생겼지요? 이 무늬를 보고 나름 대로 이야기해 보라고 하면 참으로 많은 이야기들을 합니다. 사람들이 얼마나 다양한 생각을 하는지 금방 알 수 있습니다. 하지만 이 무늬는 '생명평화결사'라는 사회단체의 로고로, 모든 생명은 본질적으로 하나이며, 그렇게 살 때 세상이 평화롭다는 것을 말하고 있습니다.

무늬의 한가운데 동그라미가 생명의 본원을 상징하고, 그것을 포함한 오른쪽은 땅 위를 네 발로 걸어 다니는 동물들이고, 왼쪽은 하늘을 나는 새들과 물속의 모든 어류를 상징하며, 중앙의 아래는 사람이고, 위는 이 땅의 풀과 나무들을 상징합니다. 다시 말해서 이 지구상의 모든 생명들을 하나로 묶어 놓은 형상입니다. 그리고 그 위는 해와 달입니다.

이 무늬가 담고 있는 의미는 우선 한마디로 지구상의 모든 생명은 공동 운명체라는 것입니다. 그리고 모든 생명들의 본원은 하나이며, 서로 동등한 생명의 무게를 가지고 있고, 서로가 서로의 생명을 보전해 주는 상생 관계에 있으며, 사람도 이처럼 어울려 자연의 질서에 순응하면서 살아야 한다는 평범하면서도 가장 근원적인 진리를 말하고 있습니다.

하지만 현대는 사람 중심의 세상입니다. 모든 자연과 생명들은 사람을 위해 존재하며, 사람은 필요에 의해 언제나 마음껏 자연을 착취해도 좋다는 생각들을 하며 살고 있는 것입니다. 그래서 현대 사회는 소유의 논리, 힘의 논리, 공격의 논리, 이익의 논리 속에서 진행되고 있습니다. 그러다 보니 본래 인간이 가졌던 위대한 영성을 잃고, 오만과 욕망으로 가득한 천박한 영혼이 되어 버렸습니다.

지금에 와서 우리에게 가장 시급한 것은 자연의 질서와 가치를 회복하는 것입니다. 그것은 지금의 문명을 버리고 자연으로 돌아가자는 이야기는 아닙니다. 자연의 마음을 회복해야 한다는 것입니다.

자연의 마음을 회복하기 위한 가장 기본적인 것은 '나'라는 개인적이고 이기적인 사고와 그런 일상적 삶을 버리기 위한 성찰이 있어야만 합니다. 모든 행동은 어떤 생각으로부터 시작되니 그 생각을 바로잡기 위한 성찰과 명상은 생활 속에서 반드시 필요합니다. 나의 생명은 나무며 풀, 날짐승, 들짐승, 물고기 등과 해와 달, 이런 모든 자연과 상생하는 과정 속에서 유지된다는 생각을 반드시 해야만 합니다. 왜냐하면 그것이야말로 생명의 진리이기 때문입니다. '나'라는 생명은 앞의 무늬처럼 생겼기 때문입니다.

성자 권정생

현대인들이 가장 두려워하는 것은 무엇일까요? 그것은 아마도 '가난'일 것입니다. 이 '가난'은 무능력한 사람에게나 있는 것이라며 멸시와 소외, 고통과 수치스러움으로 인식됩니다. 그리고 그것은 죽음보다 무서운 것이어서 어느 순간 '절대적 가난'에 노출되는 지경에 이르면 목숨마저 끊어 버리는 것을 종종 보게 됩니다. 경제적으로 큰 어려움을 겪은 부모가 어린 자식들을 먼저 죽이고 목숨을 끊는 일도 적지 않습니다. 우리 사회에서 가난은 이토록 두려운 것이 되어 있습니다.

하지만 그 '가난'은 부풀려진 두려움이고 관념적인 공포입니다. 실제로 가난한 사람들은 가난 때문에 죽지는 않지요. 아니 정확하게 말하면 '가난'은 죽음과는 무관한 단어이고, 무소유, 무욕의 언어이며, 성자들의 삶의 영역입니다. 다시 말해 가난은 도태된 자들의 낙인이 아니라 마음을 비운 자들의 자유로움이라고 해야 할 것입니다. 돌아가신 권정생 선생을 보면 그 말이 옳다는 것을 알 수 있습니다.

권정생 선생은 어린 시절에 결핵을 앓아 신장, 방광에 이르기까지 전신 결핵으로 고생하시다 나이 일흔에 이르러 돌아가셨습니다. 젊은 시절 병든 거지로 떠돌며 죽음과 같은 극한의 가난을 겪었지만, 이후 안동군 일직면 조탑동에 정착해 이 마을 교회의 문간방에서 교회 종지기로 지내며 글을 썼습니다. 이때 그의 집은 외풍이 심해 겨울엔 귀에 동상이 걸리고, 여름엔 비 맞은 창호지 문에 구멍이 뚫려 개구리들이 그 구멍으로 뛰어 들어오고, 어느 땐 생쥐들이 와서 이불 속에 들어와 자다가 발가락을 깨물기도 하고, 옷 속으로 비집고 들어오기도 했다고 합니다. 그리고 그가 쓴 『강아지똥』과 『몽실언니』가 각각 60여만 부나 팔렸지만 고인이 소유한 것은 안동시 일직면 조탑리의 5평짜리 오두막집이 전부였으며, 책의 인세는 북한과 아시아, 아프리카의 굶주리는 아이들에게 써 달라고 유언을 했다고 합니다. 또한 자신이 세상을 떠나면 오두막을 없애서 자연 상태로 돌려 놓고, 자신을 기념하는 일을 하지 말라고 당부하셨다고 합니다. 그래서인지 진정한 무소유의 삶을 사셨던 성자라는 칭송이 끊이지 않고 있습니다.

선생은 태생적으로 또는 질병으로 인해 거부할 수 없는 가난을 등에 업을 수밖에 없었지만 그 '가난'으로 인해 스스로를 새롭

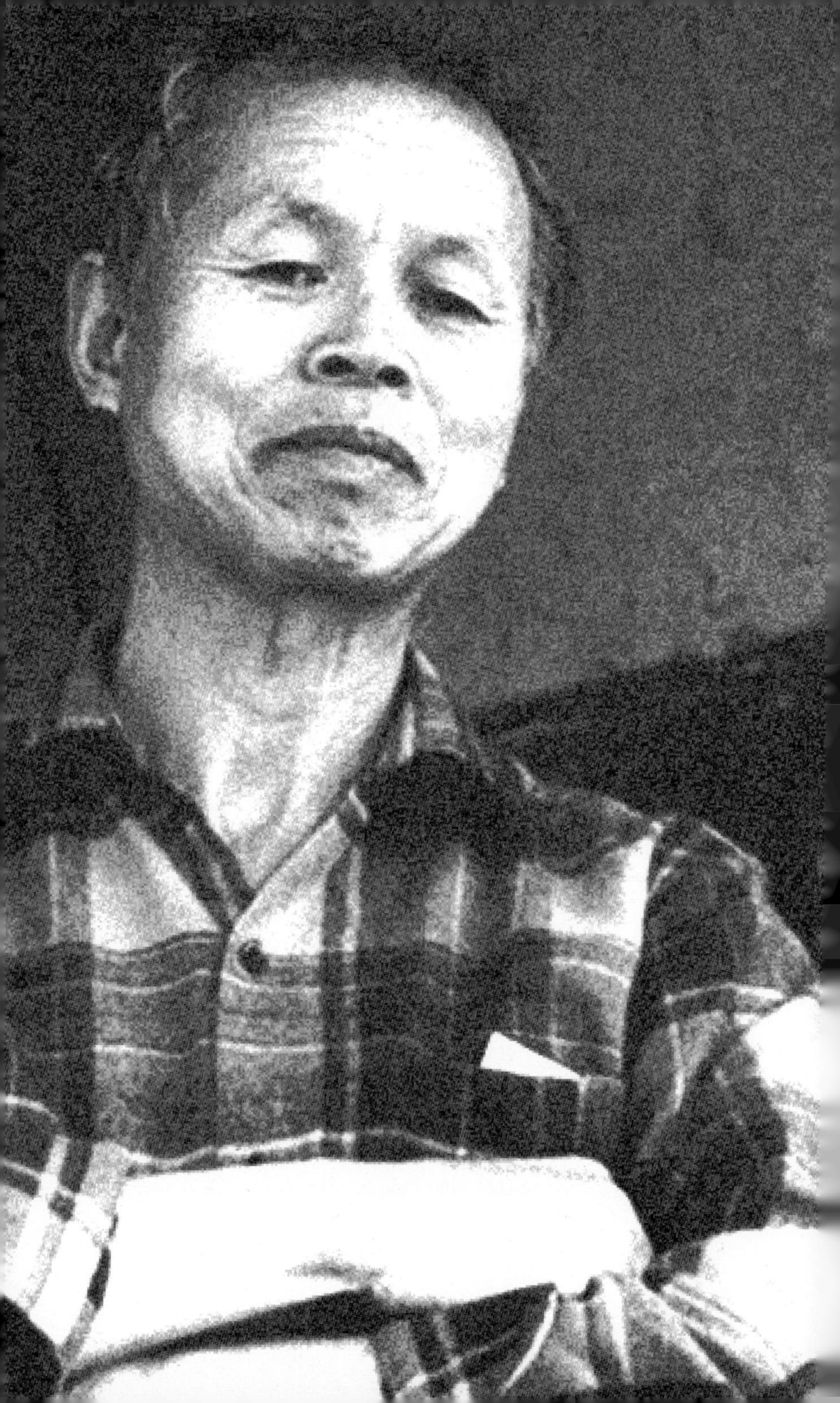

게 만들어 간 분이기도 합니다. '가난'은 삶의 가장 낮은 곳에 위치하다 보니 오만할 수 없는 곳이요, 누구를 다스릴 수 없는 곳이기도 하지요. 또한 낮은 곳에 위치한 생명들의 슬픔과 고통을 누구보다 깊게 느낄 수 있는 곳입니다. 사정이 그러하다 보니 소외된 누군가를, 무엇인가를 위하는 마음을 가질 수밖에 없는 곳이기도 합니다. 다시 말하면 가여워하는 마음, 자비의 마음을 얻을 수 있는 곳이지요. 그리고 그 '가난의 영역'은 평등을 알게 해주는 곳이기도 합니다. '가난의 영역'은 소유에 대한 욕망이 들끓는 곳일 수도 있지만, 역으로 소유욕을 버리라고 끊임없이 말하는 곳이기도 합니다.

그렇다고 우리 현대를 사는 사람들 치고 선뜻 망설임도 없이 이 가난을 선택할 사람은 거의 없을 것입니다. 그것은 우리가 늘 입버릇처럼 달고 다니는 당장 먹고살아야 하는 '현실'이라는 것 때문이지요. 하지만 우리는 적어도 이 가난을 두려워할 필요는 없습니다. 권정생 선생님을 보아도 그렇듯이 나의 생각만 바꿀 수 있다면 이 세상에 그 가난처럼 아름다운 영역도 없는 것입니다. 그곳은 성자의 영역입니다.

몸 수행

참 오래된 이야긴데, 나는 대학 입시에 떨어지고 갈 곳이 없었습니다. 집에 있자니 부모님 보기도 민망하고, 나가 돌아다니자니 어느 대학에 갔느냐는 질문이 무서워 사람 만나는 것도 겁나고, 혼자 빈둥거리는 것도 하루 이틀이지. 그래서 작은 보따리 하나 들고 무작정 절로 들어갔습니다. 그 길로 거의 1년을 절집에서 살았는데, 그해 여름의 일이었습니다.

그곳은 지장암이라는 절이었는데, 말 그대로 절간처럼 조용한 절이었습니다. 그 여름 어느 날 객승이 한 분 오셨는데, 작달막한 키에 별로 말이 없는, 얼추 30대 후반이나 40대 초반으로 보이는 스님이었습니다. 대개 스님들은 객으로 묵을 때면 예의상 곧잘 예불도 드리곤 하는데, 그 스님은 아침 예불이건 저녁 예불이건 한 번도 불당에 오르는 일이 없고, 도통 방에만 틀어박혀 나올 줄을 몰랐습니다. 그렇다고 방에서 공부를 하거나 참선을 하는 것도 아니고, 거의 종일토록 잠을 자거나 방에서 빈둥거리기만 하는 것이었습니다.

그러던 어느 날, 언제부턴가 그 스님은 일을 하기 시작했습니다. 가만히 있어도 땀이 나는 더위에 하루 종일 한낮에도 쉬지 않고 해가 질 때까지 죽어라고 일만 하였습니다. 풀도 뽑고 마당도 쓸지만 그런 일은 한두 시간이면 끝나는 것이어서 특별히 할 일이 따로 없는데도 그 스님은 일을 만들어서 했습니다. 이를테면 아래 마당에서 법당까지 놓여 있는 돌계단을 괜히 파헤쳐 놓고 다시 하나하나 계단을 맞추어 쌓는 그런 일이었습니다. 내가 볼 때는 아무런 문제가 없는 멀쩡한 돌계단을 부수고 쌓고 하는 것이었습니다. 그리고 여름에는 더우니 보통 이른 아침이나 저녁나절에 강한 햇살이 죽었을 때 일을 하는 법인데, 이 스님은 태양이 이글거리는 시간에도 그냥 일을 하는 것이었습니다. 가

만히 서 있어도 땀이 줄줄 흐르는, 그런 뙤약볕에서 일을 하다가 해 질 무렵이면 일을 끝냈습니다. 정말 온몸이 땀에 젖어 금방 물에 빠졌다 나온 사람처럼 젖은 채 하루 종일 일을 하였습니다. 이렇게 여러 날이 지났으나, 스님은 매일매일 죽어라고 일만 했습니다.

그런 스님에게 나는 말 붙이기도 왠지 꺼렸는데, 하도 궁금해서 언젠가 "스님, 왜 스님은 예불은 안 모시고 일만 한답니까?" 하고 물었더니, 스님은 별다른 표정도 없이 "나는 예불드리는 거 몰라." 라며 마당으로 가서 또 괜한 돌계단을 허무는 것이었습니다. 진짜로 염불을 못 하는 것인지 궁금했고, 염불도 못 하면서 어떻게 스님이 되었는지도 궁금했습니다. 아니 무엇보다도 왜 그렇게 가장 더운 시간에 미친 듯이 일만 하는지가 가장 궁금했습니다. 그 스님은 나의 이 궁금증을 풀어 주지 않고, 어느 날 말도 없이 훌쩍 지장암을 떠나고 말았습니다.

나는 30년이 훌쩍 지난 지금도 가끔 그 스님이 생각납니다. 그리고 이제야 그때 스님의 노동은 하나의 수행 방법이었을 거라는 생각을 합니다. 모든 일에 말만 앞세우고 말로만 해결하려 들며 몸은 까딱도 않는 나에게 말이 아닌 '몸'을 가르쳐 주었던 스승이라는 생각이 듭니다. '말'보다는 '몸'이 얼마나 신뢰감을 주는 현실인지를 알려 준, 그의 여름날 노동은 분명 그의 뼈저린 수행법이었을 것이라는 생각이 듭니다.

그 수행은 염불보다도 참선보다도 온몸을 던지는 노동이야말로 진실에 다가가는 진정한 길이라는 것을 말하는 것 같습니다. 온몸으로 느끼는 그것이야말로 '진실' 아니겠는가. 춥다, 아프다, 쓰다, 덥다는 원초적 느낌, 그런 몸 그 자체로 느끼는 것이야말로 거짓이 낄 수 없는 순수한 '진실' 아니겠는가. 참으로 입만 벙긋하면 거짓말이 튀어나오는 거짓덩어리의 이 몸뚱어리, 살아온 세월만큼 두꺼워진 위선의 몸집, 거짓으로 가득 찬 비만의 몸뚱어리에게 '진실'이 무엇인가를 이처럼 명쾌하게 가르쳐 주는 스승은 아직 없었습니다.

요즘 현대인들은 몸을 '움직이는 것'이 아니라 '치장하는 것'으로 인식하고 있습니다. 그런 결과로 몸을 아름답게 가꾸는 것도 결국 몸의 상품성을 높이는 것으로 귀착되는 것 같아 씁쓸합니다. 그래서인지 나는 요즘 그 이름조차 기억이 안 나는 스님을 자주 떠올리곤 합니다. 아마도 그런 몸 수행을 하신 분이라면 온몸으로 자연과 교감하는 삶을 살지 않았을까요. 절집의 후박나무 하나 하고도 마음을 나누고, 꽃잎을 쪼는 직박구리 한 마리하고도 대화를 나누지 않았을까요. 시원한 강바람 한 줄기만 얼굴을 스쳐도 강 내음을 통해 강바닥조차 훤히 들여다보았을 것이니 사람의 일이야 오죽하였겠을까요.

하지 않으면서도 하지 않는 것이 없다

깊은 숲 어느 누구의 발길도 닿지 않은 그곳에 꽃 한 송이가 피었습니다. 어디도 가지 않고 아무것도 하지 않고 그 자리에서 평생을 살다가 갔습니다. 하지만 그 꽃은 세상의 비와 바람을 다 맞았고, 꽃을 피워 봄이 되었고, 벌과 나비의 양식이 되었고, 씨를 맺어 생명을 번식시켰습니다. 아무도 없는 곳에서 아무것도 하지 않았건만 스스로에게, 그리고 세상에게 하지 않은 것이 없었습니다.

'나'라는 생명도 사실은 마찬가지입니다. 나는 무엇 하나 잘난 것이 없다고들 하지만, 나는 우리 학교를 존재하게 하는 학생이고, 부모에겐 소중한 아들이고, 친구에겐 의지가 되는 벗이고, 동생에게는 둘도 없는 형이고, 게임방에서는 귀한 손님이고, 대한민국에서는 소중한 국민입니다. 비를 맞는 사람에게 우산을 받쳐 주면 고마운 사람이요, 꽃나무에 물을 주면 생명을 가꾸는 자요, 아픈 사람의 손을 잡아 주면 따뜻한 사람입니다. '나'는 그 모든 것들을 그렇게 하려고 어떤 특별한 노력을 하지 않아도 그렇게 스스로 빛나는 존재입니다. 내가 살아 움직이는 것 자체로 '나'는 빛나는 존재입니다. 어느 누구에게 발견되어 사람들에게 아름답다고 회자되어야만 빛나는 것은 아닙니다. 이미 우리는 존재 자체로 스스로 빛나고 있습니다. 이것이 노자 할아버지가 말한 무위(無爲)의 진리입니다. 무엇을 인위적으로 특별히 하지 않으면서도 하지 않는 것이 없다(無爲無不爲)는 것입니다.

하지만 21세기의 현대인들은 이것을 받아들이지 않습니다. 그것은 욕심 때문입니다. 있는 그대로의 삶을 있는 그대로 받아들여 있는 그대로 살면 되는 것을 더 많이, 더 빨리, 더 높이를

강물은 억지로 위로 가려 하지 않고
자연스럽게 낮은 곳으로 흐릅니다. 그리고
막히면 고여 있다가 넘치면 또 흐릅니다.
큰 언덕이 있으면 없는 데로 돌아서 흐르고
저절로 바다에 이릅니다. 억지로 가려 하지
않아도 반드시 바다로 가게 됩니다.

외치며 욕심을 내고, 경쟁하고, 그러다 보니 헐뜯고, 모함하고, 협박하고, 죽이기까지 합니다. 모두가 빗나간 욕심 때문입니다. 욕심을 내지 않더라도 우리는 있는 그대로의 모든 것을 받아들여 열심히 살기만 한다면, 사실 행복은 바로 곁에 늘 있게 됩니다. 그러나 욕심을 내다 보면, 행복이 늘 먼 곳에서 다가오라고 손짓해도, 우리는 끝내 그 행복에 다가갈 수 없습니다.

이 무위의 진리를 가장 잘 보여 주는 것이 강물입니다. 강물은 억지로 위로 가려 하지 않고 자연스럽게 낮은 곳으로 흐릅니다. 그리고 막히면 고여 있다가 넘치면 또 흐릅니다. 큰 언덕이 있으면 없는 데로 돌아서 흐르고 저절로 바다에 이릅니다. 억지로 가려 하지 않아도 반드시 바다로 가게 됩니다. 그러면서도 나무에게 새에게 짐승들에게 사람에게 물을 주고, 물고기를 살게 합니다. 모든 생명을 살리는 빛나는 존재인 것입니다.

사실 우리도 모든 생명도 물처럼 세월을 흐르며 어느 궁극에 닿는 존재입니다. 그러니 우리도 물처럼 흘러야 되지 않겠습니까. 그것이 진리를 사는 것이지 않겠습니까.

세상에 오직 하나뿐인 나

천상천하유아독존(天上天下唯我獨尊)이라는 말을 들어 봤을 것입니다. 부처님이 태어나서 하늘과 땅을 가리키면서 처음으로 했던 말이라는데, '이 세상에 오직 하나뿐인 나'라는 뜻이지요. 이 말은 무엇을 말하고

자 하는 것일까요?

우리는 각자 스스로가 세상에 하나뿐인 나라는 사실을 잘 알고 있습니다. 설사 외양이 같은 쌍둥이라 할지라도 서로 성격이나 마음이 언제나 동일한 한사람은 아니지요. 그리고 나무도 그렇습니다. 이 땅 위에 있는 그 많은 소나무들도 모두가 모양이 다른 각각 다른 소나무들이고, 모든 동물들도, 곤충들도 마찬가지입니다. 이것은 무엇을 말하는 것일까요?

부처님이 말하려는 세상에 오직 하나뿐이라는 것은 세상에서 생명을 가진 것들은 저마다 가치 있는 존재라는 것입니다. 전교에서 1등을 하는 영희나, 꼴등을 하는 철수나, 키가 큰 수철이나, 키가 작은 현수나, 뚱보 현정이나, 잘생긴 동건이나, 장애가 있는 자일이나, 누구나 세상에서 하나뿐인 귀하고 소중한 존재라는 것이지요. 하지만 이 말은 단순히 모든 사람이 평등하다는 뜻은 아닙니다. 물론 모두가 평등한 존재라는 의미도 담고는 있지만 그보다 더 우선해서 말하려는 것은, '나'라는 한 생명만이 가지고 있는 어떤 특별함을 말하려는 것입니다.

다시 말하면 우리는 모두가 특별한 존재라는 것이지요. '나'만이 가지고 있는 특별한 가치를 가지고 있으며, 나만이 할 수 있는 특별한 일을 할 수 있는 존재라는 말이며, 그것은 이 세상을 이 세상처럼 다양하게 존재하게 하는 그 무엇이라는 말이기도 합니다. 그래서 그 말은 내가 존재하기 때문에 세상이 존재한다는 말의 다른 표현이기도 한 것입니다.

이렇게 특별하고 소중한 나를 나는 어떻게 대해 왔는가? 세상에 오로지 하나뿐인 나를 나는 스스로 무시하지는 않았는가? 빛나고 가치 있는 나만의 무엇을 스스로 알려는 노력을 한 번이라도 해보았는가? 이러한 노력이 비로소 나를 찾는 것이고, 나를 사랑하는 것이고, 나를 세상에 하나뿐인 존재로 드러내는 것입니다. 다만 아직 이런 노력의 부족으로 나는 특별한 내가 되지 못하고 있는 것입니다.

낙타의 눈물

언젠가 몽골의 고비 사막과 관련된 다큐멘터리를 보았습니다. 낙타가 새끼를 낳는 이야기였는데, 바람 부는 잿빛 사막의 모래 위에서 어미는 처절한 사투를 벌이며 새끼를 낳고 있었지요. 막 땅에 떨어진 새끼는 꿈틀거리다가 비척비척 일어서더니 가까스로 걷게 되자, 바로 어미의 젖부터 찾았습니다. 그런데 이상하게도 어미는 제 새끼가 젖을 물려고 하자, 한사코 새끼를 떠밀며 젖을 주지 않는 것이었습니다. 낙타 주인이 보다 못해 억지로 어미를 붙들고 새끼에게 젖을 물리려 하자, 어미는 그 어린 갓 태어난 새끼를 발로 툭 차 버리는 것이 아닙니까. 그렇게 3일 동안 새끼는 어미로부터 거부당하고 젖을 먹을 수 없자, 낙타의 주인은 인근의 샤먼을 찾아가 사실을 말하고, 어미 낙타가 새끼에게 젖을 물릴 수 있도록 해 달라고 부탁합니다. 늙은 샤먼은 자신의 젊은 아들에게 마두금을 연주하게 하고, 자신은 어미 낙타의 얼굴을 두 손으로 어루만지기 시작했습니다. 한참 정성을 들이니 얼마 후 정말 놀랄 만한 일이 일어났습니다. 어미 낙타가 눈물을 줄줄 흘리는 것이 아닙니까. 그러고는 어린 새끼에게 젖을 내주는 것입니다. 잃었던 모성애를 되찾은 것이지요. 물론 모든 낙타가 다 그러는 것은 아니라고 하며, 그 샤먼의 말로는 어미 낙타가 새끼를 거부하고 받아들이지 않았던 것은 출산 과정에서 겪은 엄청난 고통과 두려움의 충격에서 온 미움 때문이었다고 합니다.

이 이야기는 우리에게 미움과 사랑의 문제를 생각하게 합니다. 낙타의 새끼에 대한 미움은 단순히 우리의 일상생활 속 미움과는 다른, 쇼크로 인해 나타난 동물의 본원적 미움이라는 생각이 듭니다. 그리고 다시 새끼에게 젖을 물리는 것은 역시 그 미움을 극복한 본원적 사랑이라고 생각합니다. 이 이야기를 우리 인간들의 생활로 가져와서 한다면 우리의 미움과 사랑은 낙타와는 달리 저급하고 유치하며 위선적인 면이 너무 많다는 것을 알 수 있습니다. 정말 미워해야 하는 절박한 상황에서 미워하는 것이 아니라 그냥 내 맘에 들지 않으면 미워하고, 내 편이 아니면 미워하고, 전라도니까 미워하고, 못생겼다고 미워합니다. 사랑도 그렇습니다. 예쁘면 사랑하고, 부자니까 사랑하고, 나에게 잘 해주니까 사랑합니다. 감정의 마음 씀씀이 너무 가볍고 표피적이지요.

우리는 낙타처럼 생명의 본원에서 오는 미움과 사랑을 할 수는 없는 것일까요? 그렇지만은 않습니다. 우리 인류사 속에는 참으로 숭고하고 아름다운 사랑과 세상의 정의와 진리를 위해 목숨을 걸었던 저항(미움)도 많았습니다. 다만 문명의 발달이 정점에 이르렀다는 요즘 현대인들의 사랑과 미움에 문제가 많다는 것이지요. '낙타의 눈물'처럼 솔직하고 순수한 감정의 본원적인 미움과 사랑이 아쉬운 때입니다. 어쩌면 우리는 문명이 발달하는 동안 속살처럼 예민하고 순수하며 아름다운 '낙타의 눈물'을 꾸준히 잃어 왔는지도 모릅니다.

고마움은 한 번도 나를 비껴가지 않았다

만델라가 27년간 옥살이를 하다가 대통령이 되었을 때도, 대한민국 교도소에는 30년 넘게 옥살이를 하고 있는 장기수들이 수두룩했습니다. 그 중 한 명이 허영철 선생입니다. 허영철 선생은 민족의 현대사를 정면으로 부딪치며 살아온, 또는 그 역사에 바르게 복무한 역사의 증인이라기보다 인간이 얼마나 아름다운 존재인가를 보여 준 사람입니다. 일상의 삶 속에서 '고마움'이 진정 무엇인지 알려 준 스승으로, 내 마음 속에는 그렇게 남아 있습니다. 그래서 비전향 장기수로 36년간 옥살이를 한 그분의 삶을 기록한 『역사는 한 번도 나를 비껴가지 않았다』라는 책을 보고 '고마움은 한 번도 나를 비껴가지 않았다.'는 말을 생각하게 되었습니다.

벌써 십수 년 전입니다. 어느 늦겨울 전주의 젊은 친구들이 장기수 선생님들을 모시고 구례 지리산 자락으로 나들이 와서 하룻밤 같이 술도 마시고, 노래도 하고 놀았던 적이 있었습니다. 나는 그때 이틀 동안 내내 한순간도 놓치지 않는, 그분들의 '고마워하는 마음'을 보았습니다. 사과 한 쪽을 건네받으실 때도 표정이며 몸짓 자체에 깊게 배어 있는, 진정으로 고마워하는 마음들이 그대로 느껴졌습니다. 말투 하나 행동 하나하나에서 배어 나오는 그 마음을 누구라도 느낄 수 있었을 것입니다. 그는 사과를 열게 한 사과나무에 대한 고마움과 꽃을 피우게 한 햇볕에 대한 고마움, 뿌리를 적시게 한 비에 대한 고마움, 흙에 대한 고마움, 사과를 건넨 사람의 고마움 등 사과 하나에 함축된 모든 존재에 대한 고마움을 보여 주는 듯했고, 나는 살아 있는 모든 존재에 대한 고마움을 뼛속 깊이 새긴 자의 마음을 볼 수 있었습니다.

고마워하는 마음은 겸허한 마음에 다름 아니라고 생각합니다. 요즘 같은 경쟁 사회 속에서 사람들은 자연스럽게 이기적으로 살게 되고, 스스로 경쟁력을 갖췄다고 생각하니 자만을 부끄러워하지도 않습니다. 상대방을 고마워하기보다는 내가 그만큼 노력해서 경쟁력을 갖춰 얻은 것이니 당연하다고 생각하는 것 같습니다. 사실 이 시대에 스스로 겸손해져서 상대를 진정으로 고마워할 줄 아는 삶의 낮은 자세를 아무런 마음의 걸림 없이 취할 수 있는 사람이 얼마나 있을까요? 나를 내어 주고 타자를 섬기는 겸허함은 현대의 일상에서는 이미 불가능한 것이 된 것인지도 모르겠습니다.

나의 생명은 짐승들이나 나무나 새나 물고기가 없으면 살 수 없고, 해가 없어도 달이 없어도 바람과 물이 없어도 나는 살 수 없으니, 내 생명 나의 존재는 타자에 의지하지 않고는 하루도 버틸 수 없다는, 그래서 타자에게 늘 고마워할 수밖에 없다는 그런 허영철 선생의 겸허, 그것은 분명 옥살이 36년의 명상이 가져다 준 깨달음의 하나일 것입니다.

그렇게 사는 것이 진리의 삶이요, 나를 살리는 유일한 길이라는 절박함을 우리는 언제나 스스로의 것으로 받아들일 수 있을까요?

우리는 언제나 주변의 모든 것에게 아무런 조건도 없이 스스로를 낮추고 마냥 고마워할 수 있을까요?

국어 선생님의 자아 이야기

조 재 도 시인, 충남 천안동중학교 국어 교사

1957년에 충남 부여에서 태어났습니다. 대천고등학교, 공주농업고등학교, 안면중학교에서 일했으며, '민중교육'지 사건(1985년)과 전교조 결성(1989년)으로 해직되었다가 1994년 복직하여, 지금은 천안동중학교에서 국어 선생님으로 일하고 있습니다. 또 『민중교육』에 「너희들에게」를 발표하며 작품 활동을 시작한 이래로 『백제시편』, 『그 나라』, 『사십 세』, 『교사일기』 등의 시집과, 『지난날의 미래』, 『이빨 자국』 등의 소설, 『넌 혼자가 아니야』 등의 동화와 『일등은 오래가지 못한다』, 『삶 · 사회 · 인간 · 교육』의 교육 에세이, 『선생님과 함께 읽는 윤동주』 등을 내기도 했습니다.

이웃집 아저씨 같은 외모와 옷차림 때문에 사람들에게 편안함을 주고, 범상치 않은 헤어스타일과 옷차림 때문에 예술가라는 이름이 어울리는 사람입니다. 책 쓰고 만드는 일에 관심이 많고, 평생을 글쟁이로 살고 싶다는 소망으로 오늘도 글쓰는 일을 천직으로 여기며 살고 있습니다.

중학교에서 국어 선생을 한 지 꼬박 16년째다. 흔히 말하길 중딩 애들이 고딩 애들보다 다루기가 더 어렵다고 한다. 맞는 말이다. 어렵기야 다 똑같겠지만, 아무튼 내가 보아도 그런 것 같다. 고딩만 해도 세상을 살아가는 데 필요한 눈치와 처세가 어느 정도 몸에 뱄는데, 중딩들은 날것 그대로의 인생인지라 하는 짓이 종잡을 수 없다.

국어 선생이 웬 자아 이야기?

중딩들이 중학교에 들어와 새롭게 듣는 말 가운데 하나가 '청소년'이라는 말과 '자아'라는 말일 것이다. 실제로 나도 '어린이날'이 되면 아이들에게 이렇게 말한다.

"내일이 어린이날이지? 하지만 너네들하고는 아무 상관없는 날이 돼 버렸어. 작년까지만 해도 너네들은 어린이였잖아? 엄마, 아빠한테 선물도 받고, 놀이동산도 가고, 가족끼리 외식도 하고……. 올해부터는? 너네들은 어린이가 아니야. 그럼 뭐라 그래? 청소년, 청소년이라고 하지. 그러니까 여러분들은 이제 어린이날과는 아무 상관이 없는 거야."

내 말에 아이들은 '에휴~' 하고 한숨을 푹 쉰다. 싫으나 좋으나 인생은 가고 있고, 어느덧 꿈같던 아동기가 하늘 멀리 쏘아 놓은 화살처럼 가뭇없이 사라져 가고 있음을 아이들도 느끼는 것이다.

이 아이들에게 '선생' 하면서 빼놓지 않고 하는 얘기가 있다. 바로 자아 이야기이다. 도덕 시간에나 얘기함 직한 자아에 대해 왜 국어 선생이 새뚱빠지게 나서서 이야기하느냐고 퉁바리맞을지도 모르겠다. 그리고 실제로 이런 논리로 예전에는 참교육 한다는 선생들을 다그치기도 했었다.

하지만 여기서 잠시, 이에 대한 내 견해부터 밝히고 넘어가야 하겠다. 국어 선생이 꼭 국어만 가르쳐야 하느냐? 물론 아니다. 선생은, 가능한 모든 선생은, '만능—멀티—엔터테인먼트'가 되어야 한다. 필요하면 노래도 해야 하고, 필요하면 개그도 해야 하고, 필요하면 맨발로 운동장도 걸어야 하고, 필요하면 칠판에 그림도 그려야 하고…….

왜? 아이들의 감각을 깨우기 위해서다. 학력 신장이라는 말 하나에 짓눌려 콘크리트처럼 딱딱하게 굳어 버린 감각을 일깨우는 '통합적 교사'가 되기 위해서다.

국어 선생은 국어만 가르쳐야 한다는 논리는 분업을 생산 활동의 근간으로 여기는 자본주의 사회에서 지배자의 논리이다.

'지배하려거든 분할해라.'

이것이 자본주의 사회에서의 통치 전략이다. 공장의 생산 라인도 사회의 가치 체계도, 학교의 교과목도 세분화될수록 지배를 공고히 할 수 있다. 내 분야만 잘 알면 그것으로 끝이니까, 다른 건 나와 아무 상관없으니까, 그건 내 영역이 아니라서 나는 할 말이 없으니까, 이런 등등의 의식을 사람들에게 심어 주기 때문이다.

그릇된 전문화, 세분화 속에 스며 있는 이런 지배자의 논리를 극복해 내는 것이 바로 '통합적' 사고이다. 통합적 사고야말로 제대로 된 전문화다. 전문적인 자기 영역을 갖되 다른 영역으로 관심을 넓혀 가는 것. 이게 지배자의 논리에 저항하고 극복하는 힘인 것이다.

담고 있는 의미가 서로 비슷하면서도 쓰임새가 다른 말 가운데 '청소년, 학생, 십대, 사춘기'라는 말이 있다. 각각의 말이 쓰이는 범주나 그 말이 형성된 사회적 배경을 따라가 보면 그 말들 사이 분명한 차별성을 발견할 수 있다.

'학생, 십대, 사춘기'라는 말이 사람이 처한 신분이나 자연적 혹은 생리적 현상을 나타내는 비역사적인 말이라면, '청소년'이라는 말은 '아동→ 청소년→ 성인' 같이 인간이 태어나 성장해 가는 생애의 독자적 범주를 일컬음과 동시에, 자본주의 발달 과정에서 생겨난 계층적이면서도 역사적인 말이다.(그리고 '신세대' 또는 'X세대'라는 말도 있지만 이는 책임보다는 자유와 개성을 강조하고, 이성보다는 감성을 중시하여 기성세대와의 차이를 의도적으로 부각시키기 위해 만들어진 말로 보인다.)

그래서인지 몰라도 오늘날 '청소년'이라는 말이 같은 범주의 말 가운데 가장 보편성을 얻어 가고 있으며, 다른 영역을 가리키는 말, 예컨대 청소년 문학, 청소년 문화 등의 말과도 자연스럽게 결합하여 쓰이고 있다.

청소년기에는 이전 시기에 비해 신체 · 심리 · 인지 · 사회적 발달의 측면에서 가히 혁명적이라 할 만한 변화가 일어난다. 청소년기에 일어나는 신체적 · 정신적 변화는 뇌의 발달과 호르몬 분비에서 온다.

충동적이고 예민한 질풍노도의 시기

신체적인 면에서 청소년기에는 어른이나 다를 바 없는 성장이 이루어지고, 남과 여의 특성이 뚜렷하게 나타난다. 특히 청소년기에는 이성에 대한 호기심이 증폭되는데, 이런 현상을 나타내 주는 말이 바로 '사춘기(思春期)'이다. 사춘기에서 '춘'은 성(性)을 나타낸다. 다시 말해 사춘기는 '사성기(思性期)'라는 의미인데, '성' 자를 직접 쓰지 않고 '춘' 자를 쓴 것은 옛날 사람들이 '성'이란 말을 직접 입에 담기가 남세스러워 그랬던 것 같다.

요즘에는 '야동'을 통해 성적 호기심을 과도하게 만족하지만 예전, 다시 말해 야동이나 포르노 같은 것들이 없을 때에는, '꿀 단지' 같은 음란 소설이나 사진 또는 그림으로 성적 호기심을 충족시켰다. 조선 시대 혜원 신윤복이 그린 음화(淫畵)는 오늘날 어떤 포르노보다 야하며, 예술적이다.

『춘향전』만 해도 그렇다. 춘향이를 만난 후 이도령은 공부는 뒷전, 오로지 춘향이 생각뿐이다. 그러다 결국 야밤에 춘향의 집 담을 넘어 들어가 춘향이와 노는데,

> 얘 춘향아 나도 너를 업었으니 너도 날 좀 업어다고.
> 도련님은 나를 가벼워 업었지만 나는 무거워 어찌 업어요.
> 내가 너를 무겁게 업어달라느냐. 내 양팔을 네 어깨에 얹고 징검징검 걸어 다니면 그 가운데 좋은 일이 있지야.
> 춘향이도 아조 파급(破怯)이 되어 낭군짜로 업고 노난디

이때 춘향이 나이 열여섯. 이렇게 질펀하게 노는 그들이 공부는 뒷전에 밀어 두고, 연애하고 사랑한 것은 당연한 일이다.

심리적인 면에서 청소년기는 한마디로 질풍노도의 시기이다. 사람은 성장하면서 연령에 맞는 발달 단계를 지난다. 단계를 지날 때마다 그에 맞는 이해 능력을 확장시키며, 정서적 충격을 폭넓은 관점에서 받아들이게 된다. 그러나 청소년기는 아직 신체적·정신적 발달이 불완전한 상태에 있기 때문에 스스로를 방어할 수 있는 방어 기제(두려움이나 욕구 불만에 직면했을 때 스스로를 방어하기 위해 취하는 행위로, 도피, 억압, 보상 투시 따위)가 없어

정서적 충격을 온몸으로 받아들여야 하며, 그렇기 때문에 예민하고 외골수적이며 반항적이고 충동적이다.

청소년기는 또한 인지 발달 측면에서 이전 단계와 확연히 구분된다. 10대가 되어서야 자신에 관한 이론(자아정체성)을 확립할 수 있음을 밝혀낸 사람은 스위스의 심리학자 장 삐아제(Jean Piaget)이다. 그는 청소년기에 들어서야 사람은 신체(뇌)의 발달로 명제적 사고를 할 수 있는 '형식적 조작'이 가능하다고 보았다. 명제적 사고란 현상보다는 추론, 즉 가능성을 다룰 수 있는 사고를 말한다. 예를 들어 아동에게 " '석탄이 하얗다.'라고 가정해 보자."라고 말하면, 아동은 "석탄은 까만데요."라고 이의를 제기하지만(석탄이 하얄 수 있다는 가정을 아동들은 받아들이지 못하지만), 명제적 사고를 할 수 있는 청소년들은 사실과 모순된 조건을 사실과 상관없이 추론할 수 있는 능력이 있다.

삐아제는 이러한 명제적 사고를 할 수 있는 능력을 '형식적 조작'이라고 하였고, 이 능력에 의해 청소년들은 현재를 뛰어넘어 역사적 시간과 천체 공간을 이해하고, 철학·수학·미적분학과 같은 추상적 주제를 파악하며, 직유·은유·풍자 등을 바르게 인식할 수 있는 것으로 보았다.

형식적 조작 능력은 청소년들로 하여금 눈에 보이지 않는 추상적 가능성을 지향하게 하고, 이상적이고 완전한 세계를 그리게 한다. 처음으로 그들은 평화와 조화의 세계, 완전한 학교, 완전한 가정의 모습을 상상할 수 있고, 그런 것들과 배치되는 현실 세계에 깊이 절망하기도 한다.

자, 그러면 인간의 성장 과정에서 자아는 어떻게 싹트는가? 이보다 먼저 자아가 무엇인지에 대해 말해 보자.

아이들에게 자아가 무엇인지 묻는다. 자아가 영어로 뭐지? 식당에 가면 많이 붙어 있는 말인데. 커피는 셀프입니다, 물은 셀프입니다. 그래, 자아는 영어로 self라고 하지.

자아란 자기 자신을 타인이나 외계(外界)의 사물과 구별하는 것을 말한다. 다시 말해 자아란 자기 자신에 대한 의식이나 관념, 곧 다른 사람과 다른 '나'의 생각이나 느낌, 감정, 의견 등을 말한다. 이렇게 '내'가 타인이나 외계와 다름을 느끼고 깨닫는 것을 자아의식 또는 자의식이라고 하며, 그러한 의식이 형성되는 것을 자아 형성, 그 같은 의식을 스스로 느껴 발견하는 것을 자아 발견이라고 한다.

그렇다면 자아는 어떻게 형성되는가? 이에 대한 흥미 있는 이야기가 있다.

다음 학생 글을 보도록 하자.

글 ① 감시당하는 일기장

오늘 아빠가 몸이 조금 편찮아서 집에서 쉬고 계셨다.

내가 학교에서 돌아와 보니 아빠가 내 일기장을 보고 계셨다. 정말 기분이 나빴다. 그래서 내 자존심이 무척 상했다. 아무리 아빠라지만 딸의 일기장을 몰래 훔쳐보는 아빠가 얄미웠다. 내가 아빠께 투정을 부렸더니, "아니 순희야. 이게 감히 어디에다 대고 투정을 부려? 아빠가 니 일기장을 몰래 봤기로서니 그렇게 해도 되는 거야? 아빠는 니 잘하고 있는지 걱정이 되어서 그랬다. 니가 똑바로 행동을 하고 다니는지 알아볼려고 했다. 이 아빠가 딸에게 관심 갖는 것이 뭐가 잘못되었는 거야, 응?" 하며 소리를 꽥 지르시고 인상을 찌그리시며 화를 내셨다.

나는 아무리 아빠 딸이지만 딸을 무시하는 행동을 할 수 없다고 생각한다. 어떻게 자기 딸이 나쁜 행동을 한다고 생각하며 일기장을 훔쳐보실까. (이하 생략)

– 초등학교 6학년 여학생

글 ② 일기

아버지는 내가 일기 쓰는 것을 보고 어디 한번 보자고 말씀하셨다. 나는 응하지 않았다.

제목을 쓰는데 또 말씀하셔서 할 수 없이 아버지한테 지고 말았다. 보여 주는 대신에 조건 두 가지를 내세웠다. 아버지를 흉봐도 용서해 줄 것, 어머니한테 호통치지 않을 것, 이렇게 두 가지 조건이다. 아버지가 지키겠다고 해서 보여 드렸다. 중간쯤에서 와서 또 두 가지 조건을 지켜야 된다고 또 말했다. 그 다음 중간에도 이 두 가지 조건을 지켜야 된다고 다시 한 번 말씀드렸다. 이렇게 충고를 줄 때마다 아버지는 웃으셨다. 다 읽고 나자 또 빙그레 웃으며 큰방으로 가셨다.

– 초등학교 3학년 남학생(이상 이호철 선생님의『학대받는 아이들』에서 –

두 아이 모두 아버지가 일기를 본 일을 글로 쓰고 있다. 그러나 두 아이의 아버지에 대한 태도는 사뭇 다르다. 글 ①은 일기를 본 아버지의 선의(?)를 이해하면서도 그 행위를 용납하지 않는다. 글 ②는 내키니 않지만 조건을 내걸고, 그 조건이 지켜지지 않을까 봐 조마조마하면서, 그러나 결국 아버지에게 일기를 보여 준다.

두 글을 쓴 아이의 나이 차는 3년이다. 한 아이는 초등학교 3학년이고, 한 아이는 6학년이다. 3년 사이에 똑같은 일에 대한 자신의 견해가 확연히 다르게 나타난다. 글①에서는 일기를 보는 아버지를 용납할 수 없는 자기 자신(자아)이 확고하게 서 있는 반면, 글 ②에서는 아직 그러한 자신이 형성되어 있지 않다.

이것은 무엇을 의미하는가? 3년 동안의 성장 과정을 거치면서 글 ①을 쓴 아이는 내면에 자아가 형성되었음을 나타내 준다. 어떤 일에 대한 자신의 견해나 감정을 분명히 갖는 것은 자아가 형성된 이후에 가능하다. 글 ①과 같은 견해는 글을 쓴 아이의 자아에서 비롯된 결과이며, 그런 견해나 감정을 갖는 것이 자연스러운 자기 모습이라고 생각하는 것이다.

여기서 한 가지 중요한 게 있는데, 청소년기 형성되는 자아에는 두 가지 모습이 있다는 것이다. 청소년기라는 생애의 한 주기를 지나면서 인간은 두 가지 성장의 길을 걷게 되는데, 이는 그 시기 어떤 자아의식과 정체감을 형성하느냐 하는 문제와 깊은 관련이 있다.

D 엘킨드(Elkind)라는 사람이 있다. 그는 『다 컸지만 갈 곳 없는 청소년』이라는 책에서 다음과 같이 말하고 있다.

> 개인의 자아 정체감은 두 가지 중 한 방법으로 형성된다. 두 가지 방법이란 분화(변별 혹은 분리 과정)와 고차적 통합(또는 단순 통합)이나 대치에 의한 방법이다.

다시 말해 청소년기 형성되는 자아에는 통합 자아와 대치 자아가 있는데, 이 시기 어떤 자아가 형성되느냐에 따라 그 사람의 삶의 모습이 달라진다는 것이다.

통합 자아와 대치 자아

그럼 먼저 통합 자아와 대치 자아에 대해 간략히 알아보도록 하자.

1. 통합 자아

통합 자아는 통합에 의해 형성된 자아이다. 통합 자아가 형성되기 위해서는 내면에서 갈등이 있어야 하고, 따라서 시간이 걸리며 힘이 든다. 예를 들어 아동이 '정방형'의 개념을 알기 위해서는 먼저 다양한 형태의 모양을 경험해야만, 원형이나 다각형과 정방형이 다르다는 것을 알 수 있다. 게다가 아동은 상자·주사위·각설탕·블럭과 같은 다양한 정방형 물체를 접해 봐야만 다른 형태로부터 정방형을 구별해 낼 수 있다. 그리고 나서야 크기나 색깔 특징과 관계없이 모든 정방형 물체를 같은 개념으로 통합할 수 있는 높은 개념을 터득하게 된다.

이러한 원리는 인간의 자아 형성에도 적용된다. 일관성 있는 자아의식(통합 자아)이 형성되기 위해서 우리는 자신의 느낌, 사고, 신념이 다른 사람과 어떻게 다른지를 발견할 수 있는 다양한 경험을 해야 한다. 이와 동시에 우리는 다른 사람들과 얼마나 공통점을 갖고 있는지도 알 필요가 있다. 다른 사람과의 공통점과 차이점에 의해서 우리 자신을 다른 사람들로부터 변별해 내는 점진적 과정의 결과로 우리는 점차 우리 자신에 대한 안정되고 독특한 지각을 갖게 된다.

2. 대치 자아

대치에 의한 자아 형성은 다음과 같은 예로 설명할 수 있겠다.

다이얼을 여러 번 돌려서 전화를 거는 방식에서 단추를 눌러서 전화하는 방식으로의 변화를 생각해 보자. 번호를 눌러서 전화를 걸기 위해서는 다이얼을 돌려서 전화 거는 방식을 배울 필요가 없다. 두 방식은 결과는 같지만 다이얼식이 버튼 식을 알기 위해서 꼭 필요한 것은 아니며, 버튼식에 병합되는 것도 아니다. 두 방법은 독립적이며 병존한다. (하나의 원리로 통합되지 못한 채 하나 하나가 따로 존재하는 이러한 유형은) 다른 사람으로부터 모방한 느낌, 사고, 신념을 단순히 첨가하여 이것저것 끼워 맞춘 자아와 같다. 이러한 방법으로 자아가 형성된 사람은 자기 존재의 깊숙한 내면과 접촉하지 못한다. 대치에 의해 형성된 자아를 가진 청소년들은 자신의 자아를 명확히 알지 못하기 때문에 다른 사람들에 의해 쉽게 영향을 받거나 동요된다. 또 그들에게 새로운 상황은 언제나 새로운 도전이 되기 때문에 통합된 자아의식을 형성한 10대들보다 스트레스에 더 취약하다. 끼워 맞춘 자아를 지닌 10대들은 과거의 경험에 의해 새로운 상황을 처리할 수 있는 일관되고 안정된 자아를 발달시키지 못한다.

통합 자아가 형성된 사람은 일상생활의 즐거움과 가족, 일, 오락 같은 활동에서 기쁨을 느낄 수 있다. 자신과 사회에 도움이 될 수 있는 일련의 가치 태도 습관을 전체적으로 잘 통합하였기 때문에, 그가 무슨 일을 하든 개인적 고통과 에너지를 최소화하면서 스트레스에 잘 대처한다. 그는 타인을 배려할 줄 알고 작은 일에서도 삶의 의미와 행복을 느낀다.

공기 같은 사람이 있다
편안히 숨쉴 땐 있음을 알지 못하다가
숨 막혀 질식할 때 절실한 사람이 있다

나무 그늘 같은 사람이 있다

그 그늘 아래 쉬고 있을 땐 모르다가
그가 떠난 후
그늘의 서늘함을 느끼게 하는 이가 있다

이런 이는 얼마 되지 않는다
매일같이 만나고 부딪는 게 사람이지만
위안을 주고 편안함을 주는
아름다운 사람은 몇 안 된다

세상은 이들에 의해 맑아진다
메마른 민둥산이
돌 틈을 흐르는 물에 의해 윤택해지듯
잿빛 수평선이
띠처럼 걸린 노을에 아름다워지듯

이들이 세상을 사랑하기에
사람들은 세상을 덜 무서워한다

– 조재도, 「아름다운 사람」

예전에 썼던 '아름다운 사람'이라는 시이다. 통합 자아가 형성된 사람의 모습이 이와 같을 것이다.

한편 대치에 의해 형성된 자아의식을 지닌 사람은 자신과 타인(혹은 일) 사이 마치 어떤 일을 게임하듯이 하며, 게다가 그들은 타인의 요구에 응하든 아니면 맞서든 자책감을 느끼게 되어 자존심이 약하다. 그들은 대체로 동조·경쟁·불안·자책·분노·공포와 같은 상황에 잘 사로잡히고, 그것들을 위한 성취나 해소를 위해 자신의 에너지를 허비한다. 한 인간이 일생 동안 쓸 수 있는 에너지는 한정되어 있는데, 통합 자아를 형성한 사람은 삶의 기쁨과 긍정을 위해 그 에너지를 쓰는 반면, 대치 자아를 형성한 사람은 늘 자아 존중감이 낮은 상태에서 삶의 부정적인 면을 위한 일에 에너지를 허비하게 된다.

여기서 우리는 우리나라 청소년들이 처한 삶의 현실을 돌아볼 필요가 있다. 삶의 객관적 현실이 청소년들의 자아 형성에 어떻게 영향을 미치는지 살펴볼 필요가 있다는 말이다. 우리나라 학생 초딩부터 중고딩까지, 그들의 생활은 어떤가? 통합 자아가 형성될 수 있는 기회가 주어지고 있는가? 아니면 선택의 여지없이 어떤 가치의 '주입'에 의해 대치 자아가 형성되고 있는가?

속도와 가벼움을 특징으로 하는 현대 사회와 획일적인 학교문화, 입시 경쟁 교육은 청소년들에게 끼워 맞춘 자아의 발달을 조장함으로써 그들을 스트레스에 더욱 취약하게 하고, 그들의 인격과 개성이 전면적으로 발달할 수 있는 기회를 가로막고 있다.

초딩부터 중고딩까지, 그들의 생활은 어떤가?
통합 자아가 형성될 수 있는 기회가 주어지고 있는가?
아니면 선택의 여지없이 어떤 가치의 '주입'에 의해
대치 자아가 형성되고 있는가?
현대 사회와 획일적인 학교 문화, 입시 경쟁 교육은
청소년들에게 끼워 맞춘 자아의 발달을 조장함으로써
그들을 스트레스에 더욱 취약하게 하고……

그런 그들이 자라서 성인이 되어 사회생활을 해 갈 때, 우리 사회의 모습은 어떠할까? 그들이 살아가는 인생의 질(質)과 사회의 질은 어느 수준일까?

청소년기가 왜 중요한지, 청소년기를 어떻게 보내야 하는지, 그를 위해 가정이나 학교 사회에서 할 일이 무엇인지가 자명해졌다. 좋은 직업이나 부, 특출한 재능, 명예 등 이른바 세속적 가치들이 인간 행복의 조건이 되기도 하겠지만, 그 자체가 절대적인 것은 아니다.

궁극적으로 인간의 삶이 행복하기 위해서는 행복을 느낄 수 있는 힘이 있어야 하고, 그 힘은 청소년기에 형성되는 자아가 어떻게 형성되느냐에 달려 있는 것이다.

글쓰기는 삶이다, 마음이다

김 춘 현 **시인, 인천 학익여자고등학교 사회 교사**

1959년에 충남 온양에서 태어났습니다. 인천 인송중학교, 인천 상인천중학교, 인천 연수여자고등학교 등에서 일했으며, 지금은 인천에 있는 학익여자고등학교에서 사회 선생님으로 일하고 있습니다. 또 글쓰기를 좋아하여 별난 가르침 1』, 『별난 가르침 2』, 『별난 가르침 3』, 『별난 가르침 4』, 『2주 완성 마법 정치』 등의 책을 내기도 했습니다.

어느 날 불쑥 찾아온 공황 장애라는 병으로 어려움을 겪기도 했으나 이를 계기로 글쓰기를 시작하여 지금까지 네 권의 자전적 수필집을 내기도 했습니다. 공부에 지친 아이들, 삶의 무게에 힘들어 하는 모든 부모님들과 희망을 잃지 않으며 오늘을 열심히 살고 있는 이웃들에게 나의 따뜻한 마음을 전하고 싶어 펜을 든, 아이들이 있어 행복한, 평범한 선생님을 꿈꾸고 있습니다.

여러분께 갑자기 어떤 주제를 주고 글을 쓰라고 하면 "어찌 감히 내가 쓸 수 있는가?"라고 강하게 반발하며, 그건 전문적으로 글을 쓰는 사람들이나 하는 것이라고 말할지도 모르겠습니다.

글을 쓴다는 것만으로 행복하다

물론 꾸준한 습작을 거치고 체계적이고 전문적인 지도를 받은 사람들이 보다 세련된 문체로 쓰는 글이 보기에도 편하고 큰 감동을 줄 가능성이 높다는 사실을 나는 굳이 부인하지는 않습니다. 그러나 나는 전혀 배움도 없고, 글 쓰는 일과는 상관없이 살던 사람들이 스스로 마음이 내켜 쓰는 글이 많은 이들에게 감동을 주는 일들을 자주 보곤 합니다. 그럴 때마다 글 쓰는 일에 천재적인 재질을 뽐내는 사람도 있지만, 어느 순간 마음속에 잠재되어 있던 자질이 빛을 발하여 나오는 경우가 많다고 나는 믿고 있습니다.

그들의 글은 비록 투박하나 정감이 있고, 거칠지만 세련된 글보다 몇 배 더한 감동을 선사해 주기도 합니다.

어느 정도의 형식은 필요하겠지만 글이란 글 쓰는 사람의 마음을 담아 자신이 전하고자 하는 말을 써 내면 된다고 생각합니다. 그렇다고 형식을 무시하면서 글 쓰는 것을 정당화하고 싶은 마음은 추호도 없습니다. 쓰고자 하는 마음만 있으면 자신의 느낌 대로 자신이 전하고자 하는 마음을 담아 형식에 구애받지 않고 쓰는 자신감을 가지라는 이야기입니다.

나는 다른 사람들보다 늦은 나이에 글쓰기를 시작하였습니다. 그것도 공황 장애라는 정신적인 고통을 얻은 후에 갑자기 쓰고 싶은 마음이 발동하여 시작하였는데, 벌써 네 번째 책을 냈습니다. 그렇다고 책을 많이 읽은 것도 아닙니다. 지금까지 읽은 책도 고작 몇 권에 불과합니다. 감동받은 책을 빼고 나면 그 수는 더 적어질지도 모르겠습니다. 그러나 나는 지금도 글을 쓰고 있습니다.

누군가 그러더군요. 제가 쓴 이야기는 에세이도 아니고, 그렇다고 시는 더더욱 아니고, 생활 속의 이야기라구요. 그렇습니다. 내 글에는 어떠한 형식도 없습니다. 딱히 어느 장르라고 분류하기도 애매합니다. 그냥 생활 속의 이야기를 쓰는 것이라고 보면 조금은 도움이 될 것입니다.

처음 글을 써서 내 이름이 박힌 책을 세상에 내놓았을 때의 감격을, 책 머리에 담아 낸 이야기들을 살짝 자랑해 봅니다.

오래전부터 막연하게 글을 싫어 하는 여러모로 부족한 한 어른이 있었습니다. 학교로 찾아 온 책 판매원에게 거금을 주고 산 제3 세계 한국 문학은 나에겐 새로운 감동이었고, 글이 그토록 많은 사람에게 사는 길을 알려 주는 진리가 됨을 몸소 깨닫게 되었습니다.

대학교 때 박계형 님의 『머무르고 싶었던 순간들』을 읽고 난 후의 감동과는 또 다른 감동이 좀처럼 사라지지 않았습니다. 그 이후 아주 특별한 수많은 작가들과의 만남은 나를 그들의 세상 속에 충분히 빠져들게 만들었습니다. 그 속에 빠져 감동 있는 부분들은 수도 없이 여러 번 읽고 또 읽고 하면서 그 감동을 고스란히 받아 낼 수 있었습니다. 그러나 그 감동들은 바쁜 일상생활 속에서 어느 덧 내 기억 속에서 잊혀져 버렸습니다.

책을 읽어서 얻는 즐거움보다 잦은 모임의 즐거움에 빠져 하루하루를 그저 정말 헛되게 쓰고 만 셈입니다. 그러던 내가 감히 글을 쓰겠다는 허무맹랑한 생각을 하게 된 것은 극히 최근의 일입니다. 그것도 몸이 아파 며칠 몇 날을 집에서 쉬고 난 후 혼자 있는 시간이 늘어나면서 그 자신의 글을 남기고 싶다는 생각이 머릿속에서 떠나질 않았습니다. 그렇게 해서 처음 글을 쓴 것이 「공황 장애를 앓게 되면서 얻게 된 새로운 깨달음」이었고, 그 후로 쉼 없이 꾸준히 습작을 하게 되어 다음의 글들이 탄생하게 된 것입니다.

– 김춘현, 『별난 가르침, 첫 번째 이야기』 머리말 중에서

마음만 먹으면 누구나 쓸 수 있다

물론 나는 아직 정식 문단에도 등단되어 있지 않습니다. 물론 언감생심 되리라는 꿈조차 꾸지도 않습니다. 그러나 나는 내 자신의 문체로 내 자신의 마음을 담아 열심히 써 나가고 있는 것에 큰 기쁨을 누리고 있습니다. 초라하기 짝이 없는 졸필로 다른 사람들에게 읽기를 강요하고 있으니 정말 '안하무인' 아니, '용감무쌍함'이 하늘을 찌르고도 남는 셈이지요. 그러나 나는 어느 한 순간도 부끄럽다는 생각을 하지 않았습니다. 그냥 글을 쓸 수 있다는 사실이 너무나 즐겁고 고마워 하루하루가 즐거웠습니다.

아이들을 가르치는 너무나 과분한 사명을 받았음에도 틈틈이 내가 살아가면서 느끼는 이야기들, 예를 들면 아이들을 가르치면서 경험하고 느끼는 이야기들, 교사로서 아이들에게 해주고 싶은 이야기들, 나와 함께 하는 교사들의 평범한 이야기들, 공부라는 삶의 무거운 지게를 짊어졌지만 내일을 위한 희망을 잃지 않는 아이들의 이야기들과 힘겨운 삶의 질곡에서도 아이들을 위해 가족을 위해 지금보다 더한 힘을 내는 사람들의 이야기들을 지금도 꾸준히 써 내고 있습니다.

처음 글을 쓰면서 걱정했던 소재의 빈곤은 전혀 없었습니다. 글을 쓰자고 마음먹으니 하루하루의 모든 일들이 글을 쓰는 소재가 되었습니다. 지금도 내 자그마한 수첩에는 학교에서, 혹은 길을 가다가, 혹은 몸이 아파 간 병원에서 혹은 뉴스를 보고 갑자기 생각이 나서 적었던 수많은 기록들이 있습니다. 나는 지금까지도 내 주머니 속 수첩에 적기를 계속하고 있습니다.

글이란 글 쓰는 사람의 마음을 담아 자신이 전하고자 하는 말을 써 내면 된다고 생각합니다. 그렇다고 형식을 무시하면서 글 쓰는 것을 정당화하고 싶은 마음은 추호도 없습니다. 쓰고자 하는 마음만 있으면 자신의 느낌 대로 자신이 전하고자 하는 마음을 담아 형식에 구애받지 않고 쓰면 됩니다.

지금도 내 컴퓨터 어딘가에는 앞으로 계속 쓰게 될 주제들로 이미 가득 차 끝내 다 쓰지도 못할 위험성을 다분히 내포하고 있습니다. 전문가가 보기에 아주 허접하고도 수준 낮은 글들로 평가할 수 있겠지만, 그래도 즐겁고 행복한 것은 내가 글을 쓸 수 있다는 사실입니다. 내가 가진 쓸 수 있는 즐거움이 있는 한 오늘보다 내일을 기대할 수 있게 되었다는 것입니다.

나는 지금 여러분에게 글을 읽는 즐거움도 크지만 글을 쓰는 즐거움은 이것보다 몇 배 더 크다는 것을 말하고자 합니다. 글을 쓰는 동안만큼은 나의 마음은 이전보다 더욱 정화되며 내 마음은 어느 때보다 자유로와진다는 것입니다. 심오한 주제보다 내가 생활 속에서 경험한 이야기들을 느낌을 살려 예쁘게 포장하여 이를 읽는 이들에게 배달하여 그들이 행복해질 수만 있다면 얼마나 좋은 일이겠습니까. 나도 좋고 그들도 자신들의 이야기라 공감하며 읽을 터이니 이 또한 모두 좋은 일이 아니겠습니까.

글은 글쓰기에 재주 있는 사람만이 쓰는 것이 아니라 마음만 먹으면 누구나 쓸 수 있다는 아주 중요한 사실을 나는 여러분에게 알려드리고 싶습니다. 나만의 이야기로 더 많은 인생의 친구들을 만나는 기쁨을 누리시기를 기도합니다.

마음을 정화시키는 글쓰기

그 동안 내가 쓴 이야기들 중 내가 특히 내 마음을 정화하며 열심히 써내려 갔던 이야기들을 여러분에게 감히 꺼내 놓으려 합니다.

1. 가르침은 사랑이다

나이가 먹은 후 철들며 느꼈던 아이들을 가르치는 일이 얼마나 소중한 일인지, 그것이 결국은 내가 사랑을 받는 일이었음을 깨달으며 쓴 글입니다.

가르침은 눈물이다

다듬어지지 않은 가녀리고 투박한 씨앗들이 땅을 뚫고 올라 우뚝 서는 날 감격에 겨워 흘리는 눈물이다. 아이들의 착한 행동에 내 일처럼 반겨하며 기뻐하는 눈물이요, 아이들의 못난 행동에 흘리는 끊임없이 자책하는 반성의 눈물이다. 인간적으로 부족하기 짝이 없는 나를 그래도 스승이라 여기고 따라주는 그들이 있어 내가 더욱 부끄러워 흘리는 눈물이다. 나의 잘못된 지적을 기쁘게 받아들이며, 나의 잘못을 애써 덮어 주는 그들이 더욱 어른스러워 흘리는 배움의 눈물이다. 나를 통해 그들이 바르게 변해 가는 모습을 볼 수만 있어도 너무 행복한 기쁨의 눈물이다. 나보다 더 잘난 이로 사회에 나가 기여하는 그들의 모습을 볼 수 있다는 꿈을 꿀 수 있다는 것으로도 너무 울렁거려 가슴 떨리는 눈물이다.

가르침은 무지개다

검은 절망의 터널을 걷어내고 아이들의 앞길을 환하게 비추는 희망의 무지개다. 순수하고 맑은 그들의 마음에 아름답고 예쁜 7개 빛깔로 자라게 도와주는 희망의 무지개다. 겉으로 드러나지 않는 희생적인 노력으로 그들이 미래의 하늘에 밝은 무지개를 꽃피울 수 있도록 도와주는 희망의 무지개다. 누구와도 닮지 않은 찬란한 개성으로 온 세상을 아름답게 채색하게 만들어 매일 매일 다른 색깔의 세상을 만들어 세상 사는 즐거움을 가져다 줄 수 있도록 도와주는 이 세상에 하나밖에 없는 무지개다.

가르침은 아픔이다

그들이 떠나가리라는 것을 알면서도 언제까지라도 그들을 잡아두고 싶어 애태워 하는 아픔이다. 다 주었음에도 받아들이지 못하는 아이들을 보며 죄책감에 눈물 훔치는 아픔이다. 아이들의 조그만 질책에도 큰 상처로 받아들여, 앞으로 어떻게 아이들 앞에 설지를 고민하며 밤새 뜬 눈으로 지새우는 그런 아픔이다.

– 김춘현, 『별난 가르침, 세 번째 이야기』 중에서

2. 가난하고 힘이 없지만 아이들은 나보다 더 강하고 희망적이다

나는 지금까지 수많은 아이들을 가르쳐오면서 나보다 잘나고 인격적으로도 내게 감동을 주는 아이들이 그렇지 않은 아이들보다 많다는 것을 알게 되고, 그들이 있음으로 지금보다 분명 미래는 좋아질 것이라는 확신을 갖게 되었습니다.

이 글은 어떤 가난했던 아이의 울음을 지켜보면서 기특한 그의 이야기를 알리고 싶어 쓴 글입니다.

기쁨의 눈물이 앞을 가립니다

아무도 없는 이른 새벽

교실 한 켠에서 한 아이가 울고 있습니다.

소리 내어 울지도 못하고

어깨를 들썩이며

흐느껴 울고 있습니다.

아니 기쁨과 슬픔이 복받쳐 흐느껴 울고 있습니다.

이미 교복은 낡을 대로 낡아

해어지기 일보 직전입니다.

이른 새벽 신문을 돌리면서 곱을 대로 곱아 터져 버린 손이 애처롭게 보입니다.

그런 그의 손에는 작은 쪽지가 들려 있습니다. 몇 년째 누워만 계시는 어머님이 써 주신 작은 쪽지가 들려져 있는 것입니다. 작은 쪽지에는 어렵게 힘을 내어 써 주신 글귀가 눈에 들어옵니다.

"항상 미안하구나. 어제는 모처럼 일어날 수 있어 너 몰래 도시락을 쌌단다. 사는 것이 어려워 맛있는 것을 챙겨 주지 못해 너무 미안하구나. 너에게 해줄 수 있는 것은 이게 전부라고 생각하니 내가 한없이 미워지는구나. 금쪽같은 내 새끼. 남들처럼 못해줘 미안하구나. 맛있게 먹었으면 좋겠구나."

병들고 지친 몸으로 쓰신 글이라 알아보기는 어려웠지만 어머님의 마음이 그대로 전해져 오며 고맙고 감사한 눈물이 앞을 가립니다. 병환으로 누워 계신 어머니가 빨리 완쾌되시기만을 바라는 간절한 소망을 안고 있는 아이는 자신이 어찌할 수 없음에 한참을 울고 또 웁니다.

(중략)

벌써 아이들이 들어오고 있습니다. 그러나 그는 아직도 그 앞에 놓인 도시락과 쪽지를 놓지 못하며 그 자리에 언제까지나 흐느껴 울면서 어머님의 사랑을 놓지 않으려 노력하고 또 노력하고 있었습니다. 눈물이 마를 때까지 언제까지나 그는 도시락과 쪽지를 놓지 않고 바라만 보고 있었습니다.

어서 달려가 병으로 지치고 지친 어머님을 힘껏 안아드리고 싶은 마음이 마음에서 떠나질 않습니다.

이제는 울지 않을 생각입니다.

흘린 눈물을 거친 손등으로 닦아 내며 다시 한 번 힘을 내며 하루를 힘차게 시작합니다. 가엾으신 어머님의 한없는 사랑을 마음속에 깊이 되뇌이며 말입니다.

– 김춘현, 『별난 가르침, 세 번째 이야기』 중에서

3. 약하고 잘나지 못한 사람들이 강하고 잘난 이들보다 강하게 오늘을 산다

우리는 지금까지 잘난 사람들의 이야기에 열광하고 그들을 따라잡으려다 소중한 인생을 헛되이 보낸 많은 사람들을 보게 됩니다. 그러나 우리에게 인생의 의미를 알게 하고 세상의 빛이 되는 소금의 역할을 하는 이들은 그들보다 배우지 못했거나 가지지 못해 하루하루를 힘겹게 버텨 내고 있는 약하고 잘나지 못한 사람들이라는 것입니다.

그들은 약하고 가난하지만 불의에 누구보다 용감하며, 자신보다 어려운 이웃들을 그냥 내버려두지 않는다는 사실입니다. 자신도 지금이 삶이 버거움을 알면서도 기꺼이 그들을 위해 희생을 자처한다는 것입니다. 그들이야말로 이 시대를 지키는 작은 양심이며 작은 영웅들인 것입니다.

그들의 이야기 중 하나를 소개합니다.

마음 따뜻한 그들이 있어 행복한 세상

그저 가진 것 없어도 자기보다 못한 이웃이 있음을 마음 아파하고 돕는 삶을 실천하는 그들이 있어 행복한 세상입니다. 평생 먹지 않고 꼬깃꼬깃 모은 돈을 아낌없이 내놓는 그들이 있어 행복한 세상입니다.

부모님을 여의고 몇 년 동안 묘를 지키며 하늘과 같은 부모님의 은혜를 갚기 위해 노력하는 그들이 있어 행복한 세상입니다. 선뜻 자기 몸의 일부를 내어줌으로써 부모를 감격케 하는 그들이 있어 행복한 세상입니다. 평생을 헌혈하며 피가 모자라 고통받는 이에게 무한 봉사하는 그들이 있어 행복한 세상입니다.

변변한 집조차 없어도 자신이 땀 흘려 번 돈을 아낌없이 기부하는 것이 너무 좋아 지금도 열심히 기쁘게 일하는 어느 가수가 있어 행복한 세상입니다.

몸이 불편한 친구를 기쁜 마음으로 변함없이 챙겨주고도 그(몸이 불편한 친구)가 잘된 것을 자기 일처럼 기뻐하는 그들이 있어 행복한 세상입니다. 길거리에 버려진 쓰레기를 남모르게 치우면서도 남이 볼까 봐 갈 길을 서두르는 그들이 있어 행복한 세상입니다.

(중략)

마음 아픈 이야기가 너무 많은 이 세상에 그래도 이들이 있어 따뜻함을 가득 선사하고 있으니 그래도 이 땅에 사는 나는 행복한 시대를 살고 있는 사람입니다.

– 김춘현, 『별난 가르침, 세 번째 이야기』 중에서

4. 그래도 삶은 희망적이다

힘없고 가난하고 몸에 장애를 갖고 있는 이들의 안타까운 소식이 오늘도 우리 모두를 슬픔에 잠기게 합니다. 더 이상 갈 곳 없는 그들의 미래를 도와줄 수 없음이 안타까울 뿐입니다. 그러나 나는 그들이 누구보다 더 강하게 일어나는 모습들을 보며 삶이 희망적임을 알게 되며 몸이 불편하고 가지지 못한 자들이 오히려 가진 자들을 나무라며 나눔의 기쁨을 실천하고 있음을 나는 믿게 되었습니다.

그들의 이야기 중 하나를 꺼내려 합니다.

교통사고로 두 팔을 잃은 사람이 있다. 심한 좌절로 생을 끊으려 했던 적도 여러 번. 그런 그가 다시 용기를 냈다. 그는 두 팔 대신 입으로 할 수 있는 일을 찾았다.

어렸을 적 재능이 있다고 칭찬을 들었던 그림을 그리기로 했다. 정상인도 할 수 없는 일을 두 팔을 잃은 장애를 가진 사람이 한다는 것은 처음부터 불가능이었다. 다시 한 번 자신의 장애를 원망하고 포기할 뻔한 적도 여러 번이었다.

(중략)

교통사고로 온 몸을 가눌 수 없을 정도로 장애가 된 사람이 있다. 물리학계에서 실력을 인정받아 전도가 양양하던 교수였는데, 하루아침에 그가 다시는 일어설 수 없는 사람이 되고 말았다. 그는 자신의 장애보다 살아 있는 것에 감사하였다. 오히려 그를 불쌍해 하던 사람들을 위로하며 단지 또 하나의 장애만 더해졌을 뿐일라며 웃으며 말했다. 그는 다시 일어섰으며 다만 달라진 것은 그를 지탱해 주고 있는 휠체어뿐이었다.

그는 이전보다 더욱 열심이었고 끊임없는 연구의 노력으로 발표한 논문마다 세계 물리학계에 놀라움을 선사하였다. 그는 세계적 학술지에 자신의 이름이 오를 때마다 오히려 겸손해 했으며, 조국의 이름을 알릴 수 있음에 감격했다.

그는 지금의 자신이 이렇게까지 설 수 있도록 끊임없이 격려해주고 뒷바라지 하는 데 온 희생을 다한 아내에게 고마움의 표현으로 힘을 줘 아내의 손을 힘껏 잡아 주었다. 자신의 한 몸 가누기 힘들어 손잡는 것도 보통 힘든 일이 아니지만 아내의 손을 잡는 순간 그는 예전의 건강했던 그 자신으로 돌아온 착각에 빠졌다.

그는 언제까지나 아내의 따뜻한 손을 놓지 않으리라 결심하였다. 아내를 사랑하는 마음이 변하지 않는 한 언제까지나 잡은 손을 놓지 않고 꼬옥 잡아 주리라 마음먹었다.

그는 비록 온 몸을 움직일 수 없으나 그를 그래도 남편이라 여기며 삶을 열심히 살라 끝없이 격려하는 아내가 있는 한, 그리고 목숨이 붙어 있는 한 자신이 할 수 있는 교수로서의 길을 자랑스럽게 가리라 마음먹었다. 그는 이미 장애의 불편을 넘어선 정상인보다 나은 희망 가득한 우리의 보배로 거듭나고 있었다.

– 김춘현, 『별난 가르침, 세 번째 이야기』 중에서

나는 지금 다듬어지지 않은 채로 세상에 내놓았던 내 소박한 글들을 소개하였습니다.

나는 그동안 누구나 쉽게 읽고 공감할 수 있도록 쓰려고 노력하였습니다. 평가는 물론 여러분이 내릴 것입니다. 그러나 중요한 것은 내가 지금 이러한 글들을 쓰고 있다는 사실입니다. 그대들이여! 내가 부럽지 않습니까?

아직도 글 쓰는 일이 두려운 그대들에게 나는 한 마디 하고자 합니다.

두려워하지 말고 지금 당신 일상 속에서 일어나는 일들을 마음으로 풀어내 쓰는 작업을 지금부터라도 하라.

생활 속에서 일어나는 일들의 느낌을 나만의 색깔로 다듬어 그저 쉽게 쓴다는 마음으로 자신감을 갖고 나아가라.

분명 그리하면 당신으로 인해 더욱 많은 사람들이 당신의 삶에 공감하고 지금보다 더한 노력으로 미래의 희망을 갖게 될 것임을 나는 아직도 믿고 있습니다.

남은 이야기들-좋은 책과 글쓰기

1. 어떤 책이 나에게 진정 도움이 되는 좋은 책일까?

여러분은 어떻게 책을 접하고, 구입하고 있습니까? 혹 베스트셀러라 불리우는 책 코너를 열심히 기웃거리고는 있지는 않은지요. 저는 소위 베스트셀러라는 책들을 자주 접하곤 합니다. 서점에 들러서도 그 코너를 먼저 들러 책을 구입하게 되는 경우가 많습니다. 물론 많이 읽혀지는 책들이 좋은 책이고, 그 책들이 많은 이에게 읽는 즐거움을 주고 있음은 분명합니다.

그러나 나는 소위 베스트셀러라 불리는 책들 중의 일부는 읽는 순간 처음부터 난해하여 정말 읽기 힘든 책들도 의외로 많다는 사실에 놀랐습니다. 물론 그 책들 중의 일부는 노벨 문학상으로 우리에게 큰 관심을 불러일으킨 것도 있었습니다. 큰 마음먹고 구입하여 읽어 보려 했지만 지금은 책꽂이에 장식장으로 고

이 모셔져 있는 불행을 겪고 있습니다. 그것은 노벨 문학상을 탄 그 책을 읽어 내지 못하는 내 능력 탓도 있지만 그 책이 난해하게 쓰여졌다는 탓도 있다는 생각을 했습니다.

그래서 나는 책을 선택할 때 가장 먼저 쉽게 읽을 수 있는 책인지를 따져 봅니다. 조금 시간은 걸릴지 모르겠지만 책의 앞부분 또는 책의 내용 중 특정 주제 부분을 읽어 보며 제가 읽을 수 있는 능력이 되는 책인지를 꼼꼼히 따져 봅니다. 그렇게 구입한 책들은 오래오래 내 가까이에 머물며 나와 같이합니다.

제 생각에는 쉽게 쓰여진 책, 그리고 누구나 쉽게 읽고 공감할 수 있는 책이 진정 좋은 책이라는 생각합니다. 많은 사람들이 읽어 좋은 반응을 이끌어 낸 책이 좋은 책이라는 것을 부인할 수 없지만, 여러분들이 책의 내용에 쉽게 공감할 수 있고 여러분의 삶에 진정 도움이 될 수 있는 책이라면 그 책은 진정 여러분의 책이 될 것입니다.

무조건 많이 읽으려 하지 말고 한두 권이라도 내 마음과 하나 될 수 있는 책을 찾도록 노력합시다. 분명 그런 책이야말로 여러분의 지친 마음을 위로하고 삶의 바른 길을 알려 주는 소중한 책이라고 나는 믿고 있습니다.

2. 글쓰기는 전문 작가만의 영역인가요?

전혀 그렇지 않다고 생각합니다. 사는 동안에 끊임없이 글을 써 내며 공감을 불러일으킨 전문 작가들도 많다는 사실을 인정합니다. 그렇지만 서점에 들러 보면 생전 처음 써 보는 사람들이 압도적으로 많다는 사실을 알아야 합니다.

글쓰기는 인위적으로 만들어지는 것이 아니라 어떤 계기가 되어 자연스럽게 형성되는 경우가 많다는 사실을 알아야 합니다. 문제는 얼마나 내가 간절히 글을 쓰고 싶어 하느냐는 것입니다.

물론 글을 쓰기 위해서는, 사람마다 다르지만, 어느 정도의 소양이나 전문적 지식도 필요하겠지요. 그러나 그런 것이 굳이 들어가지 않아도 감동을 줄 수 있는 글들이 많다는 사실을 알아야 합니다.

시작하기도 전에 두려워하지 마세요. 다만 준비가 되어 있지 않을 뿐입니다. 시작만 하면 할 수 있다는 마음으로 오늘의 삶을 열심히 살아 봅시다. 그러한 나의 삶을 남들과 함께 웃으면 공유할 그날을 상상해 봅시다.

여러분 모두 나보다 더 뛰어난 글들을 쓸 수 있다는 사실을 추호도 의심하지 마세요.

머리카락 흰서리를 새롭게 만나며

강 병 철 소설가, 충남 공주공업고등학교 국어 교사

충남 서해안 바닷가에서 태어났습니다. 고등학교 선생님으로 일하던 중 1985년 『민중교육지』 사건으로 해직된 바 있으며 그 후 학원강사와 신문사, 출판사 등을 부평초처럼 떠돌다가 복직 이후 충남 공주와 서산 등에서 일했으며, 지금은 공주공업고등학교에서 국어를 가르치며 가끔 대학에서 소설 창작을 강의하기도 합니다. 1983년 『삶의 문학』으로 작품 활동을 시작하여 시집 『유년일기』, 『하이에나는 썩은 고기를 찾는다』, 『꽃이 눈물이다』와 소설집 『비늘눈』, 『엄마의 장롱』, 성장소설 『닭니』, 『꽃 피는 부지깽이』 그리고 산문집 『선생님 울지 마세요』, 『쓰뭉선생의 좌충우돌기』 등을 출간했으며, 한국작가회의 대전충남지회장을 지냈습니다.

그는 천상 교단 체질입니다. 이따금 사랑하는 제자들과 호되게 싸우고 상처받은 가슴으로 먼저 악수를 요청하는 만만한 선생님입니다. 생김새와 달리 마음이 여리고 서정적 문체를 가진 속살이 흰 사내며 술 마시기와 설거지가 주특기입니다. 그는 기발한 상상력보다는 더듬이 촉수로 글을 쓰는 작가이며 남들의 평가에 민감합니다. 그래서일까, 지금도 신새벽 대학 도서관에서 파지를 찢다가 여명을 맞이하는 문체주의자이기도 합니다. 장년에 접어들면서 아파트 공터에 텃밭을 만들고 비 오는 날에도 물 주러 뛰어다닙니다.

나는 때리지 못한다. 78~80년 한탄강 군대 막사에서 고참들에게 무차별 몸 세례를 받으면서 쫄병에게 기합 한 번 주지 못했으며, 수십 년 교단의 곡절 속에서도 결국은 아이들에게 손을 대지 못했다. 그렇다고 비체벌 행위에 대한 휴머니즘을 내세우는 스타일은 아니다.

내가 아이들을 때리지 못하는 이유

천태만상 교실 탓으로 돌리는 건 더욱 아니지만 가끔은 '쟤는 한번 손을 봐야 정신을 차릴 텐데……' 하며 수시로 부글부글 벼르기도 한다. 그러면서도 못 때렸던 이유는 천성적으로 심약하기 때문이요, 또 하나는 체벌 행위에 대한 '가해자적 굴욕감'을 감당하기가 싫어서 실행에 옮기지 않았을 뿐이다. 가끔 반듯반듯한 바둑판 교실을 꿈꾸는 마초 스타일 동료들이 "선생님 교육관 때문에 내 수업이 힘들어집니다요, 잉. 제발 때리쇼." 하지만 그건 교육적 가치관이 아니라 타고난 체질이다. 조립식으로 짜맞춰진 몸의 행태는 각종 공구를 동원하여 나사못 위치를 바꿀 수 있을지 몰라도 몸 안에서 태생적으로 이어진 수맥의 흐름은 바꿀 수 없다.

그렇다고 악동들이 우유부단한 교사의 심정을 어엿비 감싸 줘서 사랑이 넘치는 넉넉한 공동체를 이루었던 것도 전혀 아니다. 위기일발의 난장 수업 풍토는 내가 평생 감당해야 할 업보였다. 아이들은 군대 쫄병들과 달리 아직 성장기인지라 만만한 선생을 골라 끊임없이 '막힌 숨통 틔우기'를 시도했고, 교사와의 대결을 통해서 몸값을 올리려고도 했다. 그랬다. 과시용으로 의자를 박차거나 사소한 일에도 돌발적으로 식식대면서 아이들은 호박 덩굴처럼 무럭무럭 자랐다.

실제로 다른 선생님들에 의해 내 교실까지 평정되기도 했는데 그런 물리력에 의한 길들여짐을 지켜보는 건 쓸쓸한 일이었다. 혼수상태로 바글대던 나의 교실이 노크 소리와 함께 호랑이 얼굴이 등장하자마자 부동자세로 반짝 변하기도 했고, 하이에나처럼 으르렁대던 반항아가 몽둥이 임자를 만나면 무르팍으로 교무실 바닥을 박박 기어다니기도 했다.

그건 아주 오래된 관성이었다. 나의 학창 시절, (순둥이 선생님도 있긴 했지만) 대개의 선생님들은 급한 상황을 매타작으로 해결하려 하셨다. 우리들은 손바닥, 엉덩이, 싸대기까지 아예 내놓고 다녔었다. 떠들거나 도망치거나 훔치거나 납입금을 못 내거나 준비물을 챙기지 못했다는 이유로 엉덩이나 허벅지가 불이 나곤 했다. 방법도 다양했다. 자기 뺨을 자기가 때리게도 시켰고 친구끼리 마주보며 서로 싸대기를 때리게도 시켰다. 더러는 코를 비틀기도 했고, 극히 드물었지만 바지를 벗기기도 했었다.

선배들뿐만 아니라 동급생끼리도 맞고 때리는 먹이사슬 구조가 얽혀 있었다. 반장은 떠드는 아이들에게 막대기를 휘둘렀고(주로 약한 아이들에게만), 선도부는 복장 불량이라며 교문에서 낚아채기도 했고, 이도저도 아닌 애들한테도 단지 힘이 약하다는 이유로 동네북이나 심부름꾼이 되었다.(요즘 표현으로 '왕따' 나 '빵셔틀' 이랄까.) 그리고 세월이 흘러서 매 맞은 기억은 상처가 되기도 하고 더러는 그냥 '가방 모찌'의 기억을 쓰뭉하게 지워버리기도 했다.

그래서일까, 2010년 여름 교육계 이슈 중의 하나였던 '체벌 금지법'을 보며 만감이 교차한다. 얼마 전(2010.8)이었던가. 진보 성향으로 서울시 교육청의 수장이 된 곽노현 교육감이 체벌의 후진성과 새로운 교육 패러다임을 설법하자 강연을 듣던 교장님의 일부가 항명성 퇴장을 시도했다 한다. (강연이 끝난 후의 상황이지만) 상급 관청의 지향점을 교육 관료들이 거부한, 아이러니한 현상에 대해 보수 신문들은 일제히 깨소금 카드를 뽑아 들었다.

예전에는 그런 풍경이 주로 반대의 경우로 나타났었다. 80년대 중반쯤, 보수 논객들의 강의 도중 젊은 교사들이 반발성 질의를 하거나 항의하기도 했다. 그때마다 보수 논객들은 '문제 교사'를 징계해야 한다며 부지깽이를 쑤셔 대었고, 실제로 교사들이 징계를 받기도 했다. 그 후 세월이 흘렀고, 이례적 상황에 거꾸로 부채질하는 인쇄물 사태를 보며 뜨악해 하는 것이다.

또 있다. 이번에는 교장 선생님이 선생님들을 회초리로 때린 사건이다.(오마이뉴스, 2010.9.16) 교장 선생님이 학생들 앞에서 선생님들을 바닥에 엎드리게 해서 명찰을 달지 않은 학생 수만큼 때렸다니 '야만적'이란 수식어조차 치욕스럽다.(그 중에는 여교사도 두 명 포함되어 있었다.) 스승은 엎드려 뻗쳐 있고 아이들은 먹하니 구경꾼이 되었는데, 울타리 속 관리자가 선생님께 매질하는 풍경이다.

가끔 그런 생각이 든다. 역사의 나선형 진보가 순리인 것 같지만 수시로 예상 가능한 암초가 돌발 지뢰처럼 표출되는 것이다. 틈입자의 낡은 관성에 의해 우리들의 공든 탑은 언제든지 '거꾸로 도는 시계추'를 만날 수도 있고…….

나는 점수를 별로 올리지 못한다

단지 자아 도취형 칠판쟁이 유전자를 타고나서 즐거웠을 뿐이다. 그랬다. 첫 발령지였던 소도시의 여자 고등학교에서 나는 잘나가는 총각 선생이었다. 발령장 들고 교문을 들어설 때 앞치마와 청소 모자를 쓰고 교정에 몰려다니던 수수꽃다리 소녀들의 모습이 가슴을 뭉클하게 했다. 차임벨이 울리자 빗자루를 든 소녀들이 총총총 계단을 밟더니 그림자처럼 사라졌다. 아름다웠다. 청년 교사는 운동장에 몸을 묻겠다고 결심하며 몇 가지 원칙을 정했다.

그건 아주 오래된 관성이었다. 나의 학창 시절,
대개의 선생님들은 급한 상황을 매타작으로
해결하려 하셨다. 우리들은 손바닥, 엉덩이,
싸대기까지 아예 내놓고 다녔었다. 그래서일까,
2010년 여름 교육계 이슈 중의 하나였던 '체벌 금지법'을
보며 만감이 교차한다.

'참교육에 목을 건다.'
'죽어도 때리지 않는다.'
'낮에 읽고 밤에 쓴다.'
'섶을 들고 하시라도 불길에 뛰어든다.'

그렇게 벽보로 붙여 놓고 지성껏 다리미질했다. '무엇을 생각하고 무엇을 위하여 어떻게 살아갈 것인가?'에 대한 청사진을 날마다 그렸다가 지우며 행복에 취할 뻔했다.

하지만 건물 구조는 복잡다기했다. 인문계 시스템이 모두 그랬듯 학교는 꽉 짜여진 '일사분란'에서 볼펜 심 하나 들어갈 틈을 주지 않았다. 주로 보충 수업과 야간자습과 우열반과 합숙소까지 감당하다가 점심시간, 중간 체조 시간에 늦게 집합했다는 게 이유였다. 운동장에 오그르르 모인 천사들이 선글라스와 호루라기의 신호 따라 오리가 되고, 수레바퀴가 되었고, 가끔씩은 알타리무 종아리에 시퍼런 반점이 생기기도 했다.

'대학 가서 미팅 할래, 공장 가서 미싱 탈래'

어느 게시판 액자에 실렸다는 대구법 문장 때문에 노기가 서렸던 즈음이다. 그건 구조적으로도 불가능한 얘기였다. 80년대 중반 대학 진학 비율이 25% 수준이었으므로, 나머지는 이탈될 수밖에 없는 구조였다. 그러거나 말거나 경제력이건 성적이건 대학 진학을 포기한 아이들도 보충 수업과 야간자습의 급류에 쳇바퀴처럼 적응해야 했다. 그 사제 동행 학습 작전은 고혈을 쥐어짜는 한계력의 시험대였지만, 심약한 교사는 '스스로의 이중성'을 자책하며 속으로만 낑낑 앓았다. 그 폭폭한 가슴으로 글쓰기를 시작한 게 그나마 다행이었는데…….

그해 여름, 학교에서 쫓겨나다

그러다가 어느 무크지에 소설을 게재했다는 이유로 학교를 쫓겨났다. 돌발적 괴물이 브라운관에 올라 빵빠레를 터뜨리는 바람에 구경꾼들이 바싹 오그라들면서 고개를 조아렸다. 그 날벼락을 해석할 수 없었다. '지방 대학을 졸업한 청년이 사립학교에 취직을 하려다가 금품이 오고가는 모습을 보고 회의를 느껴 교직을 포기함'이란 게 당시 'ㅈ일보'에 실린 게 해직 죄목(85.8.12)의 전부다. 당대 관료들로부터 '소설의 내용이 허위 사실이고 그런 허위 사실 유포로 인하여 국론이 분열되면 적을 이롭게 하기 때문에 이적 행위가 된다.'는 공허한 해몽만 죽도록 들었을 뿐이다. 그해 여름, 말로만 듣던 신새벽 초인종 소리와 함께 호송차에 실려갔다.

사실 부끄러운 고백이지만 남보다 늦게 광주를 만났다.(80년 여름까지 난 군대에 있었다.) 골방에서 틀어 주는 비디오 화면과의 첫 만남에서 나는 절망하고 자해했다. 계엄군들이 트럭에서 내리자마자 시가지를 거침없이 돌진하면서 장발족 청년들을 곤봉이나 개머리판으로 뒤흔드는 영상이었다. 총성과 돌멩이, 사망자와 부상자의 혼돈 속에서 광주는 '군중의 분노와 군중의 질서'를 동시에 감당하는 중이었다. 리어카에 실린 시체와 태극기 덮인 망자의 관에서 '폭력과 정당 방위'란 단어가 선명하게 대비되기 시작했다. 늦깎이 청년은 깨어 있는 영혼이 되고자 했다. '삶의 문학' 선배들을 만나 '김대중 옥중서신'이나 '전태일 평전' 그리고 '신동엽의 시'를 만났다. 식민지 시대의 독립투사를 오버랩시키며 조금은 들뜬 마음도 있었던 것 같다.

어느 날 눈을 떴는데 내 몸의 색깔이 바뀌었다든가. '섶과 불'의 기로에 서 있던 나는 시나브로 스크럼에 몸을 담았다는 이유로 철퇴를 맞았으며, 그 경력이 몇 십 년이 지난 지금까지 이력서로 붙어 다니는 중이다. 그래도 이웃들의 반복적 물음에 지성을 다하여 해명하며 공중파와 지상파에 대응했다. 어려웠다. 아니라고 실상을 얘기해 주면 그게 빨갱이 수법이란다. 인간의 실체는 얼마나 다양한 객체로 세분화될 수 있는 것일까? 옷 색깔이나 눈빛까지 빨갛게 규정하는 보수 언론 직수입자들에게도 논리적 설득을 포기하면 안 되는 거였다. 가끔 그런 생각을 해본다. '민중교육! 당신의 자녀를 노리고 있다.'며 착한 교사들의 가슴에 못을 박던 브라운관 제작팀들은 지금쯤 어떤 표정으로 쓸쓸하게 쇠어 갈까 하고…….

그랬다. 고즈넉함을 깨우는 새벽 초인종 소리에 자벌레처럼 벌떡 일어섰었다. 끌려가는 와중에 가장 두려웠던 것은 물리적 공포에 대한 기우 같은 예감이었다. 벗들의 체험담이 몸에 익은 바였고 '고문 기술자', '포승줄'…… 그런 단어에 대한 가위눌림으로 새벽잠 화들짝 깨던 시국이었다. 후일담이지만 몇몇 동료 교사들과 달리 나는 물리적 고초가 없었으며, 오히려 깍듯한 대우를 받으며 조서를 받았다. "깡패나 사기꾼도 아니고 '민중'이란 단어 조사는 처음이요."라는 경찰서 직원의 소박한 고백을 들으며 적이 안심했지만, 이박삼일 조서가 끝나던 저물녘 나는 학교에서 쫓겨났다. 소도시 운동장으로 땅거미가 시커멓게 덮어 버렸고, 나 혼자 우울히 서 있었다.

그런 풍경이 있었다. 담쟁이 넝쿨이 담벼락을 푸른색 보자기로 폭싹 덮어 버린 여름의 뒤끝이었고, 매미 소리 쟁쟁히 울리던 개학날 아침이었다. 나는 쫓겨난 몸이 되어 이삿짐 리어커를 밀다가 담벼락 너머로 새로 오신 선생님의 부임 인사를 들어야 했다.

'초롱초롱한 눈망울들을 새롭게 만나니 가슴이 떨립니다. 여러분들의 아름다운 학창 시절을 도와주는 좋은 선생님이 되겠습니다.'

청각의 시각화…….

마이크 소리가 물수제비처럼 둥그렇게 퍼진다는 사실을 체득하면서 울멍울멍 수십 편의 시를 쓰기도 했다.

늪 속에 빠졌다. 구들장에 등 붙이면 천장으로 지렁이의 맨살이 퍼렇게 떠오르기도 했다. 지하 공간은 암흑이었다. 그리고 두더지와의 싸움에서 머리통을 제압당한 지렁이의 가련한 몸부림이 투영되는 것이다. 두더지는 지렁이를 먹잇감으로 비축하기 위해 발목을 들어 머리를 으깨버린다. 지렁이는 앞으로 나아갈 동력을 상실했으므로 박살 난 머리를 축으로 해서 동그랗게 원을 그리며 뺑뺑이를 돌 뿐이다. 그 수렁을 벗어나기 위해 어금니 갈다가 에너지 불쑥 치솟는 주먹을 쥐어 보았다. 고지를 넘으면 '국밥과 희망의 공동체'가 잡힐 것도 같았다. '골리앗과 맞장 뜨는 해직 동료'들과 '두고 떠나온 소녀'들이 오래도록 지켜 줘서 사랑의 눈을 각인하기도 했다.

해직, 그 이후…… 해직 이후 학원 강사로 입문하면서 가학적 수준의 수업 분량을 감당하면서 다시 칠판 앞에 존재함만으로 안도했다. 체질만큼은 천상 선생이었다. 숟가락 들다가 옷걸이에 걸린 양복 소매 끝의 분필 자국을 보고 '내가 지금도 선생이구나.' 위로하며 히죽히죽 웃기도 했다. 포장마차에서 튀김을 먹던 검정고시생들이 일열 횡대로 쪼르르 고개 숙일 때 아스팔트로 쏟아지는 머리카락 그림자를 떠올리며 정체성을 다듬었다. 그랬다. 나는 자다가도 부스스 일어나서 분필을 만지면서 종소리 젖는 운동장을 그려 보곤 했다.

시내버스 10분 거리의 검정고시 학원과 대입 학원 두 군데를 동시에 직장으로 택했는데, 차비를 아끼기 위해 아예 걸어다녔다. 검정고시 학원 수업이 일단락되면 대전 중앙통을 통과하여 대입학원 수업 종소리에 맞춰 간신히 입실했고, 거기서 수업이 끝나면 다시 검정고시 학원 야간반 입실을 위해 총총 옮겨야 하는 주당 오십 시간의 상황을 잘도 견뎌 내었다. 학원은 업무보다 수업 폭탄의 비중이 더 컸는데, 오히려 그게 다행이었다. 수업에 몰입하면 잠시라도 고단함을 잊을 수 있었으므로…….

검정고시생들은 수시로 붙박이 나무가 되었다. 경로당 쪽에서 딱 한 그루 쭈욱 삐져나온 느티나무. 우리들은 먼 훗날 느티나무 커다란 그늘 자락을 꿈꾸며 까무라치는 형광등 불빛을 지켜보곤 했다.

"선생님 속세가 뭐지요?"

표정을 열지 않는 복희씨가 노천명의 「사슴」에서 슬그머니 손을 들면서 딸꾹질이다. '공장에서 미싱 타는' 복희씨는 '대학 가도 미팅을 못하는' 나이 삼십의 아낙네다. 딸꾹질 소리와 민망한 질문이 겹치면서도 그녀는 인내심으로 내 입술을 쳐다본다.

"속세요?"

목이 메어 아무 말도 던질 수 없었다. 담벼락 너머 정규학교 야간 자습 불빛을 바라보면서, 사실 다음 문장도 조금은 생각해 봤었다.

'시인의 세상과 우리들의 세상은 다를 수도 있습니다.'

대답하지 못하고 우물쭈물 입술만 옹무는데,

"나쁜 건가요?"

되묻는다. 아니다, 아니라고 부인하지 못했다.

'노동을 끝내고 부나비처럼 모여 있는 바로 이 자리입니다. 후끈한 거름 모아 채마밭 기름 지우는 우리들의 자리가 바로 속셉니다.'

라고 강변하지 못했다. 바보같이…….

그 검정고시 학원생들도 나에게 몽둥이를 갖다 주었다. 난감했었다. 국어 선생은 수업 중에도 사도와 예의 범절을 가르쳐야 하며 그 매개체가 몽둥이라고 손수 가르쳐 주었다. 실제로 학원 선생님들 중에는 스무 살 넘은 성인들에게 매를 댄 적도 있었고, 성인이 된 그네들도 배운다는 명목으로 기꺼이 따라 주었다. 어지러웠다.

'ㄷ신문사' 비정규직으로 몸을 옮기면서 시국은 막바지로 수상해졌다. 그해 1월, 박종철군이 죽었다. 당시 서울대 언어학과 1학년생인 박종철군이 남영동 대공실에 끌려가 무차별 심문을 받는 과정에서 물고문을 당한 채 숨을 거둔 것이다. 처음에는 그냥 '탁' 하고 치니까 '억' 하고 죽었다고 했다. 'ㅎ신문' 사설에서는 "왜 아픈 시국을 만나 이 땅의 젊은이가 밤새도록 울분의 술을 마셔야 하며, 왜 분노한 형사가 책상을 '탁' 쳐서 '억' 하고 죽게 만들었냐?"며 엉뚱한 물타기를 시도했다.

헤어지기 위한 사람들이 끼리끼리 모여 강가에 서성거렸다. 그니의 아버지가 재가 된 아들의 몸을 강물에 뿌리며…….

'종철아 잘 가그래이, 아부지는 아무 할 말이 없대이.'

흐느껴서 배웅 나온 민초들이 합창으로 꺼이꺼이 울었다. 가랑잎으로 남은 청년이 이따금 물거품을 햇살 위로 올려 보냈고, 남아 있는 사람들은 망자의 영혼을 불러 대며 소주잔을 비웠다. 강 건너 물푸레나무 잔가지로 펼쳐진 그니의 흰 이빨이 너는 살아 있다고 우느냐며 낄낄대었던가. 나는 가끔 아무데서나 「강변에서」, 「기지촌」 같은 김민기 노래를 부르면서 가슴을 누르곤 했다. 기십 년 전 일이다.

머리칼에 하얀 서리가 내린 묵은 교사의 노래

세월이 흘렀고 세상은 무시무시하게 바뀌었다. 시인 박노해가 출옥 후 '핸드폰의 등장'을 보고 가장 놀랐다는 고백처럼 세상이 감짝 변한 것이다. 오늘날 학교 사회에서의 체벌 문제는 영화 「친구」나 「말죽거리 잔혹사」의 같은 그런 과장된 실루엣류(類)는 아니다. 오히려 선생님들이 당하기도 한다. 나이를 먹으면서 물리적으로 유리한 고지에 이른 아이들이 때때로 버거워진다. 그러거나 말거나 장년의 평교사들은 교실의 변혁을 기꺼이 감당해야 하므로 '나이를 먹을수록 힘이 더 세어지는 세상은 없을까' 하는 몽상에 빠지기도 한다. 운명이다.

기십 년이 지난 지금까지 예전의 제자들과 만남의 자리를 갖기도 한다. 때까치처럼 재잘대던 안개꽃 소녀들이 사십대 중반의 아줌마가 되어 수탉처럼 구구거리며 소주잔을 건네받는다. 가끔 이렇게 꿈결에 취해 잠들고 싶다. 그러다가 예전의 '매 맞던 교정'을 화들짝 들이밀면 잠시나마 아늑했던 가슴이 철렁 내려앉기도 한다.

"그때 여고생들이 왜 그렇게 맞아야 했지요?"

어느 새 재단사나 미용사가 되고, 파출소장이나 동사무소 공무원이 된, 그 옛날 소녀들이 젓가락으로 깻잎전을 들다가 불쑥 묻는다. 짬뽕 빛깔로 우물쭈물하는데,

"선생님은 말고."

마트 주인이나 장학사가 된 제자들이 막아 주면 안도의 표정을 짓기도 하지만, 지나간 기억들이 여전히 찢겨진 그물이 되기도 한다.

그렇게 사랑과 절망의 곡예에 빠지다 보니 어느 새 머리칼에 하얀 서리가 내렸다. 오십대 중반에 진입하면서 벗들은 더러 교장이 되었고, 더러는 명퇴를 신청해서 교단을 떠났고, 나는 평교사 정년 퇴임을 꿈꾸며 칠판 앞에 서 있다. 해마다 봄이 오면 첫 발령 때 제자들의 아들딸들이 칠판 아래서 예전의 그 먹머루 눈빛을 반짝이고 있던가.

그게 '묵은 교사의 노래'였노라고 이제사 실감한다.

그렇다. 이빨이 흔들리고 등이 굽는 몸의 변화를 새로운 에너지로 받아들여야 한다.

기십 년 전교조 교사는 부끄러움을 무릅쓰고 고백한다.

미안하다.
사랑한다.
의자를 넘겨줄 때까지 세상을 참견하며 몸으로 때우겠다.

장년의 평교사는 첫사랑을 놓치지 않기 위해 운동화 끈을 매는 중이다.

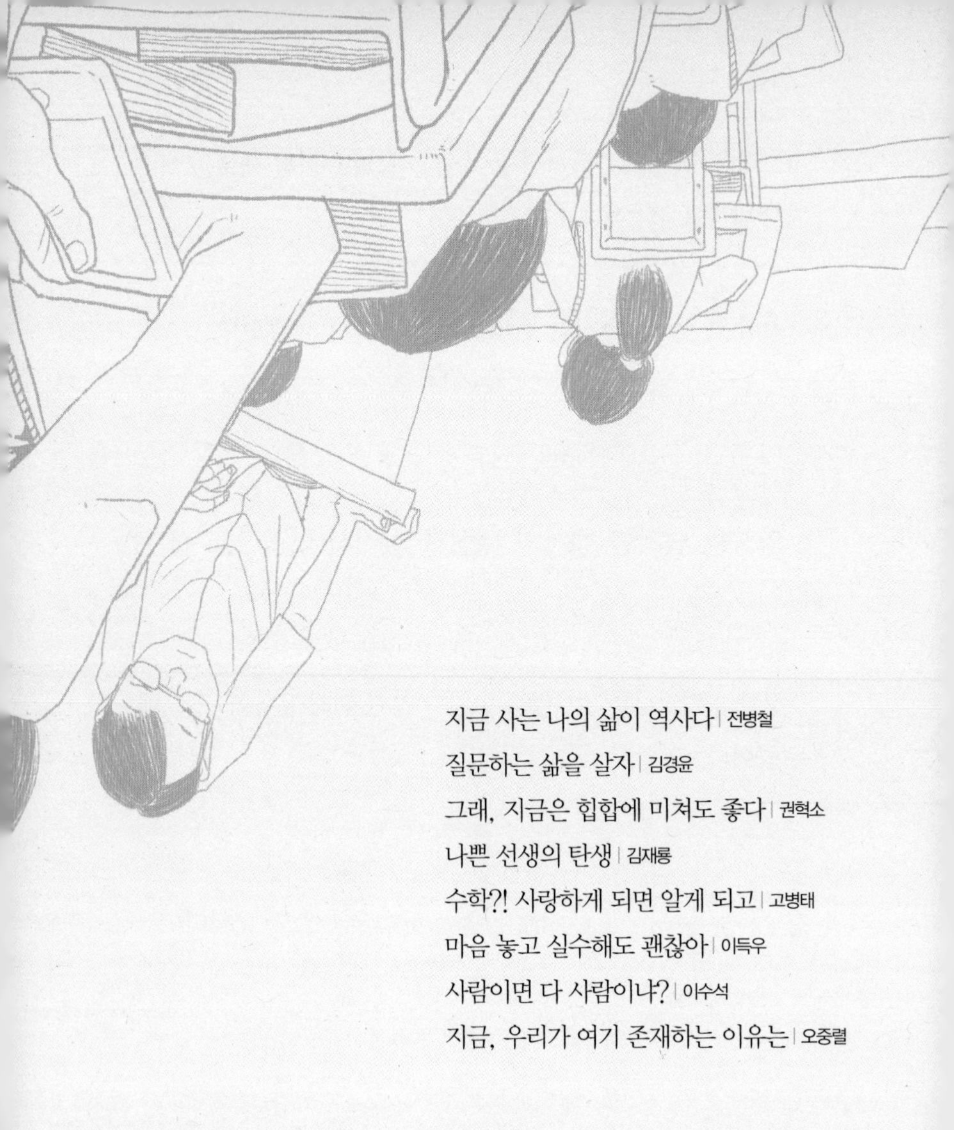

II

지금 사는 나의 삶이 역사다

전 병 철 시인, 충남 공주공업고등학교 역사 교사

1960년 충남 금산에서 태어났습니다. 공주고등학교 등에서 일했으며, 지금은 공주공업고등학교에서 역사 선생님으로 일하고 있습니다. 1991년 『삶의문학』, 『시와 사회』를 통해 시를 발표하면서 작품 활동을 시작했으며, 『팔만대장경도 모르면 빨래판이다』, 『그래도 밥은 꼭 먹는다』, 『마주 보는 한일사』(공저) 등의 책을 내기도 했습니다.
역사 선생님이면서도 아이들에게 역사를 재미있고 현재에 살아 있는 것으로 느끼게 하기 위해 노력해 왔는데, 그 덕택이었는지 교육 현장에서 실천한 재미있는 수업이 2002년 KBS 1TV 「현장다큐 선생님」에 '내 몸이 멀티미디어다'는 이름으로 방송되기도 했습니다. 한국작가회의 동인과 전국역사교사모임 회원으로 일하면서 전국 여기저기에서 활발한 강의 활동을 하고 있습니다.

교사를 처음 할 때도 그랬지만 이젠 노련한 교사가 되었음에도 불구하고 새 학년 첫 수업은 해마다 고민입니다. 난생처음으로 만나는 아이들의 초롱초롱한 눈망울들과 무슨 이야기부터 나눌까? 첫인상이 중요한 만큼 좋은 모습을 보여야 할 텐데……. 해마다 걱정되고, 다른 한편으론 긴장되기도 합니다.

시로 열어 보는 역사 수업

지난해에 했던 것처럼 교실에 들어가자마자 아무 말없이 칠판에 꽃을 그려 놓고, 이 꽃은 "우리들의 첫 만남을 기념하기 위해 선생님이 여러분들에게 주는 마음의 선물"이라며 "여러분의 젊음이 이 꽃처럼 활짝 피어나길 바랍니다."며 이야기를 열어 갈까? 아니면 시대가 멀티미디어 시대인 만큼 텔레비전 방송에 소개되었던 내 수업 모습 동영상을 틀어주며 내 자랑부터 멋들어지게 할까? 아니면 역사와 관련된 재미난 영화부터 한 편 보며 '감동이 흐르는 역사 수업'으로 시작할까? 이도 아니면 다짜고짜 시(詩)라도 한 편 깡똥하게 낭송하면서 역사에 대한 관심을 끌어낼까? 새 학년 첫 수업에 대한 이만저만 고민이 아닙니다.

역사를 왜 배워야 하는지, 역사를 배우는 까닭이 무엇인지
모르는 것은 고사하고 아예 생각조차도 아니하는 아이들 앞에
새 학년 금강 위로 봄바람 부는 교실에서 첫 수업을 합니다
삼국통일 했다는 나라가 신라인지, 고구려인지, 백제인지
모르는 것은커녕 관심조차 없는 농업학교 아이들 앞에
새 학기 개나리 진달래 꽃 환한 교실에서 역사 수업을 합니다
'지금 보고 있는 시험 과목의 이름을 쓰시오'라는 주관식 물음마저
공부 같은 거야 남의 일, 반 정도도 대답하지 않는 아이들에게
역사를 가르친다는 것이 필요 없을지라도 역사를 가르칩니다

밑 빠진 독에 물 붓는 일이
아무런 소용이 없다고들 하지만
밑 빠진 독이기에 오히려 더 물을 부어야 한다는
오기 하나로 오늘도 나는
조는 아이들 잠시라도 깰까 봐 물을 부어 봅니다
생각하면 주눅들고 버려진 모습
마치 내가 사는 땅과 같아
밑바닥까지 드러낸 강
아아 작은 눈물이나마 쏟아 봅니다

고인 물은 썩기 쉽고
흐르는 물만이 흘러 땅속 거름이 됩니다
밑 빠진 독이라고 푸대접이지만
밑 빠진 독이기에 거름이 되고 바닥이 됩니다
바닥이 되어 강물을 흐르게 하고
바닥이기에 강물과 함께 합니다

—전병철, 「밑 빠진 독이기에 나는 물을 붓습니다」

"밑 빠진 독이기에 오히려 더 물을 부어야 한다."며 그럴듯한 폼에 감정까지 넣어 맛깔 나게 읽어 가는 선생님의 모습에 웃는 아이들, 선생님의 열정에 휩쓸려 심각하게 듣는 아이들 등등 교실 분위기가 자못 수상합니다. 또 평소 접하지 못했던 생뚱맞은 선생님의 행동에 많은 아이들은 '엉뚱한 선생님'을 만났다는 표정에 뭔가 재미있을 것 같은 기대로 꽉 찬 듯한 교실입니다. 이렇게 분위기가 달아오르면 "때는 이때다." 하고 역사에 대한 이야기를 끄집어냅니다. 평소 들어 왔던 역사에 대한 것과는 다른 생뚱맞은 이야기들을…….

역사는 사실을 사실대로 쓰는 것이다?

못된 왕이 있었다. 나랏일은 살피지 않은 채, 백성들이 굶어 죽든 말든 신경 하나 쓰지 않고, 날마다 술 마시고 여자들과 놀기나 하며 눈만 뜨면 '딩가 딩가' 놀기만 하였다. 그래서 사관은 있는 그대로 '왕은 눈만 뜨면 딩가 딩가 하였다.'라고 기록하였다. 이를 본 왕은 사관에게 "그렇다고 사실 대로 쓰면 어떻게 하느냐?"고, 이 기록을 본 "후세 사람들이 나를 욕하진 않겠느냐?"고 호통치면서 좋게 고칠 것을 명령하였다. 그러나 사관은 명령에 따르지 않았다. 이에 화가 난 왕이 "고치지 않으면 죽여 버린다."고 하자, 사관은 "그래도 거짓을 쓸 순 없다."며, "죽어도 사실 대로 쓸 수밖에 없다."고 하였다. 결국 왕은 그 사관을 죽여 버렸다.

그런데 그 사관의 동생이 또 사관이 되었는데, 그 동생도 '왕은 눈만 뜨면 딩가 딩가 하였다.'라고 기록하였다. 왕은 그를 불러 형에게 한 것과 똑같이 "고치지 않으면 너도 죽여 버리겠다." 고 하였다. 그도 "죽여도 어쩔 수 없다."고 하면서 끝까지 고치지 않자 왕은 그 또한 죽여 버렸다.

그러나 여기서 끝나질 않았다. 그 동생의 동생이 또 사관이 되어 '왕은 눈만 뜨면 딩가 딩가 하였다.'라고 기록하였다. 또 왕이 그를 불러 고칠 것을 강요하였으나, 그 또한 "죽어도 거짓을 쓸 수 없다."고 하였다. 그를 죽이고 싶었지만 죽인다고 해도 또 다른 사람이 그렇게 쓸 것이라고 생각한 왕은 그를 살려 주었다. 그래서 역사에 '왕은 눈만 뜨면 딩가 딩가 하였다.'고 전해지게 되었다.

– 『춘추』, 「좌씨전」의 제나라 남사씨 이야기를 각색

이 이야기에서처럼 역사를 기록하는 일을 담당한 사관(史官)들은 '역사를 사실 대로 기록하기 위해' 노력하였습니다. '사실을 사실 대로 정확히 기록하기 위해' 사관들은 심지어 자신의 목숨

까지 내놓기조차 하였습니다.

이처럼 역사는 사실을 사실 대로 기록해야 합니다. 주관이 들어가서는 안 되고, 사실을 있는 그대로 객관적으로 기록해야 합니다. 역사에서는 무엇보다도 사실을 사실 대로, 객관적으로 쓰는 것이 중요하다고 할 수 있습니다. 그래서 역사를 '거울[감(鑑)]'로 비유하기도 합니다. 거울에 모습이 그대로 비치는 것처럼, 있는 그대로 기록하는 것이 '역사'라는 것입니다.

역사는 사실을 사실 대로 쓰는 것이 불가능하다

그런데 다시 생각해 볼 게 있습니다. 사실을 사실 대로 쓰는 것이 역사라고 하지만 '과연 사실을 사실 그대로 쓰는 일이 가능한가?'라는 점입니다.

아무리 사실을 있던 그대로 쓴다 하더라도 있었던 사실을 그대로 완전히 똑같이 쓰진 못할 것입니다. 더구나 그 일이 일어난 사건 현장에 있지 않았다면, 있었던 사실을 그대로 쓰는 것이 불가능할 것입니다. 또 설령 사건이 일어난 현장 그 자리에 있었다 하더라도 사건이 일어난 순간 순간을 하나도 놓치지 않고 있을 수는 없었을 것입니다. 밥도 먹어야 했을 것이고, 화장실도 가야 했을 것입니다. 아무리 사건 현장에 오래 있었더라도 빈틈이 생기기 마련입니다.

역사를 기록하는 사관도 밥도 먹어야 하고, 화장실도 가야 합니다. 만약 밥 먹으러 간 사이에, 화장실 간 사이에 중요한 일이 일어났다면? 당연히 그 순간을 제대로 기록하지 못할 것입니다. 또 설사 한순간도 사건이 일어난 그 자리를 벗어나지 않고 있었다 하더라도 일어나는 일을 모두 다 보고 쓸 수도 없을 것입니다. 사관도 사람인 이상 잠깐 졸 수도 있으며, 딴생각을 할 수도 있을 것입니다. 아무래도 보지 못한 순간이 있을 수 있으며, 보았어도 본 그대로를 다 글로 옮기기 어려운 경우도 있었을 것입니다. 이렇게 보면 사실을 사실 대로 쓰는 것은 실제 불가능한 것인지도 모릅니다. 아니 불가능할지 모르는 게 아니라 불가능합니다. 역사를 사실 대로 쓰는 것 자체가 불가능하며, 사실을 사실 대로 쓸 수가 없습니다.

또 '역사는 객관적으로 써야지, 역사에 주관이 들어가서는 안 된다.'고 하지만 과연 역사를 객관적으로 쓰는 것이 가능할까요? 이 또한 불가능한 것은 아닐까요?

만약 어떤 사람이 일어난 일에 대해 자신의 생각을 넣지 않고 일어난 그대로 썼다 하더라도 거기에는 자신의 생각이나 입장이 조금이라도 들어갈 수밖에 없습니다. 가령 역사를 기록하는 자가 '불자'라면 아무리 객관적으로 역사를 쓴다 하더라도 불교적인 입장에서 쓰게 될 것이며, '유학자'라면 아무리 객관적으로 불교에 대해 쓴다 하더라도 유교적 입장에서 쓰게 될 것입니다. 역사를 기록하는 자가 '기독교'를 믿는 자라면 아무리 역사를 객관적으로 쓴다 하여도 자신이 믿는 기독교에 대해선 긍정적으로 보게 되고, 다른 종교에 대해서는 조금이라도 편협한 생각이 반영될 것입니다. 이렇듯 아무리 객관적으로 썼다 하더라도 쓰는 사람의 생각이나 입장이 조금이라도 들어가기 마련입니다. 결국 역사를 객관적으로 쓴다는 것 자체가 불가능한 것입니다. 역사는 어떤 사람이 쓴 역사냐에 따라 다를 수밖에 없습니다. 기록하는 사람의 생각이나 입장이 역사에 들어가기 마련입니다.

그런데도 어째서 '역사는 사실을 사실 대로 쓰는 것'이라고 할까요? 앞에서 알아보았듯이 역사에서 사실을 사실 대로 쓰는 것은 불가능합니다. 굳이 역사가 아니더라도 어떤 일을 일어난 그대로 쓴다는 것은 불가능한 법입니다. 다만, 일어난 일을 일어난 그대로 쓰려고 하는 것일 뿐이요, 가급적이면 사실을 사실 대로 쓰는 것일 뿐입니다. 바꿔 말해 최대한 사실을 사실 대로, 있는 그대로 써야 한다는 것일 뿐입니다. 결국 역사에서 말하는 '사실을 사실 대로' 기록하는 것은 '최대한 사실을 사실 대로' 기록하는 것을 말합니다. 기왕이면 거짓을 기록해서는 안 된다는 것이며, 되도록 남들이 인정할 수 있도록 최대한 객관적으로 써야 한다는 것입니다.

'객관적으로 쓰는 것이 역사지만, 역사에는 주관이 들어갈 수밖에 없다.'는 사실! 결국 역사는 객관적인 기록인 동시에 주관적인 기록이라고나 할까요? 객관적으로 써야 하지만 주관이 들어가는 것이 역사입니다. 한마디로 역사는 주관이 들어간 객관이라고나 할까요?

이렇게 이야기하면 대부분의 아이들은 헷갈린다고 합니다. 몇몇 아이들은 생뚱맞은 선생님의, 평소 듣던 것과는 다른 엉뚱한 이야기에 관심을 보이며 재미있게 듣기도 하지만, 고개를 갸우뚱 갸우뚱, 끄덕 끄덕거리는 아이들의 얼굴에 힘입어 이참에 지금까지 알고 있던 역사에 대한 틀에 박힌 생각들을 깰 수 있는 이야기를 계속 밀고 나가 봅니다.

역사는 과거가 아니라 현재이다

흔히 역사 하면 '옛날 이야기'를 먼저 떠올리곤 합니다. 과거에 일어난 일을 잘 알고 있거나 옛날 이야기를 많이 알고 있으면 역사를 잘 아는 것처럼 생각하는 경우가 많습니다. 재미있는 옛날 이야기를 잘해 주시는 동네 할아버지를 보곤 '역사를 많이 아시는 분'이라고 여기기도 합니다. 그러면서 수업 시간에 던진 역사 드라마에 관한 질문에 머뭇거리는 선생님을 보곤 "역사 선생님이 그것도 모르냐!"는 식으로 반응하면서 '실력 없는 선생님'이라고 여기곤 합니다.

과연 옛날 이야기를 많이 안다고 해서 역사를 잘 아는 걸까요?

보통 역사는 과거를 대상으로 하고, 주로 과거를 많이 연구합니다. 따라서 역사를 연구하는 역사가나 역사를 가르치는 역사 선생님은 과거를 많이 안다고 생각하기 쉽습니다. 그렇습니다. 주로 과거를 대상으로 연구하는 역사가나 역사를 가르치는 역사 선생님은 과거에 일어난 일을 많이 압니다. 그러면 역사가나 역사 선생님이 과거에 일어난 일을 다 알아야 하는 것일까요? 결론부터 말하면 '그렇지 않다.'는 것입니다.

역사가나 역사 선생님이라고 해서 교과서는 물론 옛날에 일어난 이야기를 모두 다 알아야 하는 것은 아닙니다. 사실 아무리 머리가 좋은 사람이라 할지라도 옛날 이야기를 다 기억하기란 불가능합니다. 과거에 일어난 이야기는 오히려 도서관에 있는 책이나 백과사전, 또는 인터넷에 더 잘 나와 있습니다. 역사가나 역사 선생님이 백과사전보다 못할 수 있습니다. 그래도 그들은 역사가요, 역사 선생님입니다. 과거를 다 몰라도 역사를 이야기하고 가르칠 수 있기 때문입니다. 여하튼 역사가나 역사 선생님이라고 해서 과거 일을 다 알아야 하는 것은 아닙니다. 또 과거를 많이 안다고 하여 역사를 잘 아는 것도 아닙니다.

역사는 주로 과거를 연구하는 학문이긴 하지만, 역사에서 과거를 연구하는 것은 단지 과거 일이나 잘 알자고 하는 게 아니며, 과거나 많이 알고자 하는 게 아닙니다. 역사에서 과거를 연구하는 것은 현재를 잘 알기 위해서입니다. 현재를 잘 알기 위해서 과거를 살펴보는 것입니다. 역사는 과거를 통해 현재를 알고, 현재를 통해 미래를 알고자 하는 학문입니다.

보통 '역사' 하면 '과거'를 떠올리곤 하지만, 오히려 역사는 '현재'에 더 관심이 많습니다. 과거보다 현재에 더 큰 비중을 두고 있는 게 역사입니다. 하여 역사는 과거를 위한 학문이 아니라 현재를 위한 학문이라고 할 수 있습니다. 다만, 연구하는 주요 대상이 과거일 뿐입니다. 이렇듯 역사는 주로 과거를 연구하지만, 과거를 연구하는 까닭은 현재를 잘 알기 위한 데 있습니다. 현재를 잘 알기 위해 과거를 알아보는 게 바로 역사입니다.

혹 역사를 여행에 비유한다면, '과거'는 버스나 비행기 같은 수단에 해당하고, '현재'는 목적지에 해당한다고 볼 수 있습니다. 버스와 비행기는 여행하는 데 있어서 없어서는 안 될 아주 중요한 것이긴 합니다. 그러나 버스와 비행기는 목적지에 다다르기 위한 수단에 불과할 뿐입니다. 이처럼 과거에 대한 연구도 현재를 잘 알기 위한 것에 불과합니다. 단순히 과거나 알아보자고 역사를 연구하는 것이 아니라, 현재를 잘 알기 위해 역사를 연구하는 것입니다. 따라서 역사의 중심은 과거가 아니라 현재며, 현재가 아니라 미래입니다. 다시 말해 역사에서 정작 중요한 것은 과거가 아니라 현재입니다.

다음 질문에 답해 봅시다.

다음에서 가장 역사적인 사람이라고 할 수 있는 사람은?

① 과거는 물론 현재에 대해서도 관심이 없는 사람

② 과거는 꽤 잘 알고 있으나 현재는 잘 모르는 사람

③ 자신이 관심 있는 특정 분야에만 아주 능통한 사람

④ 과거는 전혀 모르더라도 현재에 대해서는 박사인 사람

⑤ 과거는 물론 현재에 대해 고루 조금씩 잘 알고 있는 사람

이 질문은 지금까지 역사를 가르쳐 오면서 시험 때마다 매번 출제해 온 문제입니다. 나의 수업을 잘 들은 아이들은 정답을 찾

아내지만, 그렇지 못한 대다수의 학생들은 ⑤>②>④>③>① 순으로 대답을 많이 하였습니다. 역사를 많이 배운 어른들에게 물어 봐도 ⑤를 우선 선택하지 ④를 선택하는 경우는 흔치 않았습니다. 많은 사람들이 선택한 것처럼 ⑤가 해답이 될 수 있고, ②도 해답이 될 수 있습니다. 그러나 이 문제에서 내가 바라는 정답은 ④입니다. '역사에서 정작 중요한 것은 과거가 아니라 현재'이기 때문입니다. '과거를 전혀 모르는데 어찌 현재를 알 수 있겠느냐?'고 반문할 수 있을 수 있고, 실제 그럴 수도 있을 것입니다. 하지만 억지 같은 ④를 정답으로 한 것은 '역사는 과거가 아니라 현재'라는 데 초점을 두었기 때문입니다.

이미 앞에서 역사는 이미 흘러가 버린 과거를 대상으로 하지만, 그러나 역사는 단순히 과거를 알기 위해서 연구하는 게 아니라고 하였습니다. 역사는 과거를 통해 현재와 미래를 파악하기 위해서 배우는 것이라고 하였습니다. 아무리 과거를 잘 알아도 현재를 모르면 그 역사 연구는 한갓 지식에 불과할 것이요, 가령 과거를 모르더라도 현재를 잘 알기만 한다면 이는 오히려 연구 본질에 부합된다고 할 수 있습니다. 과거를 모르더라도 현재를 잘 알기만 한다면 이는 역사를 제대로 아는 것으로 볼 수 있습니다. 결국 반복되는 말이지만 역사는 과거에 있는 게 아니라 현재에 그 초점이 있으며, 나아가 미래에 그 핵심이 있다고 할 수 있습니다. 그래서 '진정한 역사는 현대사이다.'라고 말하기도 하고, '역사의 꽃은 현대사이다.'라고 말하기도 합니다.

이쯤하면 놀란 표정을 짓는 아이들이 한두 명이 아닙니다. 지금까지 자신들이 알고 있던 것과는 전혀 다르게 역사를 이야기하고 있으니 말입니다. '역사' 하면 '옛날 이야기' 정도로 여기거나 역사 하면 '과거'를 먼저 생각하였는데, 역사는 '과거가 아니라 현재'라니! 알고 있던 것과는 완전히 거꾸로입니다. 그러니 놀랄 만합니다. 그러나 놀라도 어쩔 수 없습니다. 이게 사실이니까요.

어차피 놀란 김에, 기왕 내친김에 역사에 대한 확실한 이해를 위해 역사를 배우는 목적에 대한 이야기를 풀어냅니다. 비록 같은 이야기인지 모르지만…….

아는 것보다 올바르게 살자는 게 역사다

역사는 과거를 정확히 알자는 것이기도 하지만, 과거를 통해 앞으로 올바르게 사는 방법을 알아보자는 것이기도 합니다. 따라서 과거를 무조건 많이 안다고 해서 역사를 잘 아는 것이 아닙니다. 비록 과거 일을 조금밖에 모르더라도 이것을 가지고 올바르게 사는 방법을 안다면 이게 더 역사를 제대로 아는 것입니다. 그러므로 역사가나 역사 선생님은 단순히 과거에 일어난 일을 전달해 주는 사람이라기보다는 과거를 가지고 올바르게 살 수 있도록 연구하고 도와주는 사람이라고 할 수 있습니다. 과거를 다 모르더라도 조금 아는 것을 바탕으로 앞으로 올바르게 사는 방법을 이야기한다면 그는 훌륭한 역사가이자 역사 선생님인 것입니다. 결국 '역사를 배우는 목적은 올바르게 살기 위해서'라고나 역사는 한 번 쓰였다고 해서 변하지 않는 것이 아니라, 시대에 따라 변하기 마련입니다. 또 시대뿐만이 아니라 쓰는 사람에 따라 역사는 다를 수밖에 없습니다. 하여 역사는 항상 다시 쓰이는 것이며, 늘 살아 꼼지락거리는 것입니다.

할까요? 결코 과거나 많이 알자고, 과거나 잘 알자고 역사를 배우는 것이 아니라는 것입니다.

그리고 역사에서의 과거는 단순히 과거로 존재하는 것이 아니라 현재에서 보는 과거입니다. 한마디로 역사는 현재가 과거를 만나 대화하는 것이라고 할 수 있습니다. 그래서 '역사란 현재와 과거와의 대화이다.'라고 말하기도 합니다. 과거가 현재를 만나는 것이 아니라 '현재가 과거를 만나 이야기하는 것이 역사'라는 것입니다. 그리고 현재가 과거를 만날 때, 아무래도 현재가 고민하고 있는 것을 묻기 쉽고, 현재와 관련 있는 것을 더 찾아보기 마련입니다. 따라서 현재의 입장에 따라 만나는 과거도 달라지기 마련입니다.

역사에서 말하는 과거는 현재의 입장이 반영된 과거라고 할 수 있습니다. 결국 현재가 바뀌면 과거도 바뀌게 됩니다. 그래서 역사는 한 번 쓰였다고 해서 변하지 않는 것이 아니라, 시대에 따라 변하기 마련입니다. 또 시대뿐만이 아니라 쓰는 사람에 따라서 역사는 다를 수밖에 없습니다. 하여 역사는 항상 다시 쓰이는 것이며, 늘 살아 꿈지락거리는 것이라고 할 수 있습니다.

이렇게 본다면 현재 살고 있는 나의 삶이 중요할 수밖에 없습니다. 중요한 것은 과거의 삶이 아니라 현재의 삶입니다. 지금 살고 있는 나의 삶이 곧 역사입니다. 역사라고 해서 따로 있는 게 아니라 지금 사는 나의 삶이 진정한 역사입니다.

그리고 역사에서는 아는 게 중요하지 않습니다. 역사를 아는 것보다 더 중요한 것은 역사적 삶을 살아가는 것입니다. 과거를 많이 알아도 현재 삶이 올바르지 못한다면 그것은 역사를 거꾸로 사는 것입니다. 과거를 많이 아는 것이 중요한 게 아니라 현재 올바르게 사는 것이 중요합니다. 역사는 현재 올바르게 사는 방법을 알기 위해 지난 과거를 살펴보는 것입니다. 결국 많이 아는 것보다 조금밖에 몰라도 올바르게 사는 게 더 중요하다고 할 수 있습니다. 이것이 진짜 역사입니다.

여기까지 이야기하니 "그렇구나! 역사는 과거가 아니라 현재요, 과거를 아는 것보다 오늘 올바르게 사는 것이 더 소중하구나!" 표정 짓는 아이들이 적지 않습니다. 고개를 끄덕끄덕하는 아이들도 적지 않습니다. 그럼에도 불구하고 그동안 너무 심각한 이야기만 해서 그런지 몸이 근질근질한 표정이기도 합니다. 하여 준비한 또 한 편의 시를 낭송하며 분위기를 바꿔 마무리를 시작합니다.

거울을 보니 얼굴이 나타난다
웃으면 웃는 대로 슬프면 슬픈 대로
나의 모습을 죄다 드러내지만
거울은 아무런 말도 있지 않다

역사는
말하지 않고 꼼지락거린다

—전병철, 「참회록—거울」

그리고 역사는 거울이다

낭송한 시의 마지막 두 줄, '역사는 말하지 않고 꼼지락거린다' 참 재미있는 말이지 않습니까? 특히 '꼼지락거린다'는 게 말입니다. 몸도 작은 것이 굼뜬 몸짓으로 조금이라도 움직이는 모양이……. 곰곰이 생각해 보면 대견스러울 정도입니다. 움직임이 없어 죽은 것 같으나 결코 죽지 않고 살아 움직이고 있으니 말입니다. 드러나진 않아도 살아 꿈틀거리고 있으니 말입니다. 비록 화려하진 않아도 자신의 본분을 다하고 있으니 말입니다.

우리들의 삶도 이리 꿈틀거리며 살면 됩니다. 자신이 부족하다고 주눅 들지 않고 자신의 분수에서 최선을 다하면서 살면 됩니다. 역사적 삶이라고 해서 따로 있는 것이 아니라 우리들의 일상적인 삶 속에 있습니다. 또 역사적인 삶이라고 해서 엄청난 것이 아니라 우리들의 작은 삶들이 바로 역사적인 삶입니다. 지금 나의 삶을 올바르게 하면 됩니다. 여기에 역사가 있습니다.

끝으로 오른쪽에 있는 사진을 봐 주시기 바랍니다. 나는 주로 사진을 찍고 다니다 보니 남들 사진은 많지만 정녕 내 사진은 별로 없는 편입니다. 내 사진을 찍으려면 내 사진기를 남에게 건네줘 찍어 달라고 부탁해야 하는 번거로움이 있습니다. 그래서 거울 앞에서 내 자신을 찍어 보았습니다. 내가 원하는 표정을 보아가면 마음대로 찍을 수 있어 좋았습니다. 그런데 내 모습만 찍히는 것이 아니라 내 모습과 함께 사진기도 같이 찍히는 것이었습

니다. 사진을 찍는 내 모습과 내 모습을 찍는 사진기가 모두 그대로 사진기에 살아 있는 듯이 찍히는 모습이라니!

어쩌면 이런 게 역사가 아닐까 싶습니다. 거울에 내가 표정 짓는 대로 그대로 내 모습이 나타나지만 내 사진을 찍기 위해서는 내가 들고 있는 사진기가 찍혀야 한다는 것! 거울이 있는 그대로 내 모습을 보여 주긴 하지만 그 표정도 내가 하기 나름이라는 것! 중요한 것은 지금 내가 내 사진을 찍고 있다는 것!

다음 시간에 좀 이상하다고 볼 수도 있는 이 사진을 보고 여러분들은 어떤 느낌이 들었는지? 어떤 생각을 하였는지? 다양한 상상력을 펼쳐 서로 발표해 보도록 합시다.

다음 역사 시간도 재미있을 것 같지 않습니까?

기대가 크면 실망이 클 수도 있지만,
기대 없이 사는 삶보다 기대하며 사는 삶이 더 낫지 않을까요?
더 살맛나지 않을까요?

역사는 과거가 아니라 현재요, 미래입니다.

질문하는 삶을 살자

김 경 윤 시인, 전남 해남고등학교 국어 교사

1957년에 전남 해남에서 태어났습니다. 전남 여수 종고중학교에서 교직 생활을 시작했으며, 1989년 전교조 결성으로 해직되었다가 해남 송지종합고등학교로 복직해서 일했고, 지금은 해남고등학교에서 국어 선생님으로 일하고 있습니다. 1989년 무크지 『민족현실과 문학운동』에 「교단일기」외 4편을 발표하면서 작품 활동을 시작했으며, 『아름다운 사람의 마을에서 살고 싶다』, 『신발의 행자』 등의 시집을 내기도 했습니다. 전교조 전남지부 기획실장, 참교육실천위원장 등을 맡아 교육운동에 힘썼으며, 1994년 복직한 후에 전교조 해남지회장으로 활동했고, 김남주, 고정희 시인 추모 사업과 고산 문학축전 등 지역 문화운동에 힘쓰고 있습니다. 지금도 광주전남작가회의 부회장, 고정희 기념사업회 이사, 김남주 기념사업회 회장, 청소년 문예지 『상띠르』 편집 주간 등으로도 활동하고 있는 그의 관심은 여전히 '고향'과 '사람'에게로 향해 있습니다.

고향인 땅끝 해남에서 눈 맑은 아이들에게 국어를 가르치면서 삶과 시를 이야기하고, 틈틈이 고향 사람과 풍광에서 얻은 시심을 '느림과 상생'의 자세로 노래하며 지역사회에서 '아름다운 사람의 마을'을 가꾸는 일에 작은 힘을 보태고 있습니다.

여러분! 반갑습니다. 오늘은 첫 학기 첫 시간인데, 『문학』 교과서를 펼치기 전에 몇 가지 주제어를 가지고 문학의 변죽을 울려 볼까 합니다. 문학은 인간학이라고 합니다. 인간의 모든 면을 총체적으로 다루고 있기 때문이지요. 그리고 인간을 이해하기 위해서는 우리가 모여 사는 이 사회, 현재 우리가 몸담고 있는 '이곳'의 현실을 바로 보는 것도 중요하다고 생각합니다.

왜, 질문이 필요한가?

오늘날 우리가 생활하는 학교를 '총성 없는 전쟁터'로 비유하곤 하지요. 그렇다면 여러분은 누구입니까? '대학 입시'를 향해 돌진하는 전사들, '죽기 아니면 까무러치기'로 밤낮없이 달려가고 있는 전사가 바로 여러분의 모습이라고 해야겠지요.

경쟁에서 살아남기 위한 이 전쟁은 비단 학교 안에서만 이루어지는 것은 아닙니다. 집과 학교는 물론, 신문과 방송, 사회 전체가 한목소리로 외쳐 댑니다.

"살아남으려면 경쟁력을 키워라!"

"특목고를 거쳐 스카이(SKY)로 올라가야 한다."

하지만, 진정 놀라운 것은 그 누구도, 어떤 청소년도 이런 상황에 대해 질문을 던지지 않는다는 점입니다. 혹, 여러분 중에 그런 의문을 가져 본 사람 있는지요?

선생님이 고등학교와 대학교를 다니던, 그 엄혹했던 박정희 정권 때나 전두환 정권 때에도 수많은 이들이 가슴속에 큰 질문을 품고 살았습니다. 민주주의에 대하여, 자유와 정의에 대하여, 혹은 인간의 실존적 해방에 대하여……. 고민하고 질문을 던졌습니다.

스스로를 '전사'라고 했던 김남주 시인은 고등학교 2학년 때, 당시의 억압적인 현실과 역사에 대한 질문을 안고 학교를 자퇴하면서까지 답을 찾고자 했지요. 그리하여 훗날 폭압의 시대에 맨몸과 양심으로 저항한 시인이 되었습니다. "만인을 위해 내가 일할 때", 서로를 위해 땀 흘려 함께 일하고 함께 싸우는 사람들 속에서 "나는 자유"라고 역설했던 그의 시 「자유」를 함께 들어 봅시다.

만인을 위해 내가 일할 때 나는 자유
땀 흘려 일하지 않고서야
어찌 나는 자유이다라고 말할 수 있으랴
만인을 위해 내가 싸울 때 나는 자유

피 흘려 함께 싸우지 않고서야
어찌 나는 자유이다라고 말할 수 있으랴

만인을 위해 내가 몸부림칠 때 나는 자유
피와 땀과 눈물을 나눠 흘리지 않고서야
어찌 나는 자유이다라고 말할 수 있으랴

사람들은 맨날
겉으로는 자유여, 형제여, 동포여! 외쳐 대면서도
안으로는 제 잇속만 차리고들 있으니
도대체 무엇을 할 수 있단 말인가
도대체 무엇이 될 수 있단 말인가
제 자신을 속이고서

– 김남주, 「자유」

인간으로 산다는 것은 질문한다는 것입니다. 나의 존재에 대해, 나의 삶에 대해, 이 세상의 이치에 대해 궁금해 한다는 것은 너무나 자연스러운 일이지요.

그러나 안타까운 것은 지금 우리 사회에서는 갈수록 질문하는 청소년과 젊은이들을 찾아보기 힘들다는 것입니다. 내가 왜 공부를 하는지, 나는 이 세상에서 무엇을 할 것인지, 왜 세상에는 가난한 사람이 이렇게 많은지, 전쟁은 왜 일어나는지, 4대 강 개발은 왜 문제인지에 대해 아무도 질문하지 않습니다. 그저 아침에 학교로 나와서 저녁 자율학습을 마치고 돌아가는 기계적인 일상에 적응하며 살아가고 있을 뿐입니다.

저는 여러분에게 이제 '질문하는 삶을 살자!'라고 말하고 싶습니다. 그러면 그 질문의 '답'은 어디에 있을까요? 바로 책 속에 있습니다.

그런데 지금 우리 현실은 어떻습니까? 학교나 집에서 "책 보지 말고 공부해!"라는 말을 얼마나 많이 들었습니까? 이제 학교에서 독서는 공부가 아닙니다. 누군가는 오늘날 학교가 퍼뜨린 가장 나쁜 짓 중 하나가 공부로부터 독서를 분리시킨 것이라고 말하기도 합니다.

책은 우리를 깨어 있게 할 뿐만 아니라, 창조적 상상력을 북돋아 줍니다. 21세기는 경제까지도 문화가 지배하는 문화의 세기라고 합니다. 하지만 창조적 상상력의 원천인 독서를 등한히 하고서는 새로운 문화도 창조할 수는 없는 노릇입니다.

이 세상의 모든 일에는 왕도(王道)나 지름길이 따로 없습니다. 많이 읽다 보면, 옛사람들이 이야기했듯이, 문리(文理)가 트이도록 되어 있습니다. 좋은 작품을 골라 읽을 수 있는 눈 또한 독서의 양에 비례한다고 말할 수 있습니다.

노벨 문학상을 수상했던 귄터 그라스는 "문학은 조용히 세상을 바꾸는 것이다."라고 말했습니다. 질문이 막혀 버린 지금 이곳에서 여러분이 읽은 '시'와 '소설' 들이 여러분의 삶에 하나의 '질문'이 되고 '답'을 찾는 출구가 되길 바랍니다.

왜, 공생을 말하는가?

갈수록 세상이 힘들어지고 있습니다. 물질은 넘쳐 나는데, 정신은 곤궁해지고 있습니다. 사람과 사람 사이의 관계가 황폐화되고, '정신의 사막화 현상'이 심화되고 있습니다. 세계는 시장 경제 논리가 판을 치고, 모든 것은 상품으로 간주되고 있습니다. 우리의 영혼마저 표준화, 상품화가 강요되고 있는 현실입니다. 모든 가치가 상품으로 치환되고, 모두가 보다 나은 상품을 만들기 위해, 혹은 보다 좋은 상품이 되기 위해 혈안이 되는 생존 경쟁의 각축장에서 살고 있습니다.

여러분이 집이나 학교에서, 그리고 사회에서 가장 많이 듣고 쓰는 말도 '경쟁'이라는 말일 것입니다. 세계는 지금 '신자유주의'라는 이름으로, 공룡 같은 거대 자본이 등장하여 강자에게 유리한 자유 시장을 제패하기 위해 모든 나라의 자국 보호 규제를 개방시키려 합니다. 몇 해 전 나라 안을 떠들썩하게 만들었던 한미 FTA도 이러한 신자유주의의 흐름 속에서 이루어진 일입니다.

이런 '무한 경쟁'의 사회는 '대량 생산'과 '대량 소비'를 촉진하고, 그 결과로 지구는 이상 기온이 계속되고 날마다 생물의 다양성은 줄어들고 있습니다. 나라마다 빈부 격차는 커지고 양극화가 심화되고 있습니다. 국제적으로 가난한 나라에서 굶어 죽어가는 사람들은 늘어나고, 엄청난 돈을 삼키는 전쟁의 포연은 하늘을 검게 그을리고 있습니다.

누구나 세상은 약육강식의 생존 경쟁이 벌어지는 살벌한 현장이라고 생각하며 살아왔습니다. 약육강식, 적자생존이 자연의 법칙이라고 믿고 있습니다. 그러나 '과연 세계는 정말 약육강식의 법칙만이 존재하는 것일까요? 우리에게 다른 희망은 없는 것일까요?'

이런 의문을 품은 사람들의 노력으로 이제 자연의 세계가 실로 '더불어 사는' 세계임을 알게 되었습니다. 자연계의 동식물들은 상리공생, 기생공생, 편리공생 등 서로 공생하면서 산다는 것이 밝혀졌습니다. 모든 생물은 겉보기에는 경쟁하는 것같이 보이지만, 경쟁이 아니라 공생을 바탕으로 한다는 큰 법칙을 발견한 것입니다.

우리도 이제 생존 경쟁의 살벌한 과정을 생태 본래의 모습으로 받아들였던 생각을 버려야겠지요. 사람도 생태의 일부이므로 생태 법칙을 무시하는 것은 사람과 생태계 모두의 불행을 초래할 뿐입니다.

> 나는 어느날 아침에 본 나무 등걸에 붙어 있던 나비의 번데기를 떠올렸다. 나비는 번데기에다 구멍을 뚫고 나올 준비를 서두르고 있었다. 나는 잠시 기다렸지만 오래 걸릴 것 같아 견딜 수 없었다. 나는 허리를 구부리고 입김으로 데워 주었다. 열심히 데워 준 덕분에 기적은 생명보다 빠른 속도로 내 눈앞에서 일어나기 시작했다. 집이 열리면서 나비가 천천히 기어 나오기 시작했

다. 날개를 뒤로 접으며 구겨지는 나비를 본 순간의 공포는 영원히 잊을 수 없을 것이다. 가엾은 나비는 그 날개를 펴려고 파르르 몸을 떨었다. 나는 내 입김으로 나비를 도우려고 했으나 허사였다. 번데기에서 나와 날개를 펴는 것은 태양 아래서 천천히 진행되어야 했다. 그러나 때늦은 다음이었다. 내 입김은 때가 되기도 전에 나비를 쭈그러진 채 집을 나서게 한 것이었다. 나비는 필사적으로 몸을 떨었으나 몇 초 뒤에 내 손바닥 위에서 죽어 갔다. 나는 나비의 가녀린 시체만큼 내 양심을 무겁게 짓누른 것은 없었다고 생각한다.

오늘날에야 나는 자연의 법칙을 거스르는 행위가 얼마나 무서운 죄악인가를 깨닫는다. 서둘지 말고, 안달을 부리지도 말고, 이 영원한 리듬에 충실히 따라야 한다는 것을 안다.

그리스의 작가 니코스 카잔차키스의 소설 『그리스인 조르바』의 한 대목입니다. "자연의 법칙을 거스르는 행위가 얼마나 무서운 죄악인가."를 깨닫고 자연의 리듬에 맞추어 사는 삶을 강조한 이야기이지요.

자연의 법칙을 무시하고 속도를 맹신하는 많은 사람들 때문에 지구는 오염으로 신음하며 수많은 생명이 희생당하고 있는 것이 오늘의 현실이지 않습니까. 지금 우리에게 필요한 것은 자연에 대한 외경심을 잃지 않는 일이라고 생각합니다.

이제 눈을 돌려 우리의 현실을 바라봅시다. 여러분이 생활하는 학교도 생태계와 같습니다. 1등의 눈으로 자신의 삶을 돌아보면 모든 것이 불만족스러울 수밖에 없습니다. 그래도 나 자신만 그렇게 생각하면 다행인데, 1등만 바라보는 사람은 오히려 제 옆에 있는 다른 사람까지도 우습게 보게 되고, 서로 존중하고 협력하기보다는 경쟁해서 짓밟겠다는 태도를 보이게 됩니다. 이렇게 되면 세상은 자연히 각박해지고 살맛 나지 않는 세상이 되겠지요.

여러분도 이제 '경쟁'이 아닌 '공생'의 가치로 세계를 보고, 세상을 사는 지혜를 배우길 바랍니다.

겨우내 얼어 있던 대지가 풀리고 나무들도 물이 올라 날로 푸르러 갑니다. 봄이 지나고 여름이 오면 신록이 우거질 것입니다. 가까운 산이나 들에 나가 나무와 풀들이 어떻게 서로 어울려 사는지 살펴봅시다.

숲에 들어가 보면 금방 알 수 있을 것입니다. 나무가 모두 쭉쭉 곧게만 자라는 것 같지만, 사실은 그렇지 않습니다. 옆의 나무와 서로 기대기도 하고 서로 어울려 구부러지기도 하면서 함께 어우러져 있다는 것을, 옆에 있는 다른 나무들과 이야기도 하고 사랑도 나누며 함께 자라서 아름다운 숲을 이루고 있다는 것을 금방 알 수 있을 것입니다.

우리 한 사람 한 사람이 더불어 살 줄 아는 사람이 되기 위해서 무엇보다 여유 있는 열린 마음을 가질 때 세상은 더욱 아름다워질 것입니다. 그런 마음 안에 시인(詩人)이 살고 있는 것입니다.

우리가 문학을 공부는 까닭은 어디에 있습니까? 수능에서 '언어 영역' 점수를 더 올리기 위해서라고 답할 사람도 있겠지요. 하지만 문학을 공부하는 궁극적인 목표가 과연 그럴까요?

저는 여러분이 '문학'을 통해 '더불어 사는 지혜'를 얻었으면 합니다. 나무 한 그루가 상처를 입으면 자기 자신의 아픔으로 느끼고 고통을 같이하는, 그런 감수성을 지닌 사람이 되길 빕니다.

모든 생명을 하나로 보는 사고가 곧 시적 사고입니다. 그래서 "모든 진정한 시인은 본질적으로 가장 심오한 생태론자일 수밖에 없다."라고 말합니다. 여러분도 이제 모든 살아 있는 것들을 사랑하고, 더불어 사는 세상을 위해 노력하는 사람이 되기를 바랍니다.

왜, 느림의 미학이 필요한가?

언제부턴가 우리 사회는 '속도'가 숭배되는 사회가 되었습니다. 속도가 모든 것을 결정하고 변화시키고 있습니다. 모든 일에 신속함과 효율성이 가장 큰 가치로 인정받게 되면서 '빠름'은 미덕이고, '속도'는 가치의 척도가 되고 말았습니다. 돈이 제일인 자본주의 사회에서, 시간을 벌어 주는 '빠름'이야말로 인간이 추구해야 할 최고의 덕(德)이 된 셈입니다. 실제 컴퓨터와 인터넷은 인간의 사고와 생활 양식을 급속도로 바꾸어 놓았습니다. 앞으로 디지털 기술은 더욱 놀라운 속도 혁명을 일으킬 것입니다. 속도의 물결에 편승하지 않거나 이탈하면 낙오자가 되기 일쑤입니다.

그러나 영국의 저명한 여류 작가 제이 그리피스(Jay Griffiths)는 『시계 밖의 시간』에서 "비록 겉으로 드러나지 않지만, 현대에 이르러 시간의 묘사 방식마저 철저하게 이데올로기적"이라고 지적한 바 있습니다. 시간이라는 개념에 사회의 지배적인 가치관이나 사상을 담고 있다는 것입니다. 이미 우리는 인간의 '시간'이 아니라 기계의 시간, 즉 '시계'에 지배당한 삶을 살고 있습니다. 그래서 사람들은 휴일이면 도시를 떠나 시간이 더 많이 존재하는 곳을 찾아갑니다. 자연이 시간으로 충만해 있는 반면, 도시는 시계로 넘쳐 나기 때문입니다.

우리는 이런 각박한 분위기에 휘둘리며 너무 앞만 보며 달리고 있습니다. 더욱이 신자유주의에 기초한 세계화는 무한 경쟁을 무기로 삼고 있습니다. 때문에 기업은 엄청난 경쟁력을 요구당하고, 그들 기업에서 일하는 사람들도 이를 뒷받침하기 위해 바쁘게 움직일 수밖에 없습니다. 더 나은 제품을, 더 빨리 만들어서, 더 빨리 돈을 벌어야만 살아남을 수 있는 것이 오늘날의 세상입니다. 빠름이야말로 경쟁력의 원천이기 때문입니다. 특히 정보화 사회의 경쟁력은 곧 속도이고, 그 속도에 적응하는 자만이 이 사회를 이끌어 나갈 수 있다는 것입니다.

아날로그에서 디지털로 바뀌어 버린 이 세상에 더 이상 기다림의 미학은 없습니다. 기다림의 미학이 사라진 사회에서 '기다림'을 창조하는 인간이 '시인'이라는 생각이 듭니다. 적어도 '문학을 꿈꾸는 사람'이라면 마음의 심연(深淵)에 다음과 같은 질문의 돌멩이를 던져야 할 것입니다.

과연 속도는 절대 선인가?
인간 삶에 있어서 속도와 능률만이 최고의 덕인가?
과연 속도와 능률을 추구하는 현대 사회가
인간을 행복하게 할 것인가?

> 과연 속도는 절대 선(善)인가? 인간 삶에 있어서 속도와 능률만이 최고의 덕인가? 과연 속도와 능률을 추구하는 현대 사회가 인간을 행복하게 할 것인가?

21세기가 시작되면서 많은 사람들이 이런 의문을 가지게 되었습니다.

『참을 수 없는 존재의 가벼움』이라는 책으로 우리에게 널리 알려진 체코의 작가 밀란 쿤데라는 그의 소설 『느림』에서 "어찌하여 느림의 즐거움은 사라져 버렸는가. 아, 어디에 있는가. 옛날의 그 한량들은? 민요들 속의 그 게으른 주인공들, 이 방앗간 저 방앗간을 어슬렁거리며 총총한 별 아래 잠자던 그 방랑객들은? 시골길, 초원, 숲 속의 빈터, 자연과 더불어 사라져 버렸는가?" 라고 묻고 있습니다.

또 프랑스의 작가 피에르 상소는 『느리게 산다는 것의 의미』라는 책에서 느림이란 게으름이나 무력감과는 다른 것이며, 시간의 재촉에 떠밀려가지 않겠다는 단호한 결심에서 나오는 것이라고 말합니다. 그는 느리게 사는 지혜로 "한가로이 거닐 것, 다른 사람의 목소리에 귀 기울일 것, 반복되는 것을 받아들이는 권태로움에 빠질 것, 모든 가능성을 열어 두고 기다릴 것, 마음의 고향 같은 추억을 간직할 것, 마음의 소리가 살아날 수 있는 글쓰기를 할 것" 등을 제시하고 있습니다.

늘 "더 빨리, 더 빨리"를 되뇌면서 사는 여러분들의 하루하루를 한번 돌아보세요. 글을 쓸 때도 소리 나는 대로, 그리고 가급적 축약해서 쓰지요. 짧은 시간에 많은 것을 쓰기 위해, 즉 빨리빨리 쓰기 위해 기존의 어휘나 문법 등을 무시합니다. 컴퓨터를 이용해 글을 쓰고 채팅이 보편화되면서 이러한 경향이 더 심화되고 있습니다.

우리의 주변에서 '빨리빨리'를 선호하는 사례는 앞에서 지적한 것 말고도 많이 있습니다. 청소년들의 빠른 음악과 빠른 춤의 선호, 패스트푸드의 확산, 고속도로에서의 과속 주행, 빠른 컴퓨터의 경쟁적 구입, 템포가 빠른 할리우드 영화를 선호하는 일, 곳곳에 들어서 있는 속성 학원 등이 그것입니다. 또한 읽는 데 시간이 오래 걸리는 장편의 원본보다는 요약판을 더 선호하기도 합니다.

'바쁘다'는 것은 때로 삶에 활력과 긴장을 주기도 하지만, 사실 시간에 쫓겨 산다는 건 그리 유쾌한 일이 아닙니다. 뭔가를 빨리 해치워야 한다는 조급함은 자신을 옴짝달싹 못하게 만들고 주변을 돌아볼 여유조차 남겨 놓질 않습니다. 어쩌면 우리는 이미 '인간의 시간'이 아니라 '기계의 시간'에 지배당한 삶을 살고 있는지도 모릅니다.

낮고 느린 삶에 대한 성찰을 노래한 저의 시 한 편을 소개합니다.

> 손바닥만 한 텃밭에 기대어 한 철을 살았다
> 상추며 쑥갓이며 고추 같은 풋것들의 초록경전

혓바닥으로 읽으며 아침저녁으로
알싸하고 쌉싸름한 그 뜻 음미해도
비바람 지나간 텃밭에 번뇌만 무성하다
웃자란 상추밭 뒤엎고 검은 상토 위에
경전 필사(筆寫)하듯 한 땀 한 땀 가을 씨앗들 뿌리다
질겁한 아내의 낯바닥처럼 흙 속에서 곰살거리던 지렁이들
행여 호미날에 다칠세라 손바닥 내밀어 길을 묻자
몸뚱이로 만(卍)자 한 자 써 주고는
오체투지로 축축한 흙바닥 기어간다
절집에 손님 많은 날이면
늙은 몸으로 가파른 산길 새벽같이 올라와
밥하고 설거지하느라 밤늦게 캄캄한 산문(山門)을 나서던
미황사 아랫마을 산다는 공양주보살을 닮았다
토굴 속에서 묵언정진 하는 수행승처럼
어두운 이토(泥土)에서 알몸으로 한 생을 산 지렁이 보살님
지상의 풋것들에게 자신의 똥까지 다 내주고
오늘은 한없이 낮고 느린 만행의 길을 떠나신다

– 김경윤, 「지렁이 보살」

왜, 소통이 중요한가?

우리는 매일 언어와 몸짓을 비롯한 다양한 방법을 통해 타인과 소통하며 살아갑니다. 더욱이 인터넷의 등장은 개인의 의사소통 가능성을 폭발

적으로 증가시켰습니다. 그럼에도 불구하고 일상에서 이루어지는 공허하고도 기계적인 소통 속에서 현대인은 내면의 깊숙한 진실을 공유하지 못한 채 '고독한 방'에 소외되어 있습니다. 우리는 지금 소통 부재의 시대를 살고 있습니다.

현대 문학 작품 중에서도 이런 소통 부재의 문제를 다룬 작품들이 많습니다. 카프카의 『변신』이나 김승옥의 소설 『서울, 1964년 겨울』은 정상적인 소통이 단절된 현대인의 단면을 상징적으로 보여 주고 있습니다. 그리고 성경의 창세기에 나오는 바벨탑 이야기를 현대판 버전으로 각색한, 멕시코 출신 곤잘레스 이냐리투 감독의 영화 『바벨』은 의사소통의 부재로 단절되어 가는 인간관계의 고통과 그로 인해서 무너져 가는 현대인의 모습을 잘 보여 주고 있습니다. 한편 미국의 이라크 침공에서 볼 수 있듯이 국제 사회에서는 힘의 논리를 앞세운 의사소통의 왜곡이 전쟁을 정당화하는 수단으로 이용되기도 합니다. 이외에도 인간 사회에서 일어나는 거의 모든 갈등 양상에서 의사소통의 단절을 확인할 수 있습니다.

그래서일까요? 미래 사회에서 가장 중요한 능력 가운데 하나가 의사소통 능력일 것이라고 말하는 학자들도 있습니다. 어차피 우리는 다른 사람들과 어울려 살아야 하는 존재이고, 가까운 사람들과 좋은 관계를 맺으려면 의사소통 능력이 무엇보다 중요하기 때문입니다. 일이란 것도 따지고 보면 저마다 세상과 소통하는 한 방식이라고 할 수 있습니다. 때문에 생활과 일의 영역에서 소통을 잘하는 것이야말로 잘사는 것이라고 할 수 있을 것입니다.

말과 글의 기본 목적이 의사소통에 있다고 볼 때, 소통을 돕는 말과 글을 잘 구사하는 일은 매우 중요합니다. 시나 소설들도 다 소통을 꿈꾸면서 존재하는 예술입니다. 이 시대의 명문장가로 알려진 김훈 선생은 그의 에세이 「말과 사물」에서 이렇게 쓰고 있습니다.

> 말의 꿈은 소통입니다. 소통의 꿈은 무엇인가. 소통은 이 세계를 더 나은 세계로 만들려는 꿈을 갖고 있는 것이죠. 말은 세계를 개조할 수가 있습니다. (중략) 말로 안 되면 어떻게 하나, 그 다음은 무기의 세계입니다.

'무기의 세계'에 비하면 턱없이 허약한 '말의 세계' 안에 소통의 힘이 내장되어 있기 때문에 우리는 말이 세계를 개조하리라는 꿈을 버릴 수 없는 것입니다. 좋은 글을 쓰기 위해서는 좋은 글을 많이 읽어야 합니다. 언어 감각은 타고나는 측면이 많지만, 훈련의 힘도 무시할 수 없습니다. 타고난 사람도 꾸준히 훈련하지 않으면 감각이 무디어지기 마련입니다.

그래서 말하기와 글쓰기는 모든 교육 활동 속에 녹아 있어야 하고, 또 학교 교육으로 끝날 수 있는 일도 아닙니다. 우리가 살아가면서 평생 배워야 할 것이 말과 글입니다. 삶을 잘 사는 데는 말을 잘하는 것보다 잘 듣는 것이 더 중요하고, 글을 잘 쓰는 것보다 마음을 잘 쓰는 것이 더욱 중요하지만, 우리 삶을 아름답고 풍요롭게 하는 데 '말과 글'을 잘 활용하는 공부는 정말 해볼 만한 공부가 아닐까요?

말에 대한 아름다운 시 한 편을 소개합니다.

세상 모든 것들은 서로의 관심 속에서 빛이 나는 것인가.

오랜만에 뿌옇게 흐려진 거실 유리창 청소를 하다 문득
닦다, 문지르다, 쓰다듬다 같은 말들이 거느린 후광을 생각한다.

유리창을 닦으면 바깥 풍경이 잘 보이고, 마음을 닦으면 세상 이치가 환해지고, 너의 얼룩을 닦아 주면 내가 빛나듯이

책받침도 문지르면 머리칼을 일으켜 세우고, 녹슨 쇠붙이도 문지르면 빛이 나고, 아무리 퇴색한 기억도 오래 문지르면 생생하게 살아나듯이

아이의 머리를 쓰다듬으면 얼굴빛이 밝아지고, 아픈 마음을 쓰다듬으면
환하게 상처가 아물고, 돌멩이라도 쓰다듬으면 마음 열어 반짝반짝 대화를 걸어오듯이
닦다, 문지르다, 쓰다듬다 같은 말들 속에는
탁하고, 추하고, 어두운 기억의 저편을 걸어 나오는 환한 누군가

가 있다.

많이 쓸수록 빛이 나는 이 말들은
세상을 다시 한 번 태어나게 하는 아름다운 힘을 갖고 있다.

– 김선태, 「말들의 후광」

"닦다, 문지르다, 쓰다듬다"라는 말은 타자와의 소통을 위한 행위라고 할 수 있습니다. 소통은 "어두운 기억의 저편을 걸어 나오는 환한 누군가"와 나누는 대화이며, 세상을 다시 한 번 태어나게 하는 아름다운 힘"이 되는 것입니다.

지금 우리 사회는 소통이 화두입니다.
교사와 학생, 부모와 자식, 정부와 국민, 기업과 노동자…….
모두가 진정한 소통을 원한다면, 타인의 의견도 귀담아듣고, 공감하는 자세가 그 어느 때보다 필요합니다.

여러분도 마음의 문을 활짝 열고 창밖의 나뭇잎에 속삭이는 바람의 노래를 들을 수 있는 사람이 되길 바랍니다.

그래, 지금은 힙합에 미쳐도 좋다

권혁소 **시인, 강원도 인제 원통중학교 음악 교사**

전기가 들어오지 않는 강원도 산골에서 태어났습니다. 철암중학교, 철암고등학교, 태백기계공업고등학교, 춘천여자중학교 등에서 일했으며, 지금은 강원도 인제에 있는 원통중학교에서 음악 선생님으로 일하고 있습니다. 또 대학 시절 시인이라는 이름을 얻은 이후 『論介가 살아 온다면』, 『수업시대』, 『반성문』, 『다리 위에서 개천을 내려다보다』, 『과업』 등의 시집을 내기도 했습니다. 전교조 일에도 관여하여 강원지부 사무처장과 지부장 등을 지냈습니다.

어린 시절의 고향 풍경과 경험이 거름이 되어 시를 쓰는 음악 선생님이 된 이래로, 학교에서 미래의 노동자들과 함께 노래 부르고 시 쓰는 일을 제일로 행복한 일이라고 여기며 살아가고 있습니다.

나는 장발의 곱슬머리 총각 음악 선생이었다. 지금은 긴 곱슬머리 다 잃어버리고 대신 흰 수염을 단, 아저씨의 나이를 건너고 있는 중이다. 매주 월요일 아침이면 궁금증을 앓게 만들던 누군가가 책상 위 화병에 꽃을 꽂아주기도 했는데, 이젠 사진을 같이 찍자는 아이들도 없는 세월을 살고 있다.

탄광촌에 나타난 음악 선생님

미용아, 세월의 저 편에 네가 있다.

탄광촌 음악 선생이 되어 처음 너희들을 만났다. 막 발령을 받아 온 내게 너희들이 제일 먼저 던졌던 질문은 "선생님, 언제 가실 거예요?"였다. 그 당시 탄광촌은 '개도 만 원짜리를 물고 다닌다.'고 할 만큼 경기가 좋기는 했지만, 경찰과 세무 공무원, 광업소 어용 노조 위원장을 제외한 말단 공무원들에게는 유배지나 다름없었다. 그러니 다들 되돌아갈 궁리가 많았던 모양이다.

교실 바닥 저 아래에도 갱도가 지나가고 있는지, 해마다 봄이면 교실은 기울어지고 여기저기 금이 가서 굵은 각목을 괴고 수업을 했다. 음악실도 없었고 피아노도 없었다. 통기타를 치면서 첫 수업을 했다. 지독하게 추웠다. 언 손 불어 가며 제일 먼저 불렀던 노래가 '아침 이슬'이었다. '작은 연못'도 불렀다. '작은 연못'에 대한 노래 평을 적는 시간에 너는 너무도 인상적인 평을 쓰기도 했다. '작은 연못은 한반도고, 예쁜 붕어 두 마리는 남과 북'이라고……, 아무려면…….

'운동'에 고무되어 책임을 통감하던 시절이었다. '의식과 의식화'에 목매던 시절이었다. 갓 대학생 틀을 벗은 내가 할 수 있는 일이란 그저 너희들과 '오빠처럼' 놀아 주는 일이었는데, 우리는 보충 수업을 해야 했다. 세 시간 하던 정규 수업을 두 시간으로 줄이고, 두 시간 하던 것을 한 시간으로 줄여 놓고, 음악 과목도 보충을 하란다. 못 하겠다고 버텼다. 하고 많은 술자리에서 '동지가 되어 주마.' 했던 선배들이 언제 그랬냐는 듯 부교재를 들고 보충을 들어갔다. '무엇을 보충해 주면 좋겠냐?'는 질문에 너희들은 놀랍게도 '한국 가곡'에 가장 많은 동그라미를 쳤다.

아침에 한 시간 저녁에 한 시간, 우리는 한국 가곡을 불렀다. 물론 나는 한국 가곡의 범주에 '민중가요'도 포함시켰다. 친일 음악가 홍난파를 거부하기 시작한 것도 그 무렵이었다. 홍난파의 가곡들은 소위 '필수 악곡'으로 지정된 곡들이 많아서 계이름, 가사, 형식, 조성 등을 통째로 외우지 않고서는 입시를 치를 수 없을 정도였다. '민족적 애국 음악가 홍난파', 그렇게 배웠고 그렇게 가르쳤다. 그래서 우리는 '양심', '역사', '진실'이라는 것에 대해 꽤 많은 얘기를 나눴다. '정화 위원회'에 불려 가는 것은 아닐까, 누군가 복도에서 우리를 엿듣는 것은 아닐까 염려하면서 말이다.

홍난파와 괴벨스의 차이?

'국영수'에 지친 너희들에게 작은 위안이라도 되고자 했는데, 뾰족한 수도 한번 써 보지 못한 채 딱딱한 이론만 열거하고 말았다. 그래도 나는 너희들에게 '음악의 힘'을 얘기했다. 그러면서 히틀러의 선전장관이었던 괴벨스의 자살을 얘기했던가! 힘깨나 쓰는 사람들, 독재자, 제국주의자들은 대개 역사의 진실을 거부하는 편에 선다.

부자들을 보면서 노동자들의 고통을 이해하려고 했던 괴벨스는 세계 최고의 예술가가 되고 싶었던 청년이었다. 그러나 아무도 그의 재능을 알아주지 않았다. 한때 좌파 그룹에 속해 있기도 했던 청년 괴벨스는 스물여덟 살에 히틀러의 부름을 받으면서부터 그의 놀라운 예술적 재능을 엉뚱한 데에 쓰기 시작한다. 군중 선동의 천재, 대중매체를 장악하여 아흔아홉 가지의 거짓말로 대중을 우롱했던 히틀러의 마름, 패전의 먹구름이 드리웠는데도 진실을 호도했던 괴벨스는 결국 히틀러가 자살한 다음 날 그의 가족들과 동반 자살을 선택한다.

홍난파는 어떻게 다를까? 노랫말을 제공한 이광수는 어떻게 다를까? 조선의 청년들을 일본 제국주의의 총알받이로 내몰기 위해 그들은 시를 쓰고 노래를 만들었다. 그래서 역사는 진실을 증언한다. 박정희 정권의 몰락으로 바통을 넘겨받은 전두환 정권의 발악의 전모도 역사의 진실 앞에 낱낱이 밝혀졌으니 말이다.

나치 독일의 유일한 지성이라는 평을 들을 만큼 이지적이고 사리가 밝은 사람이었던 괴벨스, 그의 히틀러에 대한 충성은 '적을 이기려면 대중의 증오를 활용하라.'면서 600만 명이 넘는 유대인을 학살하기에 이른다. 한술 더 떠 그는 '나에게 단 한 문장만 달라. 그러면 모든 사람을 범죄자로 만들 수 있다.'고 하기까지 한다. 아, 무섭다. 우리나라도 그런 시절이 있었으니 말이다.

교육청 앞에서 꽤나 긴 천막 농성을 하던 어느 해 설날 아침이었다. 1인 시위를 하다가 교육청에서 서너 번째로 높은 사람과 정문에서 만났다. 그는 독립운동을 했던 사람들을 '가족들은 돌보지 않고 자신의 명예만을 위해 산 사람'으로 폄하했다. 물론 그 말 속에는 '너희 같은 새끼들 때문에 내가 오늘 같은 명절날 집에서 쉬지도 못한다.'는 뜻과 '이런 일이 사회를 변화시키는 일이 아니라 자신의 명예만을 위한 일'이라는 비아냥거림이 숨어 있음은 물론이다. 그런 그가 우리나라 교육을 책임지는 중앙부처의 간부로 발령이 났을 때, 끓어오르는 현기증으로 얼마나 힘들었는지 모른다.

그랬다. 군부독재가 교단을 점령하던 시절에 우리가 할 수 있는 일이란 고작 국정 교과서를 외우는 일이었다. 마치 내가 그 시절 국민 교육 헌장을 암송하고서야 하학을 할 수 있었던 것처럼 말이다.

미용아, 홍난파나 이광수도 당시에는 '내로라하는' 지식인이었으니 전쟁의 본질을 알고도 남았을 것이다. 그런데 왜 그랬을까? 나는 국가주의자는 아니지만, 매국노들의 자손들이 독립운동을 했던 사람들의 자손들보다 더 잘살고 있는 작금의 현실이 안타깝다. 좀 더 좋은 세상이 와야 하는데, 그런 세상이 요원하게 느껴지는 현실이 말이다. 그러나 그들은 당시에는 몰랐을 것이다. 후세 사람들이 자신을 '친일파'로 분류하게 되리라는 것을…….

그들처럼 행위의 본질을 알면서도 그렇게 하는 것은 나쁜 것이다. 그러니 과자 껍질을 창틀이나 하수구 맨홀 등 잘 안 보이는 구멍에 버리는 습관은 참 나쁜 습관이다. 씹던 껌을 교실 바닥에 버리고 슬쩍 문지르는 것, 수업 시간에 몰래 하는 군것질이 제일 맛있지만 과자 껍질을 서랍 속에 버리는 것도 마찬가지다.

일등조차 불행하게 만드는 나라의 교육

미용아, '고향의 봄'이라는 노래에 가사를 바꿔 붙이는, '노가바'를 하던 시간이었다. 한 녀석이 이렇게 썼다.

내가 피우는 담배는 팔팔 라이트
첫맛부터 끝 맛까지 끝내줍니다
그러다가 환희를 피워 봤어요
첫맛부터 끝 맛까지 좆같습니다

환희는 당시에 가장 싼 담배였다. 한동안 침묵이 흘렀다. 내가 박수를 치고 나서야 너희들의 참았던 웃음이 터졌다. 학교라는 곳이 '통제'에 거의 무의식적으로 익숙해져 있다는 것을 반성했던 순간이었다.

요즘 아이들은 중·고등학교로 올라갈수록 창의성이 떨어진다며 걱정하는 목소리가 적지 않은데, 그것은 학교 때문이다. 유아기에는 거의 모두 천재였던 아이들이 이른바 제도권 교육을 받으면서부터 그 다양성과 독창성을 통제받는 것이다. 하긴 음악 선생이 몰래 사물놀이를 배우던 시절도 있었으니 더 말해 무엇할까. 장구를 가르치면 '뉘 집 귀한 딸을 기생 만들려고 하느냐'는 항의를 받기도 했으니 말이다.

창의성을 몰살시키는 가장 큰 원인은 입시 제도다. 기형적인 대학 서열화 때문이다. 입시 제도를 개선하지 않고서는, 대학을 평준화하지 않고서는 정상적인 교육 과정은 불가능하다. 도대체 세상에 이런 나라가 또 있을까 싶다. '0교시'도 모자라서 '−1교시'를 하는 나라, 꼴찌만 불행한 게 아니라 1등도 불행한 나라, 아침밥 대신 자판기에서 음료수를 꺼내 먹는 나라…….

도대체 세상에 이런 나라가 또 있을까 싶다.
'0교시'도 모자라서 '－1교시'를 하는 나라,
꼴찌만 불행한 게 아니라 1등도 불행한 나라,
아침밥 대신 자판기에서 음료수를 꺼내 먹는 나라……

내 시간에는 '차렷, 경례'를 하지 말라고 그랬다. 먼저 보는 사람이 인사를 하자고 했다. 동문회에서 사람들이 찾아와서 '요즘 졸업생들이 교가를 모른다.'며 '제발 교가를 좀 가르쳐 달라.' 했지만 교가 가르치는 일을 멈췄다. 그런 것에 대해서는 정체성을 좀 잃어도 된다고 생각했다. 전라도와 경상도만 대립하는 것이 아니고 북면과 남면도 대립하는 지역주의를 깨트려야 한다고 생각했다. '구멍가게라도 하려면 아무아무 학교를 졸업해야 한다.'는 말, 정말 무식한 말이라고 생각했다. 그래서 사람다운 사람, 세상다운 세상은 교실에서부터 만들어야 한다고 생각했다. 학교가 관계를 익히고 정의를 배우는 곳이어야 한다고 생각했다. 나아가 음악이 어떻게 세상을 아름답게 변화시키는지 느끼는 곳이어야 한다고 생각했다. 고향을 사랑하되 지역주의를 부추기거나 거기에 편승해서 자신의 이익을 도모해서는 안 된다고 생각했다.

나는 음악실 뒷벽에 바로크-고전파-낭만파 시대의 서양 작곡가 사진을 붙이는 대신 서투른 붓글씨로 김남주의 시 「자유」의 한 구절,

> 만인을 위해 내가 일할 때, 싸울 때,
> 몸부림칠 때 나는 자유

를 아주 크게 써 붙였다. 아이들이 묻는다. 어떤 일을 해야 하고, 어떻게 싸워야 하고, 왜 몸부림쳐야 하는지를……. 그래서 답한다. 지금보다 나은 세상을 만들기 위해 일하고, 나보다 못난

사람들이 당하는 것을 막기 위해 싸우고, 현실에 안주하지 않기 위해 끝끝내 몸부림치라고.

군사 정권도 물러나고 교련이라는 과목이 없어졌는데도 운동장에서 조회를 할 때 거수경례를 했다. 심지어 밴드부가 있는 학교의 어떤 교장은 '학교장에 대한 경례'를 할 때 '스타 마치'를 요구하기도 했다. 잘못하기는 쉬워도 잘못한 것을 바로 잡는 데는 많은 시간과 희생이 요구된다. 그래서 '인권은 교문 앞에서 멈춘다'는 말은 이전에도 맞았고, 지금도 통하고 있다.

학생부 선생님들보다 더 무서운 사람들이 매일 아침 교문 앞에서 '지도'를 서는 선도부 선배들이다. 학생 · 학부모 · 교사들의 의견을 들어서 두발과 머리핀, 양말의 색깔을 자율로 하고, 선도부를 폐지했더니 제일 난리를 치는 아이들이 최고 학년 아이들이다. 후배들 앞에서 일제식 '가오'를 한번 잡고 싶은데 그걸 못하게 되었기 때문이다. 악습을 반복하면 앞으로 나아갈 수 없다. 이른 아침, 밥도 거르고 등교하는 아이들이 군부대 정문을 통과하듯이 검열을 받고 시작하는 하루가 행복할 수 없다. 다행히 검열을 통과한 아이들은 교실로 직행하지만, 그렇지 않은 아이들은 오리걸음으로 운동장을 돌거나 '복장 불량'을 반복하며 제자리에서 앉았다 일어섰다를 반복해야 하는 것이다. 지도 교사와 선도부의 '선도' 아래……. 그러니 수업이 재미있을 수 없다.

미용아, 인권과 교권의 상호 충돌을 막을 수 있는 방법은 없을까? 늘 숙제다. 우선은 상대방을 서로 존중하는 것이 중요한데,

어떻게 하는 게 상대에 대한 존중일까?

나는 우선 '지휘봉'이라는 미명의 회초리를 손에서 놓는 일, 더디고 어색하지만 출석부를 확인해서 이름을 부르는 일, 눈을 맞추고 대화를 나누는 일을 시작했다. 그리고 딱딱한 교과서 음악을 버리기 시작했다. 서양 음악사를 모르는 너희들이 노래는 나보다 더 많이 알고 있고, 음악 이론을 모르는 너희들이지만 여러 가지 복잡한 리듬이 뒤섞여 있는 노래를 훨씬 잘 불렀다. 이른바 '클래식'을 강요할 일이 아니었던 것이다. 때가 되고 나이가 차면 듣지 말라고 해도 듣게 되는 것이 '고전음악'이다. 좋은 엄마나 아빠가 되고 싶은 욕망이 음악을 듣게 만들기 때문이다. 태교에 좋은 음악, 머리가 맑아지는 음악, 유아기 성장을 돕는 음악…….

인권과 교권이 존중되는 교육을 원한다

미용아, 한번은 한 아이에게 내가 수업 시간에 '조용히 해!'라는 말을 몇 번이나 하는지, 잔소리에 쏟는 시간이 얼마나 되는지 적도록 한 적이 있다. 그 아이도 놀랐지만 더욱 놀란 건 나였다. 그러니 지금 생각해도 내 수업은 아직도 폭압적이다. 청유형 언어보다 명령형 언어를 많이 사용하는 대화는 일방적일 수밖에 없다.

'쉬운 것을 어렵게 가르치는 사람이 교수이고, 어려운 것을 쉽게 가르치는 사람이 교사'라는 말이 있다마는, 고등학교 입학 시험에 음악 이론이 포함되어 있다는 것이 핑계이긴 하지만, 너희들이 왜 그 어려운 조옮김을 배우고 음정의 자리바꿈을 배워야만 하는지 알 수가 없다. 대신에 악기라도 하나 익혀서 졸업한다면 얼마나 좋을까마는. 어떤 땐 그걸 가르치고 있는 내가 한심스럽기까지 하다. 그러다 보니 고작 이런 시를 쓸 수밖에 없었구나.

그래도 참았어야 했다
달아오른 냄비처럼 빠지직빠지직 악을 쓸 것도 아니고
몽둥이를 들었다 놓았다 폭력을 쓸 것처럼 위협할 것도 아니고
그래 가지고 어떻게 경쟁력을 가질 수 있겠냐고
신자유주의자처럼 빈정거릴 것도 아니었는데, 그만
천장만 높아 목욕탕 같은, 낡은 음악실이 무너져라
우렁우렁 소리만 지르다가 어쩌지 못해
문을 박차고 나와 버렸다

담배 한 대 빼물고 비 내리는 하늘 쳐다보다가
그래도 참아야지 다시 교실에 들어서서
내 말에 내가 밟히는 훈계를 시작하는데
와중에도 아이들은 소곤소곤, 나는 또 열을 받는다
띵똥띵똥 수업 끝을 알리는, 참을 수 없는,
위험한 경계를 허물어 주는 종소리에
차라리 안도한다
미움만 남아 있는 음악실
신경질적으로, 화풀이 삼아 건반을 두드려 보는데

발밑으로 쪼르르 밀려오는 찢어진 오선 노트 반쪽
초록색 볼펜으로 수십 차례 겹쳐 쓴 낙서 한 줄
나는 자지러진다

'아마 이빠이 돌았나 봐'

– 권혁소, 「北川日記 · 6 –아마 이빠이 돌았나봐」

미용아, 대놓고 말하지는 못했지만 나는 안다. 너희들의 대부분은 싸구려 월급쟁이로 도회지를 배회하다가 결국은 고향에 엎어져 부모들과 비슷한 삶을 살게 될 거라는 것을…….

문제는 우리 스스로 그런 삶을 비하하고 있다는 것이다. 그것은 '노동하는 계층은 따로 있다.'는, 그러니까 노동을 홀대하는 데서 비롯된다. 아니 솔직하게는 노동을 모른다. 노동자라는 말에 더 적대감을 나타내기도 한다. 첫 번째도, 두 번째도 교육의 부재 때문이다.

공부 못하면 질통 지고 버러지처럼 산다?

「닫힌 교문을 열며」라는 영화가 있다. 교단에서 쫓겨나게 된 선생님이 아이들과 마지막 수업을 하며 묻는다.

"L자로 시작하는 단어 중에 가장 아름다운 단어가 무엇인지 아는 사람?"

아이들이 답한다.

"Love, Like, Live……".

선생님이 칠판에 쓴다.

Labor!

학교를 증축하느라고 교실 안에서는 수업을 하고 교실 밖에서는 노동자들이 열심히 질통을 지고 나무 계단을 올라 다니던, 아주 뜨거운 여름날이었다. 당시 중학교 2학년이었던 민호가 울면서 찾아왔다.

"교감 선생님이 우리 아버지 보고 버러지래요."

"그게 무슨 말이니?"

"교감 선생님이 보강 시간에 들어오셔서 '공부 못하면 저 아저씨들처럼 질통 지고 버러지처럼 살아야 한다.'고 하셨어요."

민호 아버지는 학교 증축 현장에서 일을 하고 있었다. 민호가 받았던 충격을 어떻게 달랬는지 지금은 기억에 없다. 아마도 '네가 오해를 한 걸 거야.'라고 얼버무리지 않았을까…….

오뉴월에도 꼬박꼬박 흰 와이셔츠에 넥타이를 맸던 교감, 동무들의 태반이 문맹이었을 시절에 대학을 보내 줄 만한 가정에서 태어나 학비 걱정 없이 대학을 다니고, 반공 정신과 유신 이념으로 무장된 교감의 입에서 나옴직한 비유였을 것이다.

우리들의 학교는 '노동'을 교육하지 않는다. 심지어는 졸업하자마자 노동 현장으로 달려가야 하는 전문계 고등학교 아이들에게도 근로 기준법과 최저 임금에 대한 교육을 하지 않는다. 그러면서 모든 아이들이 '서울대'에 갈 수 있을 것처럼 '혹세무민' 한다. 모두가 전문직 계통에서 일하게 될 것처럼 '감언이설' 한다. 그래서 나는 '교육 노동자'라는 말을 부러 쓴다. 노동자들에게 노동조합이 필요하다는 말도 한다. 노동조합을 허용하지 않는 '삼성'을 욕하기도 한다. 장차 노동자가 되면 반드시 노동조합에 가입하라고 한다. 노동조합에 가입하면 간부 일도 맡아 보라고 권한다. 노동조합 위원장이 사용자의 편인지 노동자의 편인지도 잘 살펴보라고 일러 준다.

해마다 '가정 환경 조사'라는 종이 설문을 하는데, 부모의 직업을 쓰는 칸에 '노동자'라고 쓴 녀석을 딱 한 번 보았다. 그래서 기대감에 물었더니 "아버지가 막일, 노가다를 해서 그렇게 썼다." 고 했다.

노동이 홀대받고 노동자가 천대받는 나라의 미래는 어둡다. 노동 없이 이루어지는 현재란 없기 때문이다. 쌀 한 톨, 기름 한 방울도 노동자의 땀으로 맺은 결실이다.

좋은 대학에 가는 것이 진정 성공일까?

미용아, 네가 음대에 간다고 했을 때 실은 말리고 싶었다. 네가 '동네 피아노 교습소에서 코흘리개들을 가르치고 있다.'는 연락을 해 왔을 때, '고작 그런 일을 하고 있구나.' 하는 생각에 그때 말리지 못한 것을 더 후회하기도 했지만, 노동으로 입을 채우는 일은 얼마나 당당하고 빛나는 일이니……. 그래서 나는 긍정의 삶을 강조한다. 생각만 살짝 바꾸면 삶에 윤기가 흐른다. 어차피 다녀야 할 학교, 어차피 해야 할 공부라면 즐거운 마음으로 하는 게 능률도 오르고 행복지수도 높아진다.

흔히들 아는 얘기 하나.

> 같은 크기의 물병에 같은 양의 물을 채우고 두 친구가 사막을 여행하고 있었다. 한참을 걷다가 두 친구는 같은 양의 물을 마시며 목을 축였다.
>
> 한 친구는 생각했다.
>
> '휴, 갈 길이 먼데 물이 이것밖에 안 남았구나…….'
>
> 또 한 친구도 생각했다.
>
> '갈증을 달랬는데도 아직 물이 이만큼이나 남았구나…….'

누가 목마름이 더 심할까? 자명한 일이다.

흔히들 인생을 마라톤에 비유한다. 그런데 마라톤을 생각하면 너무 힘들기만 하다. 그래서 나는 '오래 걷기'라고 말한다. 뛰지 않아서 덜 힘들고, 뛰지 않으니 경쟁할 필요도 없고…….

미용아, '너의 현재는 네가 읽은 책'이라는 말이 있다. 경험해보니 사실이다.

글줄이나 쓴답시고 책을 읽는 척하기는 했지만, 눈 밝을 때 더 많이 읽지 못한 것을 돋보기를 쓰게 되고서야 후회하니 아무 소용이 없다. 책은 앉은자리에서도 세상살이를 알려 주는 삶의 동반자다. 불가능한 경험을 가능케 한다.

그런데 문제는 '어떤 책을 읽느냐'다. 나이에 비해 유치한 책을 읽는 친구들도 있고, 대학생이 읽기에도 벅찬 책을 읽는 친구들도 있다. 지나치게 어려운 책은 지적 허영이 아닌가 하는 생각이 들기도 한다. 그래도 요즘은 학교 도서관을 그럴싸하게 꾸며 놓아서 제법 책 읽을 만한 분위기는 만들어졌다. 그러니 신체 나이는 다 같을지 몰라도 정신적인 나이는 다 다를 수밖에 없다. 잠자는 시간을 하루 한 시간씩만 줄여도 한 달이면 남들보다 하루 이상을 더 사는 셈이다. 1년을 365일 사는 게 아니라 380일, 400일도 살 수 있다는 얘기다. 신체 나이보다 서너 살 정도 더 높은 정신 나이로 사는 게 좋다고 생각한다.

좋은 글을 쓰기 위해서는 세 가지를 꼭 하라고 한다. 많이 읽고 많이 쓰고 많이 생각하고……. 문학 공부를 전혀 한 적이 없고 일기만 쓰던 사람이 아주 유명한 소설을 쓰기도 한다. 그러니 일기를 쓰는 일은 아무리 강조해도 지나치지 않다.

여기에 한 가지가 더 필요하다. 대화와 토론이다. 취미나 생각이 비슷한 친구와 나눈 대화와 토론은 생각을 살찌게 한다.

요즘 아이들의 장래 희망 중 제일 많은 것이 가수, 연예인이다. '어떻게 하면 가수가 될 수 있느냐?'며 찾아오는 아이들도 있다. 노래는 정말 잘 부르는데 몸매나 얼굴이 그저 그러면 아이들은 '넌 가수가 될 수 없어.'라고 말한다. '성수(성형수술)하면 돼',

라는 대답이 더 걸작이다. 그러니까 너 나 할 것 없이 '어떻게'보다 '무엇'에 집착한다.

어느 핸가 급훈을 '왜'로 정한 적이 있었다. 그리고 단 일 년 만이라도 '왜'라는 질문을 끊임없이 해보자는 약속을 했다. 나중에는 좀 장난스럽게 되어서 수업에 들어가는 선생님들이 '왜' 때문에 곤욕을 치렀다는 얘기도 들렸다. 인생은 질문과 답변의 연속이다. 자신이 대답할 수 없는 것은 없다.

안타깝지만 우리는 오직 좋은 대학에 가기 위해서 공부한다. 돈을 얼마나 많이 벌었느냐, 어느 동네에서 몇 평 아파트에 사느냐를 가지고 성공 여부를 가름한다. 그런데 그것이 정말 성공일까?

모름지기 성공이란 자신이 원하는 인생을 사는 것이다. 농사를 짓고 싶었다면 농사를 지으며 사는 인생이 성공한 것이고, 시인이 되고 싶었다면 시를 쓰며 사는 인생이 진정 성공한 인생이다. 그러나 다들 돈과 명예와 권력의 블랙홀로만 빨려 들어간다. 경계를 늦추지 말아야 하는 이유다.

돈 많은 미국도 자국민의 비만을 막지 못하고 있고, 국민 소득 2만 불 시대를 맞은 우리나라의 자살률은 세계 최고다. 정신적으로 빈곤하기 때문이다.

음악은 정신적인 가난을 채워 주는 좋은 친구가 될 수 있다.

좋은 음악과 나쁜 음악이 있는 것이 아니라 '이럴 때 이런 음악'을 찾아 들을 수 있는 혜안이 필요하다.

힙합 음악에는 저항 정신이 흐른다. 그래피티가 그렇고 랩이 그렇고 브레이크댄스가 그렇다. 몸이 요구하는 음식이 건강을 지키듯이 마음이 요구하는 음악이 몸을 살린다. 억지로 부르는 노래는 힘이 들지만 부르면서 즐거운 노래는 힘을 솟구치게 한다. 「성불사의 밤」보다 「꼴찌를 위하여」, 「사노라면」 같은 노래를 더 열광적으로 부르는 것도 다 그 때문이다. 그러니 지금은 힙합을 즐기면 된다. 몸과 마음이 요구하는 대로…….

미용아, 참 오랜만의 회상이었다. 너도 이제 마흔 줄에 들어섰겠구나. 사춘기를 건너는 아들과 티격태격 말다툼도 있을 테고…….

예나 지금이나 좋은 선생 한번 해보는 게 소원인데, 언제나 그 소원을 이룰 수 있을지……. 대략 난감이다. 그래도 이탈리아 사상가 안토니오 그람시의 말을 되새기며 또 일 년을 살아야겠다.

이성으로는 비관하더라도 의지로 낙관하라.

나쁜 선생의 탄생

김 재 룡 시인, 강원도 춘천여자고등학교 체육 교사

1957년에, 미군 탱크에 희생된 여중생 미선이와 효순이가 살았던 마을 부근에서 베이비붐 세대로 태어났습니다. 서울 면목고등학교, 금천고등학교, 구로고등학교, 개포고등학교에서 체육 선생님으로 일하다 강원도로 옮긴 후, 설악고등학교, 강원체육고등학교를 거쳐, 지금은 춘천여자고등학교에서 역시 체육 선생님으로 일하고 있습니다. 1985년에 「심상」으로 등단하여 시인이라는 이름을 얻었고, 1990년부터 다른 체육 선생님들과 함께 '전국체육교사모임'을 만들어 활동하고 있습니다. 이북 출신으로 반공포로였던 아버지는 다시 대한민국 육군에 징집되었다가 의문사 했고, 눈 먼 외할머니가 핏덩이를 받아 이름을 지어 준, 아픈 가족사를 간직하고 있습니다. 스포츠인류학 전공으로 박사 학위까지 받았지만, 학교에서 만나는 아이들, 학생 운동 선수들과 함께 주로 공굴리기 놀이를 하며, 대략 한심하고도 나쁜 선생으로 늙어가고 있습니다.

이십오 년이 넘게 학교에서 아이들을 만나왔다. 첫 발령을 받은 학교의 운동장에서, 시키지도 않았는데 사열 횡대로 도열해 거수경례로 인사하는 아이들을 보며 막막해 하던 일이 엊그제 같다. 그런데 아직도 아이들이 자연스럽게 운동장이나 체육관에 모이는 것이 어색하기만 하다. 하긴 교실에 들어갔을 때 책상에 줄이 맞추어져 있지 않으면 짜증이 나는 것은 지금도 어쩔 수 없는 일이다.

깨트리기의 어려움

첫 만남, 첫 수업. 나의 방식은 늘 똑같다. 초롱초롱 잔뜩 호기심을 갖고 교탁 앞에 선 나를 바라보는 아이들, 그 아이들과 만나는 첫날 첫 순간에 교실에 들어가서 하는 말은 '애들아 안녕!'이다. 그리고 칠판에 이름을 쓴다. 그러면 벌써 저쪽에서 '용용 죽겠지.' 한 마디가 나오기 시작한다. 그리고 슬쩍 아이들의 반응을 살펴보고는 '룡'자의 'ㅛ'를 손가락으로 지워 'ㅗ'로 만든다. 선생 이름 치고는 웬만해서 아이들이 잊어 먹지 않을 좋은 이름 아니겠는가.

학교에 발을 디딘 지 얼마 되지 않았을 때에는, 수업을 시작하기 전이나 수업이 끝난 후에 아이들에게 인사를 받지 않았다. 아이들에게 권위적인 모습을 보이고 싶지 않아서였다. 교사의 권위를 스스로 깨트리지 않으면 아이들에게 가까이 다가가지 못할 것 같았기 때문이었다. 아마도 권위적인 것에 대한 생리적인 거부감이 작용하기도 했을 것이다. 교실에 들어가거나 운동장으로 나갈 때면 그냥 데면데면하게, 그러나 가능하면 밝고 환한 목소리로 "얘들아 안녕!"으로 시작하고, "오늘은 여기까지", 한 마디 하고는 아무런 미련도 없이 휑하니 돌아섰다.

운동장이나 체육관에 나가 "얘들아 가까이 오너라~ 모여라~" 소리친다. 아이들은 느려터지기는 하지만 사열 횡대나 종대로, 번호순 대로 줄을 맞추어 서지 않으면 무언가 불안해 하고 우왕좌왕하기도 한다. 이것이 바로 집단화의 결과임은 어쩔 수 없는 일이다. 집단화에 매몰되면 아이들 개개인의 자율성을 이야기할 수 없음은 자명하다. 그냥 가까이 오라고 하면 쭈뼛쭈뼛하는 아이들, 손짓으로 몇 마디 더 하면 장난스럽게 뒤에서부터 밀며 밀려들어 오는 아이들……. 그러면, "무서워, 그만 와! 무서워!"라고 소리치고는 수업을 시작하는 것이다.

오줌 누기가 즐거우려면

「쇼생크 탈출」이라는 영화에서 모건 프리먼이 연기한 레드와 관련된 몇 장면에 대한 이야기다.

앤디가 탈출에 성공한 후에 출소한 레드는, 먼저 출소하였던 부룩스라는 인물과 똑같은 삶을 살게 된다. 허름한 셋방에 살며 대형 상점의 계산대 옆에서 봉투에 물건을 담아 주는 단순 노동으로 살아간다. 오랫동안 감옥 생활에 길들여져 살아온 레드는 출소 후 바라보는 세상도 감옥이나 별반 다르지 않다고 생각했는지도 모른다. 화장실을 갈 때에도, 간수가 지키는 감옥이 아님에도 상점의 주인에게 허락을 받아야만 소변이 나오는, 자신의 길들여진 모습을 문득 깨닫게 된다. 레드는 부룩스와 똑같은 방법으로 대들보에 목을 매어 자살하려던 절망감을 딛고 앤디를 찾아가는 여정에 나선다.

나는 이것을 마음의 감옥을 부수어야만 비로소 주체적인 한 인간으로서의 자유와 존엄을 되찾게 된다는 이야기로 생각해 보았다. 그런데, 이것이 남의 이야기가 아니었다.

모의고사 시감을 하려고 교실에 들어갔는데, 한 아이가 쪼르르 달려온다.

"선생님 화장실 좀 다녀와도 돼요?"

이 말이 어쩌면, 내가 학교에서 아이들과 만나면서 가장 많이 들었고, 듣고 있는 말인지도 모른다. 한동안은 수업을 시작하기도 전이나, 활동 중에 화장실 다녀와도 되겠느냐는 물음을 들으면 버럭 화를 내기도 했다.

"야 임마! 내가 너희들 화장실 가는 것이나 허락해 주는 사람으로 보이냐?"

큰 소리에 얼굴이 발개지며 무안해 하는 아이를 세워 놓고는, 다른 아이들에게도 들으라고 큰소리로 이야기하는 것이다.

"애들아 너희들, 집에서는 화장실 갈 때 허락받지 않잖아. 어디서든 마찬가지야. 화장실 가는 것을 허락받아야 하는 세상이라면 얼마나 끔찍하니? 자신의 생리적 현상을 해결하는데 누가 뭐라겠니. 다만, 슬기롭게 해결해야겠지. 내 시간에는 너희들 멋대로 화장실 정도 다녀온다고 해도 아무 상관 없으니까, 앞으로 내 앞에서 화장실 간다는 이야기하지 말 것, 알았나! 애야, 빨리 다녀오너라~"

성질 더러운 선생의 '버럭!'에 샐쭉해졌던 아이가 무안한 표정으로 안도하며 달려 나간다.

이런 상황은 대개는 학기 초에 일어나는 일이지만, 어쩌다 교실 수업을 들어갔을 때나 활동 중에 여전히 이런 아이들을 만나게 된다. 이러한 일이 일어나는 이유는 여러 가지이겠지만, 결국 학교 사회라는 곳이 여전히 교사들의 권위적 접근 방식으로 작동하고 있다는 것의 반증에 다름 아니라는 생각을 하게 된다.

학교에서 화장실 사용은 늘 문제다. 깨끗하게 사용해야 하는 것은 물론이고, 화장지 공급, 청소 등에서 대부분 골머리를 앓는다. 학교에서 화장실은 장소, 방법, 시간 등에서 교칙과도 같이 학생들에게 규율을 강제하는 중요한 한 영역이 된다. 그리고 잘못을 저지른 아이들에게는 내려지는 대표적인 벌이 '화장실 청소'이다.

한편 학교에서 화장실은 학생들의 일탈과 탈출구의 장소로 이용되기도 한다. 학생들에게는 금지된 각종 행위들의 온상이 되기도 하는 것이다. 흡연, 폭행, 갈취 등이 일어나고 절취물의 유기 장소로도 이용되며, 드문 일이지만 성폭행을 당해 낙태, 하혈하는 여학생이 발견되는 곳도 화장실이다.

아이들이나 선생님들은 누구나 수업 전에 화장실을 다녀와야 하는 것 정도는 다 알고 있다. 그러나 생리 작용이라는 것이 쉬는 시간에만 일어나는 것도 아닐 뿐더러, 여학교의 경우에는 사용자가 몰릴 경우, 짧은 시간에 용무를 마치지 못하는 경우도 생길 것이다. 그러니 수업을 시작하려는 순간이나 수업 중에 불쑥 "선생님, 화장실 좀요." 하는 일이 벌어질 수 있다. 그러나 이런 상황은 수업의 흐름을 깨트리는 일이 되고, 자칫하면 커다란 오해를 초래할 수도 있게 된다. 개중에 몇몇 학생들은 '화장실'을 교사들을 골려 먹는 수단으로 악용하기도 한다. 어쨌든 교사들은 수업의 흐름이 깨졌다거나 수업 방해를 초래했다고 느끼게 될 경우, 권위적인 교사일수록 무시당했다거나 자존심에 상처를 입었다고 생각하게 되고, 나처럼 성질 더러운 선생은 분노를 폭발시키기도 한다.

언젠가 한번은 화장실 문제로 선생님과 아이의 사소한 감정 싸움이 일어나 엄청난 '사건'으로 발전한 경우도 있었다. 한 남자 선생님이 수업에 조금 늦게 들어온 여학생을 야단치다가 발생한 일이었다. 사소한 문제였음에도 감정이 격해진 선생님이 그 여학생의 빰을 때렸고, 그 여학생이 선생님의 빰을 맞받아 때리는, 어이없는 일이 벌어진 것이다. 그러거나 말거나 아무 일도 없었다는 듯이 잘도 돌아가는 곳도 학교이지만, 이렇듯 학교에서는 화장실 사용 하나에도 이렇게 보이지 않는 규율과 권위가 작동하기도 하는 것이다.

그렇게 문득, 아이들을 주체적이고 자율성 있는 존재로 가르치지 못하고 통제와 감시, 처벌의 대상으로 여기기만 했던 것은 아닐까를 새삼 반성하게 되는 순간이 있다. 그러므로 아이들과 만나는 첫 수업에서 나는 화장실 사용만큼은 나의 눈치를 보지 말라고 주문하게 된다. 그렇다면 교실에서는? 내가 본 가장 좋은 방법은 이것이었다.

살짝 손을 든 아이가 연습장 노트에 큰 글씨로 쓴 무언가를 들어 보였다. 눈웃음과 함께 고개만 살짝 끄덕여 주면 되는 내용이었다.

"선생님~ 쉬~ 급해요ㅠ.ㅠ"

박하 사탕처럼

학교를 때려치우고 집을 나간 지 45일 만에 돌아온 상원이는, 결국 학교로 돌아오지 않았다. 스무 해나 전의 이야기다. 좋은 시절이었던가. 상원이, 지우, 강규……. 그 녀석들과 함께 나도 덩달아 어리고 젊었다.

학교에서는 화장실 하나에도 보이지 않는
규율과 권위가 작동한다. 그래서
아이들과 만나는 첫 수업에서 나는 화장실 사용만큼은
나의 눈치를 보지 말 것을 주문한다.

나는 갓 서른이 넘은 팽팽한 청춘이었다. 그리고 그 아이들에게는 철없지만 통하는 선생이었다. 상원이가 다시 돌아온 그 날, 우리들은 청량리 시장 쪽에 있는 숯불구이 집에서 소주잔을 기울이다가 '오둘둘'을 타고 돌아왔다. 그리고는 고래고래 민중가요를 부르며 면목동 골목길을 누볐었던가.

상원이가 식솔들을 거느리고 한라산 자락으로 떠나갈 줄도, 지우가 대륙을 떠도는 코즈모폴리턴이 될 줄도, 1급 자동차 정비소 수석 기사 일을 때려치운 강규가 아이들과 함께 이민을 갈 줄은 꿈에도 생각지 못했다. 어쩌다가 경춘선 열차를 타고 청량리역에 닿을 때면, 열차 기다리는 시간 동안 청량리 시장 통을 배회하는 이유다.

학교를 오르는 언덕길, 중학교를 휘돌아 내려가면 522번 버스가 다녔다. 누구나 그냥 '오둘둘'이라고 불렀다. 아마 그 버스는 중곡동에서 북악 터널을 지나 연신내 쪽으로 다녔을 것이다. 첫 발령받고 정릉 집에서 두 달가량은 오둘둘을 타고 출퇴근을 했었다. 어느새 27사단 분대장으로 전역하는 새하가 태어나기 한 해 전이었다.

전교조가 결성되기 전, 20여 년 전의 그 뜨겁던 유월의 어느 날이었다. 백골단에 밀려 종로 3가 한일관 뒷골목으로 도망치다가, 바로 머리 위에서 최루탄이 터져 온몸에 백색 가루를 뒤집어썼던 기억이 생생하다. 구멍이란 구멍으로는 몸속에 있는 수액들을 남김없이 밀어내듯 콧물, 재채기, 구역질, 기침의 격렬한 고통 속에 내동댕이쳐졌던 그 세월…….

그해 겨울에도 시청 앞 쪽에서 또 한 발을 맞아, 전철을 타고 신촌으로 갔을 때 뒤집어 쓴 최루탄 가루가 덜 털어져, 전철 안에 타고 있던 사람들이 모두 나를 피하던 일……. 입고 있던 웃옷에서는 열흘 가까이 최루탄 냄새가 가시지 않았다.

그때, 신촌에 함께 있었던 녀석들이 태어나지도 않은 둘째 아이의 이름을 지었다. 김, 새, 하. '새 하늘 새가 하늘을 난다.'라는 뜻의 이름을 낸 것은 상원이였다.

꿈속에서도 지랄탄이 쫓아다니던, 갓 서른을 넘긴 그 때에도 내 생은 절정이었다. 그런데, 그것을 모르고 살았다. 정녕 몰랐다. 그렇게 잊혀져 버린 줄만 알고 살아가던 어느 날, 너의 편지를 받고 나는 공지천 강변에 나가 한없이 울었다.

조폭처럼 노려보며 마구 허공을 가르던 막대기와
적군을 다루듯 감정 없는 발길질에서
바닥모를 슬픔을 느꼈고, 더 이상의 미련을 버리고
툭 털고 떠나갔습니다.

참 많이 미워하고, 복수를 다짐했습니다.
참담한 교육현실과 저질의 교사들을 향한
분노에 키만 한 배낭을 짊어지고, 비틀거려도
쳐진 두 어깨가 힘든 줄 몰랐습니다.

떠나는 길에 배웅 나온 친구들에게 다시는
학교에 복귀하지 않겠다고 큰소리쳤지만
같이하지 못하는 미안함으로 서로 부둥켜
안았을 때, 서글픔과 서러움이 사무쳤습니다.
오월의 푸른 산하를 뒤로하면서
전라도 나른한 봄 들판과, 울산의 산업노동자숙소
거제도 청명한 바다, 청평의 안개 속 호수에서
하염없이 흘러가는 저를 보았습니다.

자신과 세상과 화해해야지
가족과 친구에게 돌아가야지
두 눈이 짓물러지도록 보고 싶은
동무, 가족, 사람들에게로

초여름 장마가 시작되기 전에 돌아왔습니다.
치기 어린 고삼 시절을 떠나가는 봄날과
함께 보내 버리고
마주 서 있는 세상과 산다는 것
그렇게 눈에 보이는 것
같은 하늘 아래 사랑하는 사람들
살아 볼 만한 세상일 거라는……

잊었던 복수의 칼이 춤추는 꿈

가끔 가위눌리다 깨어나면
그 시절 세상을 향해 날 세웠던 칼을
가슴에서 꺼내 봅니다…….

G20이라는 것으로 온 나라가 시끄러운 적이 있었다. 88올림픽 때만큼이나 요란스러웠다. 4대 강 삽질은 멈출 줄 몰랐다. 몇 해 전 '너나먹어 소고기' 촛불이 한참일 때에 이어, '쥐 잡는 날'이라고 여기는 사람들을 향해, 물 대포로도 모자라 음향 대포와 고무탄을 발사하는 총과 같은 시위 진압 장비를 동원한다는 엄포도 있었다. 온 도시를 며칠씩이나 불야성으로 만들고, 왼갖 천박한 잔치들로 흥청망청하고, 음식물 쓰레기도 없는 도시가 된다고 했는데, 그때, 나는 왜 아직 저들을 향해 돌을 던지고 싶은 열망에 휩싸였는가. 무엇이 나를 20여 년 전의 젊은 날로 되돌아가고 싶게 만들었는가. 나, 돌아갈래!

나는 학교를 거부했다. 그리고 떠났다

현지니 : 고2 때 자퇴. 현재 방통대 졸업을 앞두고 있음. 혼자 대충 독립적인 삶을 살며 서울 명동 근처에서 택배 일을 하고 있다. 얼마 전엔 중국 무술의 한 종류를 열심히 연마하다가 큰 부상을 입고 입원을 하기도 함. 나는 이 녀석의 1학년 때 담탱이었음. 그동안 먹고 사느라 대충 잊어 먹고 살았는데, 언젠가 홀연히 나타나서는 내가 자기 인생에 커다란 영향을 끼쳤다고 박박 우기며 개김.

그 후에 이 녀석과 어떤 형태로든 교류, 소통할 때마다 대략 난감함. 광혀기와 소영이의 결혼식 주례를 억지로 떠맡긴 놈. 이 녀석 땜에 이 아이들이 아이를 나아가지고 찾아와서 안기는 바람에 졸지에 할아버지가 되어 혼비백산한 일이 있음. 또 언젠가는 동대문 운동장에 야구 경기 때문에 가 있었는데, 만화책인 '천재 유교수 어쩌구 저쩌구'라는 스무 권 한 질을 야구장으로 배달하기도 하는 만행을 저지름. 명절이면 집으로 배나 사과상자를 오토바이로 싣고 와 떨어뜨려 놓고 사라짐. 이번 추석에도 어김없이 춘천까지 배와 사과 상자, 인삼주를 배달한 놈인데, 사십 넘기 전에 결혼한다면 못 이기는 척, 주례를 서줄 용의가 있다고 했으나 이미 물 건너갔음. 한국 사회의 교육 현실에 대한 불신이 상상을 초월하여, 결혼하여 애 낳고 잘 살아 보겠다는 생각까지도 접은 듯함. 그 불신감을 조장하는 데 내가 한몫했다는 것을 결코 부인하지는 않겠으나, 몽달귀신과 함께 늙어 가게 되어 잠을 이루기 어려운 지경임.

상워니 : 3학년 올라가면서 자퇴. 그동안 면목동, 과천을 떠돌다, 몇 년 전 제주도로 건너가서 새로운 터전을 잡고 '생협' 일을 계속하며 알콩달콩 살고 있음. 세 살 연상의 미수니와 결혼하여 형제를 둠. 나는 이 녀석 1학년 때 교과 담당이었는데, 이 녀석은 반장이었고, 공을 아주 잘 찼음. '진달래'라는 지하 조직을 만들어 학교의 진입로 바닥, 옹벽, 교실 복도 등에 온통 붉은 페인트로 도배질을 한 일이 있음. 또한 몇 번 '삐라'를 만들어 교실마

다 살포한 주범이었음. 학교에서 이런 일이 일이 터질 때마다 이 녀석들을 만나면, '이 짓 한 녀석들 나한테 걸리면 죽도록 패주겠다.'는 말을 한 때문인지, 반년 동안이나 나에겐 끝까지 자기들의 소행임을 자복하지 않은, 아주 나쁜 놈들 중 한 놈임. 고교 문학 동아리 문학회의 첫 번째 시화집 「매듭」을 엉성하게 엮는 데 중심적인 역할을 하기도 함. 2학년 때 가평으로 청소년 문학 창작학교에 데리고 갔는데, 그때 빌려간 예비군복 바지를 아직 돌려주지 않고 있음. 대신 지난 봄 한라봉 한 박스를 택배로 배달시킴. 남극 박사 지우와 브리즈번에 이민 가 살고 있는 갱규, 세 놈은 서로를 '쓰리 샴쌍둥이'라고 여기는 듯함. 혹은 서로 텔레파시로 교신하고 있는지도 모름. 내가 안산과 주안에 살 때에도 그랬지만, 결국 분당 집에까지 가끔 찾아와 어린 리을이와 새하에게 담배를 물리지를 않나, 자동차 주유구 뚜껑을 탈취, 엉뚱한 곳에 감추는 등, 나와 우리 가족에게 온갖 횡포를 부린 무지막지한 놈들의 수괴임. 강원도에서 서울로 발령받은 햇병아리 초임 체육 교사를 의식화시킨 시뻘건 놈들 중 하나인데, 지금도 아나키스트를 꿈꾸고 있다고 생각됨. 제도 교육의 혜택을 가장 잘 받는 듯하다 망가진 놈의 대표임.

승질이 : 2학년에 자퇴. 자기 스스로를 어쩔 수 없는 '사이코'라고 여기며, 자신과 가장 가까운 종족들에게 무수하게 피투성이의 상처를 입힌, 초절정 구제 불능의 제도 교육 탈락자임. 문과 톱의 성적을 자랑하였지만, 190cm 거구에 대한 극도의 열등

감을 갖고 있었음. 그래서인지 키가 아주 작은 여선생님을 한 삼년 스토킹 함. 1학년 때, 시창작반 동아리에 이 녀석을 받아들인 것이 악몽의 시작이었음. 나는 이 녀석과 엉뚱하게 눈이 맞아, 서로를 비아냥대며 참혹한 세월을 죽였음. 이 녀석 어느 날, 끔찍한 교통사고로 6개월 동안 학교를 쉬었다가 복학했으나, 결국 자퇴하고 검정고시로 이름 있는 법대에 다니고 있음. 어느 날 새벽에는 지하철에 몸을 던지겠다며 문자로 최후 통첩을 보내기도 한 적이 있었는데, 그날 죽지 않고 도곡역에서 과천까지 밤새 걸어, 아침에 스토킹당한 여선생님 집 대문 앞에서 발견되기도 함. 그 아무개 여선생님 재작년에 결혼 후, 이 녀석의 또라이 증상이 조금씩 치유되고 있다고 여겨짐. 얼마 전 내 홈피 게시판에 법복을 입고 나타나겠다는 협박(?)을 하기도 했는데, 나는 죽을 때까지 법복 입은 사람 앞에는 서고 싶지 않음. 어쨌거나 이놈만큼 대한민국 공교육 현장을 하찮게 여기는 놈을 다시는 보고 싶지 않은 것이 솔직한 심정임. 그나저나 이 개누무시키, 너 지난번에 춘천 한번 오겠다고 멜 보내 놓고, 사람 지둘리게 해 놓고, 배신이나 때리고, 쯧쯧~ 먹물 먹었다는 것들 하는 짓이라니!

이제는 말할 수 있다

내가 저 아이들을 팬 것은 아니다. 그러나 나는 비겁한 꼰대였다. 저 아이들이 교문을 박차고 일찌감치 세상에 뛰어들 때, 내가 할 수 있는 것은 아무것도 없었다. 나는 밥을 벌어먹고 살아야 했다. 나는 저 아이들이 절망감에 몸을 떨고 있을 때도, 모가지만을 만지작거리던 밥버러지에 불과했는지도 모른다. 지금도 딱히 그렇다고 할 수는 없지만 예전에 그랬던 적이 있었다면, 그건 분명하다.

어쨌거나 선생이 되고 나서 아이들에게 폭력을 행사했던 기억은 지우지 못할 상처처럼 남아 있다. 물론 아이들에게 손을 댄 것은 꽤 오래전이다. 교과 수업 중에는 아이들을 혼낼 일이 별로 없다. 주로 담임을 맡고 있을 때, 학년부 일로 여러 번 몽둥이를 들었을 것이다. 신체적 체벌을 가하는 것 말고도, 나는 분명 아이들에게, 욕하기, 무시하기, 따돌리기, 비아냥거리기, 망신 주기, 깎아 내리기, 신체적 약점 들추기, 무관심하기 등 폭력적인 방법을 사용한 적이 있었음을, 그리고 아직도 교묘하고도 기술적으로 이런 방법들을 여전히 사용하고 있음을 인정해야만 한다. 대략 한심하지만 이러한 모습들이 완전히 사라진 세상이란 존재하지 않을지도 모르기 때문이다.

그렇다. 이제는 자복해야만 한다. 나는 한마디로 단순 무식 지랄 같은 '단무지'였을 때가 있었다. 그리고 그것은 결코 지워지지 않을 것이다. 초임 시절에는 몽둥이를 질질 끌고 다니며 정문 지도 한다며 공포 분위기 조성하는 건 예사고, 성질 대로 애들을 팬 적도 있다. 첫 발령을 받은 학교는 45개 학급의 남자 인문계 고등학교였다. 체육 선생이 다섯이었지만 교련 선생도 셋이나 있었다. 대각선으로 겨우 100m가 나오는 운동장에, 체육 수업하는 학급이 넷이면, 교련도 두세 시간 함께 수업을 하는 곳, 당시에 학교는 그야말로 완벽한 병영이었다. ROTC를 전역한 한 선배 교사는 아이들을 정말 잘 다루었다. 그의 방법을 그대로 따라하면 수업이든 담임이든 만사형통이었다.

나는 그렇게 '선생질'을 배우며 길들여졌던 것이었다. 그러면서도 나름 대로 원칙이 있으니 괜찮지 않느냐고 스스로를 합리화시키기도 했다. 그러나 아이들을 무릎 꿇게 하지 않았다. 완벽하게 굴복시키는 방법이기도 했지만, 고교 동창 녀석 하나가 무릎을 꿇리는 체벌로 무릎이 망가져 고생하는 것을 보았기 때문이었다. 대걸레 자루로 엉덩이를 때릴 때도, 딱 한 대만을 내리치려고 했지만 어려운 일이었다. 몽둥이를 들면 스스로를 통제할 수 없이, 몽둥이가 스스로 춤을 춘다는 것을 그때는 잘 몰랐던 것이다. 아이들을 때리는 것이 아무렇지도 않았을 때 나는 이미 교사가 아니었다. 가르친다는 것이 무엇인지도 몰랐고, 꿈도 희망도 눈물도 없이, 아이들은커녕 자신마저 사랑할 줄 모르는, 무지와 어리석음으로 가득 찬 비열한 철밥통에 불과했던 것이다.

교직 생활 십 년을 넘기고서도 마찬가지였을 것이다. 몇몇 녀석들과는, 가운데 손가락을 서로에게 추켜올리며 장난치는 것을 예사로 하던 저질이었다. '싸이'에서 어떤 녀석과는 "뻐큐 제자"와 "뻐큐 선생" 사이다. 그렇게 나는 체육 선생의 전형이 되었고, 이십 년이 훌쩍 넘어 버린 지금도 그렇다. 물론 지금은 한심하고 더럽게 굴러가는 세상을 욕하면서 살아가는, 이 시대의 한심한 꼰대가 되어 버리고 말았다. 어쩌면 나는 이 직업을 그만

둘 때까지 한심함을 넘어 허접하게, 내가 저질렀을지도 모르는 만행을 뉘우치면서 살지도 모른다. 그러나 정말 다행이다. 내 잘못을 자복할 수 있어서, 이렇게 뉘우칠 수 있게 되어 정말 고맙다. 나여, 못되 먹은 꼰대여.

나쁜 선생의 탄생

학생 인권 조례와 체벌 금지 등의 논란이 아직도 계속되는 세상을 어떻게 보아야 할까. 일부 교육청에서 단위 학교에서의 체벌 금지를 지시하자 수구 보수신문이나 인터넷 포털에서 난리가 났다. 생각해 보면 가관도 아니다. 학부모들의 입장이나 보통 사람들 뿐만이 아니다. 교사들까지도 체벌을 없애면 교육이 무너진다고 극렬하게 저항한다. 단언컨대 그들은 한마디로 덜 떨어진 부류들이다. 교사가 학생들을 자율적이고 주체적인 존재, 동시대의 삶을 함께 나누는 인격적 주체로 받아들이지 않는다면, 아이들에게 학교는 곧바로 감옥보다 더한 곳이 되고 말 것이다.

아이들을 자신과 동등한 존재라고 여긴다면, 진정 사랑한다면, 교육적 체벌, 사랑의 매라는 이름으로 정신적이거나 물리적 폭력을 가한다는 것은 어떠한 명분으로도 정당화될 수 없다. 체벌을 옹호한다는 것은 아직도 학생들을 훈육하고 길들여야 하는 대상으로만 바라보는 것에 다름 아니다. 사물이나 사람을 대상화하는 한 인간의 삶 자체에 대한 성찰을 기대할 수 없는 일이다. 교직에 있는 이들이나 아이들을 키우는 학부모 입장에서도 다른 것은 아무것도 없다. 교육이라는 것, 교사가 학교에서 아이들을 만난다는 것이 다른 사람들이 사는 것과 크게 다른 것이 아니라는 것이다. 교사라는 직업 별거 아니다. 꿈과 희망이 거의 사라져 버린 한 인간이, 앳된 꿈과 희망 덩어리의 다른 인간들과, 가당찮게도 눈부신 한 생을 함께 살아가는 것이라고 여긴다면 어떻게 아이들에게 함부로 할 수 있겠는가.

나는 이십오 년 넘게 체육 선생이 되어 줄잡아 10,000명 가까이 되는 학생들을 만났고, 그 중에 담임으로 만난 친구들만 600명이 넘을 것이다. 이렇게 학생들과의 만남을 통해 나는 선생으로 단련되었다. 이제야 조금쯤은 학생들의 희로애락을 간파할 수 있는 혜안을 갖게 되었다는 생각을 해본다.

나는 학생들을 가르쳤다고 생각한 적이 한 번도 없었다. 나는 그들과 생의 한 귀퉁이를 함께 했을 뿐이다. 오히려 나는 또 다른 나와 같은 한 인간이었던 그들에게서, 세상 살아가는 모든 것을 배웠다고 말해야 하는지도 모른다. 그러나 아직 멀었다.

가르치지 않는 것이 선생의 최고 경지라는데, 여전히 나는 지리멸렬한 채, 어떻게 사는 게 선생인지 갈피를 잡지 못하는 나쁜 선생이다.

수학?! 사랑하게 되면 알게 되고

고 병 태 **인천 남고등학교 수학 교사**

1963년에 충북 보은에서 태어났습니다. 인천 제물포중학교, 인일여자고등학교, 부평고등학교 등에서 일했고, 지금은 인천에 있는 인천남고등학교에서 수학 선생님으로 일하고 있습니다.

책을 끼고 노는 것을 조금 좋아해서 한국방송통신대학교 컴퓨터과학과, 국어국문학과, 영어영문학과까지 졸업했고, 지금은 대학생이 되어 버린 아들이 태어나기 전날부터 지금까지의 생활과 본인의 일상을 자유롭게 적은 일기를 매일같이 쓰고 있으며, 어제까지도 그리고 오늘도 그 일을 계속하고 있습니다.

국어, 영어, 수학 중에서 가장 어려운 과목이 어떤 과목이냐고 물으면, 학생들에 따라 다르겠지만, 수학을 제일 먼저 떠올리는 학생들이 적지 않습니다. 아마도 과외 과목을 떠올려도 제일 먼저 떠올리는 것 역시 수학일 것입니다.

수학은 어려운 과목?! 그래도 희망은 있다

'수학' 하면 떠오르는 첫 생각이 무엇이냐는 물음에 조금의 망설임도 없이 '어렵다', '골치 아프다', '공부해도 점수가 오르지 않는다'고 불평불만을 얘기합니다. 수학은 정말 어려운 과목이며, 그래서 공부를 해도 성적이 오르지 않는, 골치 아픈 과목일까요? 과연 그럴까요? 수학은 특별한 사람들만 하는 특이한 것일까요? 외계인들이나 하는, 보통 사람들이 전혀 이해할 수 없는 특수한 내용들로 구성되어 있는 걸까요?

수학 첫 시간을 이런 얘기로 시작한다는 것이 수학이 어렵다는 것을 반증하는 것일지도 모르겠어요. 어쩌면 수학은 정말 넘을 수 없는 거대한 산처럼 느껴질 수도 있을 겁니다. 그러나 여기, 수학을 어려워하고, 수학 때문에 고통(?)받는 친구들이 있다면, 희망적인 이야기 하나로 첫 수업의 시작을 열어 볼까 합니다.

혹시 일본의 수학자 히로나카 헤이스케 교수님이 쓰신 『학문의 즐거움』이라는 책을 읽어 본 적이 있나요? 우리가 어떤 사람의 전기를 읽을 때는 보통 그 사람의 초인간적인 면에 감동을 받게 됩니다. 그러나 사실 그것이 보통 사람들에게는 능력 밖의 것이어서 노력해도 이루어지기 불가능한 일로 느껴져 오히려 절망하거나 포기할 수도 있죠. 하지만 히로나카 교수님의 자서전은 그것과 반대입니다. 그렇게 뛰어날 게 없었던 평범한 사람이 세계적인 수학 업적을 남기게 되었다는 것이 다른 전기와 조금 다른 점이라고 할 수 있습니다.

지은이도 이 책 안에서 몇 번이나 강조했듯이, 그의 어린 시절은 우리 보통 사람의 성장 과정과 별 차이가 없었습니다. 그럼에도 불구하고 그는 결국 수학 역사에 남을 큰 업적을 세웠죠.

그 책에는 이러한 글이 나옵니다.

> '삼각형의 두 밑각을 각각 이등분하는 선을 그려서, 각 선이 대변에 교차하는 점까지의 길이가 같을 때 이 삼각형이 이등변 삼각형임을 증명하라.'

이 문제는 삼각함수를 쓰면 쉽게 풀 수 있지만, 당시는 삼각함수를 배우기 전이었으므로 내게는 난제 중에 난제였다.

난 2주일 동안 다른 공부에는 일체 손을 대지 않고, 밥 먹을 때나 화장실에 갈 때나 이 문제를 푸는 데만 열중했다. 결국은 서너 가지의 경우로 나누어 증명할 수가 있었다.

이때 걸어가면서도 그것만을 생각하다가, 전봇대에 머리를 부딪쳐서 친구들에게 웃음거리가 되기도 했다. (중략)

나는 수학을 연구하는 데 있어서 '끈기'를 신조로 삼고 있다. 문제를 해결하기까지에는 남보다 더 시간이 걸리지만 끝까지 관철하는 끈기는 뒤지지 않는다고 생각한다. 다른 사람이 한 시간에 해치우는 것을 두 시간이 걸리거나, 또 다른 사람이 1년에 하는 일을 2년이 걸리더라도 결국 하고야 만다. 시간이 얼마나 걸리는가 하는 것보다는 끝까지 해내는 것이 더 중요하다는 게 나의 신조이다.

이러한 신조가 몸에 배어서인지 나는 한 가지 문제를 택하면 처음부터 남보다 두세 배의 시간을 들일 각오로 시작한다.

인간은 1백 40억 개나 되는 뇌세포 중에서 보통 10퍼센트, 많아야 20퍼센트밖에 사용하지 않는다고 한다. 잠자고 있는 세포들을 사용하기 위해서는 남보다 두세 배의 시간을 투자할 수밖에 없다. 적어도 나는 그 방법밖에 없다고 생각한다. 또 그것이 보통 두뇌를 가진 인간이 할 수 있는 유일한 최선의 방법이라고 믿고 있다.

지은이가 강조한 것은 본인이 지극히 보통 능력의 소유자라 하더라도 성실하게 노력한다면 수학도 잘할 수 있다는 것이지요. 중요한 것은 역시 노력입니다. 부단한 노력, 그것이 위대한 업적을 세울 수 있는 열쇠라는 것입니다. 그러니 '나는 안 된다'.며 스스로를 포기의 길로 가도록 내버려 두지 말고, 도전의 길로 갈 수 있도록 마음가짐을 새롭게 하는 것으로 첫 시간을 시작했으면 좋겠습니다.

수학을 게임처럼 잘하기 위한 조건

여러분 중에 핸드폰을 갖고 있지 않은 학생이 있나요? 아마도 없겠죠. 지금은 아르바이트를 해서라도 빨리 스마트폰으로 바꿀 생각을 하고 있겠지요? 선생님은 여러분들이 핸드폰을 작동할 수 있는 능력만 있다면 수학은 얼마든지 잘할 수 있다고 확신합니다. 따라서 수학을 잘 못한다는 것은 노력의 문제이지 능력의 문제가 아니라고 봅니다.

핸드폰의 작동 원리는 여러분들에게는 너무나도 쉬운 매뉴얼이겠지요? 가끔 전철에서 핸드폰으로 문자 메시지를 보내는 여러분들을 만나는데, 한 손으로 문자를 보내는 것을 보면 가히 예술이며 신의 손 정도의 경지에 올라 있는 듯합니다.

그 정도의 수준까지 하기 위해서는 얼마의 노력이 필요했을까요? 왜 핸드폰 문자를 보내는 것은 수십 번도 연습하면서 수학 연습은 네 번도 하지 않는 걸까요? 노력도 해보지 않고서 수학

핸드폰을 작동할 수 있는 능력만 있다면 수학은
얼마든지 잘할 수 있다고 확신합니다. 수학이
지적 게임이라면 수학 게임을 하기 위해서는
용어부터 알아야 하겠지요. 따라서 수학과 친해지기
위한 첫 번째 과제는 수학에서 사용되는 말(용어)에
대하여 정확하게 그 의미를 아는 것입니다.

이 어렵다고, 그래서 포기한다고 쉽게 얘기할 수 있을까요?

그래서 여러분에게 이렇게 이야기하고자 합니다. 수학도 일종의 게임으로 되어 있습니다.

축구 경기를 생각해 봅시다. 여러분이 축구를 재미있게 하거나 흥미롭게 보기 위해서는 축구의 게임 룰을 알아야 합니다. 그것을 모르면 축구 경기를 하는 것도, 보는 것도 재미가 없을 것입니다.

여러분들이 알 만한 축구 용어를 나열해 볼까요? 센터링, 코너, 코너킥, 디펜스, 디펜더, 드리블, 포워드, 프리킥, 골킥, 하프 라인, 핸들링, 인사이드 킥, 인터셉트, 미드 필더, 오프사이드, 오프사이드 포지션, 오버헤드 킥, 인저리 타임 등등……. 축구에 관한 용어가 참 많지요? 이 용어들의 의미를 알아야 축구 중계를 제대로 즐길 수 있겠지요.

수학이 지적 게임이라면 수학 게임을 하기 위해서는 용어부터 알아야 하겠지요. 따라서 수학과 친해지기 위한 첫 번째 과제는 수학에서 사용되는 말(용어)에 대하여 정확하게 그 의미를 아는 것입니다.

수학 교과서 첫 장을 펼치면 집합, 원소, 상등, 부분집합, 차집합, 진부분집합, 합집합, 교집합, 여집합, 서로소 등이 나옵니다. 그런데 그 뜻을 모른다면 축구 용어를 몰라서 제대로 축구를 즐길 수 없는 것과 매한가지입니다. 축구는 그저 발로 공을 차는 게임일 뿐이며, 그렇게 단순한 경기를 하는 사람들을 이해할 수 없을 뿐만 아니라 지구촌이 축구에 열광하는 이유를 이해할 수도 없을 겁니다.

여러분이 소아과 의사라고 생각해 보세요. 여러분이 근무하는 병원에 어떤 환자가 와서 고통을 호소한다고 합시다. 의사는 어떻게 아기 환자를 치료할 수 있을까요?

외상이 전혀 없는데도 아기 환자가 계속 울어 대고 있다면, 아기 몸의 내부에 어떤 문제가 있는 것입니다. 그렇다면 어디에서 어떤 것이 문제를 일으켰는지를 알아내야만 아기 환자를 치료할 수 있겠지요. 그러므로 의사는 고통스럽게 울고 있는 아기 환자를 보고서 어느 곳이 문제일 것이라는 대략적인 판단을 해야 합니다. 그리고 나서 구체적으로 확인 작업을 하겠지요. 결론적으로 말해서 의사는 아기 환자의 일반적인 병, 계절에 따라 발병하는 병 등 다양한 병의 증세 및 치료 방법 등을 훤히 알고 있어야 이 아기 환자를 낫게 할 수 있을 겁니다.

여기서 소아과 의사는 바로 여러분이고, 아직 말 못하는 아기 환자를 수학 문제라고 생각해 봅시다. 의사가 아기 환자를 치료할 때나 여러분이 수학 문제를 해결할 때 공통점이 있습니다. 바로 준비하는 노력이 많이 필요하다는 것이지요.

앞에도 언급했듯이 게임을 즐기려면 최소한 게임의 룰을 알아야 하듯이, 소아과 의사가 아기 환자를 치료하려면 아기에게 발병하는 병의 증세 및 처방 비법을 알고 있어야 합니다. 게임을 즐기려고 하면서 게임에 대하여 아는 것이 없다면, 또 소아과 의사가 되어 아기 환자를 치료하려고 하면서 소아과에 관련된 의학 지식을 알려고 하지 않는다면 어떻게 게임을 즐길 수 있겠으며 어떻게 고통스러워하는 아기 환자를 치료할 수 있겠는지요? 답은 뻔하지요. 저절로 얻어지는 것은 없는 것입니다.

여러분과 첫 만남에서 굳이 일본의 수학자 히로나카 헤이스케를 소개한 것은 수학 공부에서도 무엇보다 노력에 대한 것을 강조하기 위함이었지요.

이제부터는 아주 구체적인 학습 방법을 생각해 봅시다.

수학은 약속에서 출발한다

첫째로 수학은 약속에서 출발합니다. 약속의 진정한 성공의 의미는 '지켜져야 한다는 것'이지요. 수학은 계약 관계로부터 시작하기 때문에 약속을 철저히 지켜야만 수학을 제대로 할 수 있습니다. 약속을 지키지 않으면 나타나는 결과가 제대로 될 리가 없지요.

신호등을 생각해 보세요. 파란 신호등이 켜졌을 때 횡단보도를 건너야 합니다. 보행자가 붉은 신호등에 횡단보도를 건넌다면 사고를 당할 가능성이 훨씬 높습니다. 왜냐하면 운전자는 붉은 신호등에서는 보행자가 횡단보도를 건너지 않을 것이라고 알고 있기 때문이죠. 보행자와 운전자 간에 이미 정해진 약속을 어긴다면 큰 사고로 이어질 수밖에는 없는 거죠.

수학에서도 이러한 약속의 조건들이 많이 있습니다. 예를 하나 들어 보지요.

2+3×4의 값이 얼마입니까?

20입니까? 14입니까?

14입니다.

그런데 왜 14이지요?

아주 간단한 두 개의 사칙연산에 불과한 것의 계산이지만, 여기에도 약속이 전제되어 있습니다. 덧셈과 곱셈의 연산에서는 곱셈의 연산이 덧셈의 연산보다 우선이라는 약속이 그것입니다. 그 약속을 지켜서 계산을 하면 정답 14가 나옵니다. 그런데 특별히 덧셈 연산을 먼저 하고자 할 때에는 새로운 약속을 다시 합니다. (2+3)×4처럼 '우선 약속'을 하는 것이지요.

수학은 약속에서 출발하여 약속으로 끝난다고 해도 지나친 말이 아니지요. '100!'이 나타내는 의미는 뭘까요? 100과 !(느낌표)와의 만남을 수학하는 이들은 어떻게 하자고 약속을 했을까요? 100부터 99, 98, 97……. 즉 1만큼씩 줄여가며 1까지 곱하는 약속을 했습니다. 그러니까 '100!'의 값은 깜짝 놀라는 느낌을 받을 만큼 엄청난 값을 나타내는 약속인 셈이지요.

그런데 수학을 공부하다 보면 각 단원별로 여러 가지 약속이 정해져 있다는 것을 알 수 있습니다. 따라서 수학과 친해지고 수학과의 약속을 잘 지키려면 각 단원별로 어떤 약속이 있는지를 먼저 알아야 하고 그 약속들을 잘 기억하고 있어야 합니다.

수학은 연계학습이다 다음으로 수학은 철저히 연계학습이 이뤄져야 합니다. 고등학교 수학 교재에는 도형에 관한 내용이 거의 없습니다. 왜 그럴까요? 고등학교 수학에서는 도형이 필요 없는 것일까요? 천만의 말씀입니다. 고등학교 수학 교재에 도형에 관한 내용이 빠져 있는 것은 여러분이 중학교에서 이미 다 학습을 했기 때문입니다.

수학에서 '기하'가 차지하는 영역은 상당합니다. 유클리드 기하학, 논증 기하학이라고 불리는 중학교 과정의 기하학은 고전 기하학이라고 합니다. 이것을 바탕으로 해서 고등학교 과정의 해석 기하학이 전개됩니다. 그런데 학생들은 중학교 과정과 고등학교 과정이 별개의 것으로 간주하지요. 그러나 기하의 기본은 중학교 과정에 나오는 것입니다. 생각을 고등학교 과정으로 한정시키다 보면 문제의 해결의 실마리를 찾을 수 없게 됩니다.

강조하고 또 강조하는 일이지만, 수학과 친해지기 위해서는 많은 노력이 있어야만 합니다. 물론 개인별로 능력의 차이가 있을 수는 있겠지만, 노력해야만 가능하다는 것이지요.

대학교에 다닐 때 교육 봉사반이라는 동아리에 관심이 있었지요. 그때만 해도 낮에는 공장에서 일을 하여 공부하는 동생들을 뒷바라지 하고, 밤에는 야간 자활학교에 다니며 검정고시를 준비하는 사람들이 적지 않았지요. 자활학교란 정식 인가를 받은 학교가 아닌, 그저 가르치겠다는 열의가 있는 대학생과 배워 보겠다는 열의를 갖고 있는, 나이 든 학생들의 공통의 꿈이 어우러진 순수한 배움의 터전이었지요. 대학교 2학년 때 대학교 동아리에서 운영하는 심지 자활학교에 수학을 가르치는 사람으로 등록을 했습니다. 심지(心志)는 '마음에 세우는 의지'라는 뜻도 있고, 등잔, 남포등, 초 따위에 불을 붙이기 위하여 꼬아서 꽂은 실오라기나 헝겊이라는 뜻으로 '어둠을 밝힌다.'는 의미도 있었지요.

꿈의 학교, 이상적인 학교였습니다. 지금 생각해도 그런 아름다움과 순수함을 간직한 학생들과 선생님들을 만나 본 적이 없을 정도였으니까요. 비록 곰팡내 풀풀 나는 지하 대피소에 마련된 초라한 교실에다가 이제 겨우 대학교 2, 3학년인 대학생 선생님과 그런 교사들보다도 나이가 더 많은 늦깎이 학생들이었지만, 배우고자 하는 열성과 가르쳐 보고자 하는 순수한 열정만큼은 대단했지요.

전 과목 평균이 60점 이상이고 모든 과목 점수가 최소 40점 이상이 되어야 검정고시에 합격할 수 있었는데, 그때도 여전히 수학과 영어 과목의 점수가 40점에 못 미쳐 합격하지 못하는 자활학교 학생들이 많았지요. 40점이 별것 아닌 것 같아도 자활학교 학생들에게는 정말 얻기 힘든 점수였어요. 나이 들어 수학 공부를 한다는 것은, 특히나 정규 교육 과정을 거치지 않은 그들에겐 정말 힘든 일이었지요.

자활학교 수업이 끝나는 밤 10시 이후에도 남아서 수학 공부를 더 했습니다. 낮에는 공장에서 일하느라 피곤한 몸인데도 자정을 넘겨 가며 수학을 배우는 학생들로 교실은 북적였지요. 그렇게 노력하여 힘겹게 수학 과목의 과락을 면하고 검정고시에 합격하곤 했습니다.

비록 그들이 수학에 대한 깊이 있는 공부를 하지 못했을지언정 공부하는 참모습을 느낄 수 있었습니다. 여러분들에게도 그런 열정만 있다면, 수학 공부도 재미있고 신나게 할 수 있다고 믿습니다.

대부분의 수학 교과서를 비롯한 교재의 내용 전개는 거의 다 비슷합니다. 먼저 단원의 개관이 있습니다. 그 단원 전체를 한눈에 살펴볼 수 있는 중요한 부분이지요. 그 단원에 대한 짧은 글이 있기도 합니다. 그것도 읽어야 그 단원을 이해하는 데 도움을 얻습니다.

다음으로 기본 개념이 나옵니다. 단순한 내용으로 구성되어 있죠. 학생들 중에는 이 부분은 내용이 간단하고 쉽게 이해하는 것 같아 대충 학습하고 다음 장으로 넘어가는 경우가 종종 있습니다. 그러나 자기 것으로 충분히 소화해 내지 못하면 기초가 부실해 깊이 있는 다음 단계로의 학습에서 곧바로 문제에 부딪히게 되는 한 원인이 됩니다.

다음 단계는 그 단원의 기본 문제가 나옵니다. 풀이 과정이 있지요. 앞에서 배운 기본 개념을 기본 문제에 적응시키는 첫 시도를 해보는 과정입니다. 기본이라는 것은 단순하지만, 반복을 요구합니다. 다 아는 것 같은 것을 반복한다는 것은 상당한 인내를 요구합니다. 이 과정이 때로는 길게 느껴질 수도 있습니다.

그러나 낯선 수학이 여러분에게로 와서 여러분의 사고 과정으로 일체화시키는 것은 결코 쉬운 일이 아닙니다. 눈으로 수학 문제를 푸는 것은 수학 공부에 전혀 도움이 되지 않습니다. 기본 문제에 제시된 모범 답안은 철저히 따라해야 할 문제 풀이의 기본 풀이 과정인 것이지요. 열심히 반복해서 풀어 본인의 것으로 만드는 단계이지요. 이 단계가 바로 여러분이 핸드폰 문자 보내는 연습 단계라고 할 수 있지 않을까요? 눈을 감고도 문자를 보내는 달인의 수준으로 문자를 보내는 것처럼 완전히 자기 것으로 만들기 위해서는 얼마나 연습을 해야 할까요? 핸드폰으로 자유롭게 문자를 보내려면 핸드폰의 문자의 조합 원리를 무의식 상태에서도 자연스럽게 작동될 수 있도록 반복적인 연습을 해야만 가능한 일이겠지요. 기본 문제의 풀이 과정을 작성하는 것도 이 정도는 되어야 합니다. 겨우 한두 문제 풀어 보고 다 알았으니 다음 단계로 넘어간다는 생각은 잘못된 생각입니다.

그 다음에 있는 것이 유제 풀이입니다. 유제는 기본 문제와 유사한 문제입니다. 이 문제 풀이를 바로 기본 문제 풀이의 모범 답안과 같은 간결함과 논리성과 엄밀성을 갖춘 답안을 작성할 수준으로 반복 학습을 해야 합니다. 이 단계를 거치면 어느 정도 기초 단계는 완성됐다고 봐도 됩니다. 수학 공부도 이러한 연습 과정을 통해서 익히는 단계, 즉 숙달하는 단계가 필요합니다.

수학 과목에 흥미를 느낀다는 것은 무엇을 의미할까요? 수학 교재를 펼쳤을 때 아는 내용이 많을수록 친근함을 느끼는 것은 당연하겠지요. 그리고 문제를 보면 풀이 방법에 대한 계획이 구상된다면 이미 그 문제의 풀이는 어느 정도 가능한 것으로 생각해도 될 것입니다. 그러나 그 반대의 경우를 생각해 보세요. 수학 교재를 펼쳤을 때 아는 내용이 없다면 수학이 어려운 과목이라며 스스로 부정적인 평가를 내리고 맙니다. 수학은 공부해도 안 되는 과목이라며 쉽게 포기해 버리는 잘못을 저지르고 말지요. 이 힘든 인내의 단계를 거쳐야 합니다. 성적이 금방 오르지 않더라도 꾸준히 기본 학습을 더욱더 철저하게 해야 하는 단계입니다. 대부분의 수학과 우호적인 관계를 유지하느냐 그렇지 않느냐는 여기가 '분수령'이라고 할 수 있지요. 여기만 잘 넘기면 수학에 재미를 느끼게 되고, 수학에 대하여 조금은 자신감을 갖게 되어 한번 도전해 보고 싶은 욕구가 끓어 오르게 되죠. 그러나 이 단계를 힘들어 하여 수학 공부를 하지 않으면 수학과는 영영 멀어져 가는 단계가 될 수도 있습니다.

학생들을 인솔하여 제주도 수학 여행을 간 적이 있습니다. 저도 그때까지 제주도를 여러 번 방문했지만, 한라산 등반은 한 번도 해보지 못했습니다. 학생들을 인솔할 때가 10월 말경이었기에 제주도는 춥지도 덥지도 않은 날씨였지요. 그런데도 '어디가 아프다.', '원래 등산을 잘하지 못한다.' 등등 여러 핑계를 대면서 한라산 등산을 포기하려는 학생들이 있었습니다. 그러나 좀 무리를 해서 등산을 하도록 설득한 것은 한 걸음, 한 걸음 산을 오르면서 스스로 아름다운 자연을 보게 될 것이고, 또 비록 산에 오를 때는 힘들지라도 정상에 올랐을 때의 감동은 등산을 해본

이만이 누릴 수 있는 축복이 있기 때문입니다. 한 발짝, 한 발짝 발걸음을 내딛습니다. 힘이 듭니다. 땀이 납니다. 다리가 뻐근해 옵니다. 등산은 바로 스스로 체험을 해야만 참맛을 경험할 수 있는 것이지요. 말로만 들어서는 그 맛을 제대로 느낄 수 없는 것입니다. 그런 어려운 과정을 거쳐 드디어 한라산 정상에 오릅니다. 경사면은 사라지고 드넓은 평원이 펼쳐집니다. 탄성이 절로 나옵니다. 와! 감격의 순간입니다. 이 순간을 누리는 것이, 이런 만족감을 누리는 것이 등산의 참맛이라고 할 수 있습니다. 수학 공부도 이러한 과정을 거쳐야 합니다.

본인이 스스로 수학과 만나야 한다는 것이지요. 본인이 수학과 만난다는 것은 본인이 직접 문제와 만나야 된다는 것이지요. 수학이란 본인의 생각과 생각을 하나의 결과로 이끌어 내는 과정이라고 생각할 수 있습니다. 학생들은 자기 생각을 논리에 맞게 서술해 가는 과정을 통해 수학을 알게 되는 것이지요. 등산의 과정으로 되돌아가 봅시다.

산에 오르는 과정에서 내가 느끼는 것은 자연을 볼 수 있는 것이지요. 참 아름다운 자연이지요. 나무 한 그루, 야생에서 피어난 꽃 한 송이, 그대로 멋을 내는 바위 거기에다 자연에서 불어오는 시원한 바람, 풀 냄새 등등을 가까이서 몸으로 느끼는 것이지요. 이런 것을 느끼려면 가장 기본이 되는 등산을 시작해야 한다는 것입니다. 스스로 걸어야 한다는 것이지요. 걷기를 싫어하는 이가 있다면 당연히 이런 즐거움을, 이런 경험을 할 수가 없겠지요. 따라서 우선 길을 떠나야 합니다. 걷는 수고로움을 감수해야 합니다. 걷다 보면 때로는 따분해질 때도 있고 힘들 때도 있지요. 땀도 납니다. 그러나 그런 것을 스스로 이겨 내야만 합니다.

훈련을 한다면 그 기간은 고되고, 힘들고, 때로는 따분하기도 합니다. 그러나 그것이 나의 논리로 탈바꿈되는 과정에서는 꼭 필요한 과정인 것입니다. 이 과정에 대한 설명을 이렇게 오랫동안 계속하는 것은 이 시점이 또 한 단계로의 도약의 출발점이기 때문입니다. 이 힘든 터널을 참아 내며 통과해야만 또 다음 단계가 등장하는 것입니다.

여러분 중에서도 컴퓨터 게임을 해보았던 친구가 있을 것입니다. 한 단계, 또 한 단계를 거치는 동안 새로운 게임 형태가 등장하잖아요? 그 다음 단계의 궁금증이 있잖아요? 어떤 내용이 나올까? 그렇게 하다가 실패했다면 아마도 다음 단계가 궁금해서 그냥 포기하지는 않을 겁니다. '도전적'이 되지요. 오기까지 발동되지요. '내가 이걸 하고야 말테다.'라고 말이지요. 그리고 나서 다시 시작합니다. 또 다시 도전합니다.

이러한 과정을 거쳐야 합니다. 그래야 실패를 통해서 도전 의지를 키울 수 있습니다. 실패를 통해서 삶의 의지를 확고하게 세우는 것이지요. 게임의 장점이기도 하고 게임의 못된 마력이기도 합니다. 이런 기분에 더 빠지면 게임에 중독된다고 하지요.

수학 학습 과정도 게임과 별반 다르지 않습니다. 분명 처음 단계의 수학은 쉽게 느껴질 수도 있습니다. 그러나 이 단계도 기본을 기르는 중요한 단계입니다. 그러나 대부분의 학생들은 이 단계를 그냥 통과해 버린답니다. 왜냐하면 쉽다고 느껴 별로 중요하다고 생각하지 않기 때문입니다. 그리고 빨리 어려운 문제로, 어려운 단계로 넘어가려고 합니다. 물론 도전하는 것은 좋습니다만, 중요한 것은 수학의 단계 진입이 게임처럼 재미있다고 볼 수는 없지요. 끈질긴 도전을 준비해야 하는데, 여기서 한두 번 시도하다가 그만 두는 학생들이 많지요. 그 순간부터 수학은 학생으로부터 멀어져갑니다. 한 번 멀어져 간 수학은 본인이 끌어당기지 않는 한 학생에게 절대 다가오지 않습니다. 책을 펼치는 것조차 하지 않는다면 수학과의 관계는 낯선 관계, 어색한 관계가 되고 말지요.

수학은 관계를 아는 것이다

세 번째로 필요한 것은 관계를 아는 것입니다. 나는 누구의 자식, 누구의 동생, 누구의 누이처럼 가족 관계에서부터 누구의 제자, 누구의 후배, 대한민국의 국민 등 사회적인 위치에서의 관계가 있습니다. 수학에서도 관계가 중요합니다. 아빠와 나와의 관계가 아주 중요하지 않나요? 그 이유를 알고도 남지요? 관계와 관계 속에서 또 다른 세계가 창조되는 것이지요.

그 세계는 또 다른 관계를 만들어 냅니다. 우리나라에서 일어나는 일이 이웃 나라에 영향을 미칩니다. 국제 관계를 맺고 있기 때문이지요. 혹시 '나비 효과'라는 말을 들어 보셨나요. '브라질에 있는 나비의 날갯짓이 미국 텍사스에 토네이도를 발생시킬 수도 있다는 과학 이론'인데, 이것도 따지고 보면 브라질과 미국과의 지리적인 관계로 일어나는 효과, 즉 지리적인 관계에서 형성된 사실이 사회적인 관계로도 그 의미가 확장된 경우입니다.

수학에서 관계를 얘기하자면 수학의 대부분이 관계를 맺는 함수라는 것이지요. 수학을 안다는 것은 바로 함수를 안다고 해도 지나친 말은 아닐 정도로 수학 전체의 구성이 함수로 되어 있지요. 함수를 안다는 것은 관계를 안다는 것이지요. 관계를 통해서 수학의 관계를 아는 훈련을 한다면 수학을 더 재미있고 흥미진지하게 배울 수 있겠지요.

관계란 한 세계에서 일어나고 있는 일들과 그 다른 세계에서 일어나는 일에 미치는 효과라고 할 수 있지요. 그래서 관계는 한쪽 세계에서 다른 세계와의 그것이 때에 따라서는 긍정적으로 또는 부정적으로 영향을 미칠 수가 있지요. 그렇기 때문에 관계를 중요하게 다루는 것이지요.

관계는 바로 변화를 알아내는 것이지요. 관계를 통해서 어떤 변화가 일어나고 있는지, 변화의 폭은 어떻게 되는지, 어느 쪽으로 변화하고 있는지를 읽어 내는 능력을 기르는 것이지요. 이런 차이점을 알아 낼 수 있다면 그런 사고를 수학에 적용할 수만 있다면 수학과도 훨씬 빨리 친밀도를 높일 수 있을 것입니다.

어쨌든 수학과 친해져야 더 관심과 흥미를 갖게 될 것이고 사소한 어려움에 좌절하거나 쉽게 포기하지 않을 것입니다. 수학과 친해지는 것은 친구와 친해지는 것과 마찬가지지요. 친구 주변에 있는 이들을 아는 것, 친구의 성격을 아는 것, 친구의 취미나 관심사를 아는 것, 즉 친구에 대하여 많은 것을 알면 알수록 그 친구와 친해질 것이며 눈빛만으로도 그 친구가 지금 무엇을 원하는지를 알 수 있다면 정말 단짝 친구가 되는 것이겠지요. 수학과 단짝 친구가 되는 길은 바로 수학에 관련된 것을 많이 아는 것을 의미하겠지요.

친구와는 상호 관계가 있기 때문에 내가 굳이 그 친구를 알려 하지 않아도 그 친구가 나를 알려고 노력한다면 그 친구를 통해서 나와 그 친구가 더 가까이 친해질 수 있습니다. 그러나 수학과 친해지는 것은 쌍방이 아닌 학생 쪽에서 일방일 수밖에 없습니다. 수학이 찾아와서 스스로 친해지자고 하는 경우는 절대로 있을 수 없는 것이지요.

정조 때의 문장가인 유한준이 당대에 수장가였던 김광국의 화첩 『석농화원(石農畵苑)』에 붙인 발문을 인용한 『나의 문화유산답사기 제1권』 머리말에 등장해서 유명해진 글이 있지요.

사랑하면 알게 되고 알면 보이나니, 그때 보이는 것은 전과 같지 않으리라.

수학을 사랑하게 되면 수학에 대하여 더 많이 알게 될 것이고, 수학과 더 친해지게 될 것이고, 새로운 것을 더 알게 될 것이고,

그러면 수학을 보는 안목이 생길 것이고, 그러면 수학에 대해서 생각하는 방법과 생각하는 수준이 전과는 다를 것이라고 생각합니다. 수학에도 관심과 사랑과 애정이 필요합니다.

수학의 오묘한 매력에 흠뻑 취해 보세요. 색다른 맛과 즐거움이 있습니다. 수학만의 간결함, 엄밀함, 기발함, 그리고 논리성, 독창성이 있습니다.

수학과 한번 깊은 사랑에 푹 빠져 보세요.

마음 놓고 실수해도 괜찮아

이 득 우 충남 북일여자고등학교 영어 교사

1957년에 충남 청양에서 태어났습니다. 충남 청라중학교, 충남 서천고등학교, 청양여자상업고등학교, 서울 광신고등학교, 천안 북일고등학교 등에서 일했으며, 지금은 충남 천안에 있는 북일여자고등학교에서 영어 선생님으로 일하고 있습니다.

여러 학교를 전전하며 정착하지 못하다가 지금 있는 학교에서도 제대로 적응하지 못하며, 어쩌면 남과 다를까만 궁리하며 아이들과 살고 있습니다. 중간에 대학원 공부로 휴직, 해외 유학 파견 1년 등의 경험으로 나름 대로 안식년을 찾아 남보다 행운아로 생각하고 있습니다. 그러나 앞서 간 많은 이들에게 빚을 지고 있다는 맘은 언제나 그를 편히 놓아주지 않습니다. 그 빚을 갚는다는 심정으로 영어 교육에 대해 나름 심각한 고민을 하며 정년을 채우기 위해 오늘도 열심히 살고 있습니다.

만나게 되어 행복합니다. 행복이란 단어가 새삼스런 요즘입니다. 교실에서 행복이란 말을 들어 본 지가 정말 오래된 것 같기 때문이죠. 경쟁이니 성공이니 지극히 도구적인 것에 집착하다 보니 정작 이 모든 것이 닿아야 할 가치인 행복은 소홀하게 생각하는 우스운 꼴이 되었죠. 어이쿠, 처음부터 좀 무거웠나요? 함께 행복한 한 해가 되도록 합시다.

한복 입은 국가 대표 영어 선생

학생들에게 가끔 듣는 질문이 "왜, 영어 선생이 한복을 입느냐?"는 것입니다. "국가대표 영어 선생이니까……."라고 답한다면 개중에는 웃음보가 터지는 친구들이 있을지도 모르겠어요. 굳이 구실을 갖다 붙이자면, "이 땅은 우리 땅이고, 하여 우리 사람들이 즐겨 입던, 우리 옷을 입었다."고 대답할까요?

'한복을 왜 입느냐?'는 질문보다는 '사람들은 왜 모조리 양복을 입느냐?'는 질문이 오히려 제대로 된 것이 아닌가 하는 생각이 듭니다. 하여튼 질문이 나왔으니 한복으로 겪었던 국가대표로서의 나만의 경험을 얘기해 볼까요?

2006년에서 2007년에 걸쳐서 외국 대학에서 공부할 기회가 있었어요. 정말 천금의 기회였지요. 나이 오십이 되어 기회를 잡았으니, 의욕이 하늘을 찔렀다고 해도 과언이 아닐 겁니다. '언제 이곳에 또 다시 오랴!' 하는 비장함이 그대로 반영된 것이죠.

당연히 한복을 입고 갔습니다. 혹시 공식적인 모임이 있을지도 모른다는 생각에 양복 하나를 챙겨 가는 꼼꼼함도 잊지는 않았지만 모조리 필요 없는 일이었지요. 그곳은 그렇게 다른 사람들이 많았으니까요. 그래도 나의 '다름'이 남의 시선을 끌었던가봐요.

늙은 학생으로 수업 시간에 들어갈 때마다 호기심을 보이는 모든 이들에게 나는 'Korea'에서 왔노라고 자랑스럽게 얘기했죠. 물론 그들은 Korea를 우리가 생각하는 것만큼 많이 알지 못합니다. 사실 그들 중 상당수는 아시아에는 중국, 일본, 인도 정도의 국가만 있다고 생각할 정도니까요. 하여튼 중국과 일본 사이에 반도가 있는데 그 나라에서 왔다고 대답해 주면, 좀 더 관심이 있는 사람은 내 말 뒤에 "North or South?"를 묻는 것이 순서였습니다. 호기심을 가져 주는 것만도 고마워서 친절히 대답해 주었지만, 사실 그들이 일상에서 친하게 쓰고 있는 '삼성, LG'

가 한국의 상표라는 것을 아는 이도 그리 많지 않는 것도 사실이거든요. 그렇게 생각하는 데에는 재미있는 여러 가지 이유가 떠오를 수 있을텐데 말이에요. 이 국가대표에게 문제는 전혀 엉뚱한 곳에서 일어났습니다.

2007년 4월에 있었던 '버지니아 공대 총기 난사 사건'은 내게는 누구보다도 크게 다가온 사건이었어요. 물론 무고한 생명이 무차별하게 죽음을 당한 상상하기조차 어려운 사건 자체도 그렇지만, 범인이 한국인이었다는 사실은 나를 정말 당혹스럽게 했지요. 이기적으로 들리지도 모르지만, 자랑스런 한국 사람이라고 떠들고 다니지나 말았으면 좋았을 것을 하는 생각이 들었을 정도였어요. 그러나 이미 엎질러진 물이니 이제 수습을 해야 할 일만 남았지요.

한국에 있던 가족들로부터 염려하는 메일이 오고, 시카고 영사관에서도 조심하라는 내용의 연락이 오고……. 참말로 대단했습니다. 하여간 고민 고민 끝에 여러 질문 혹은 상황에서 써야 할지도 모를 여러 가지 그럴 듯한 단어 등, 나름 대비 태세를 갖추고, 그 날은 별로 가고 싶지 않은 학교에 가서, 먼저 교수님에게 이번 일에 대해서 유감을 표시하고 죄책감을 느낀다는 식의 말을 했어요. 그런데 이 교수님의 반응이 정말 뜻밖이었지요.

당신이 누구인데, 그 사람과 무슨 관계가 있기에, 이번 일에 대하여 그런 태도를 취하느냐는 것이었지요. 아시다시피 한국 사람이라고 대답했지만 역시 이해할 수 없다는 표정이었어요.

글쎄 속단인지는 모르지만 그들의 개인주의와 우리의 집단 혹은 민족주의가 바로 드러난 순간이 아니었던가 생각되기도 하고……. 물론 다른 학생들의 시선은 꾸준히 의식했지요. 사실 당시 보도에 따르면 그와 한국 유학생과 관련된 불미스런 사건도 있었다고 했으니까요 .

이제 결론. 남과 다르자면 언제나 그에 따른 대가를 치를 준비가 되어 있어야 하지요. 그것이 정당한 대가이든 아니면 그저 편견에 따른 것이건, 현실은 현실이니까요.

이쯤해서 미국에서 느끼는 불편함보다 한국에서 느끼는 부담이 큰 경우도 있다는 것을 고백해야 할 것 같습니다. 그것은 바로 '다름'을 그대로 보아 주지 못하는 우리네의 고약한 버릇이죠. 물론 그렇다고 미국인이 모두 관용적인 태도를 보이고 있다고는 전혀 생각지 않지요. 지금 세계에서 벌어지고 있는 많은 불행한 일들이 '관용'만 있었다면 애초에 없어도 될 일이었다는 것을 잘 알고 있으니까요.

교실에서 일어나는 왕따 등의 안타까운 일들을 보면서 여러 가지 생각을 합니다. '저 다른 녀석은 내가 나 하나로 살 수 밖에 없는 한계를 넘게 해주는 나의 분신, 혹은 아바타 정도라고 생각하며, 연극이나 영화를 보듯이 즐길 수는 없을까' 하고 말입니다. 사실 함께 있음으로 해서 내가 누릴 수 있는 좋은 점을 생각한다면, '다름'을 얼마든지 축복으로 받아들일 수 있으리라 생각합니다.

그래서 나는 여러분들이 고스란히 서로 다르기를 기대합니다. 물론 우리가 스스로 한계를 잘 알고 있고, 그 울타리가 부당하다고 생각한다면 함께 이야기를 나누어야 하겠지요. 서로 큰 싸움으로 번지기 전에 말입니다.

영어 선생의 영어 이력서

내 나이쯤 되는 사람들은 거의 모두가 그랬겠지만, 나도 초등학교를 마치고 나서야 비로소 알파벳을 공부하기 시작했지요. 참 신기하기도 했지만 정말 어려웠어요, b, d, p, q는 오랫동안 나를 괴롭혔던 녀석이죠. 하여간 당시의 에피소드 하나.

그 때는 여름 교복에 맞춰 쓰고 다니던 여름 모자가 있었습니다. 지금으로 말하면 군인 모자 정도 될까요? 군인들이 모자의 옆에 실로 박듯, 아마 나도 볼펜 정도로 이니셜을 쓰고 다닌 적이 있었습니다. NDN, 이렇게 말이에요. 자, 여기서 상상의 나래를 펼쳐 보시라.

아마 앞으로 나와 함께할 수업 시간에 빠지지 않을 퀴즈에 대한 연습이라고 생각하면 좋을 거에요. 거의 짐작하기 어렵겠지만, 그 당시 내 생각에 이득우는 'Ngi Deuk Ngu' 정도였던가 봐요. '아니 웬 아프리카 아니면 베트남 사람 이름?' 하면서 아직도 이해되지 않은 듯 고개를 절레 흔들지도 모르지만, Ng는 첫소리건 끝소리건 '이응'(ㅇ)을 뜻해야 된다는 것이 내 나름의 논리적인 이유였지요.

정말 멋진 출발 아닌가요? 왜 앞에 붙이는 '이응'과 받침으로 쓰는 '이응'이 달라야 하는지가 나의 그럴 듯하지만 엉뚱한 이유였지요. 좋은 말로 해서, 다른 방향으로 생각하려는 나름의 호기심이라고 해둘까요?

아직도 중학교 때부터 보아 오던 표지판에 쓰인 'Danger'는 나를 어지러운 추억 속으로 이끌고는 하지요. '단저, 당어, 당거……', 자유롭게 상상했지만 교실에서 여지없이 '데인저'라는 것 아니겠어요? 아마도 고입, 대입 시험에 단골로 등장하던 발음 문제이기도 했던 것 같아요. 즉 하나를 제외한 나머지는 모조리 오답이라는 거지요. 다시 말해서 다르게 발음하면 안 된다는 거였죠. 그러나 그 후에 내가 겪은 경험은, 이러한 발음이 그리 치명적이지 않다는 것을 알려 주었어요.

당시 중학교에서는, 지금 생각하니, 영국 영어를 배웠던 것 같아요. 'Pupil'이라는 단어는 중학교 1학년 때 배운 단어 중 하나인데, 지금은 만나기조차 어려운 단어가 되었으니 말이에요. 다행인지 불행인지, 당시 중학교 영어 선생님들은 교과서에 있는 연습 문제를 거의 그대로 출제했어요. 그러니 실제 영어 실력보다는 시험 성적만 뛰어났던 거죠.

상급학교에 진학하고 나서야 내가 얼마나 영어를 못하는지를 제대로 깨닫게 되었지요. 지금의 여러분 수준에 비하면 턱도 없는 실력이지만, 내 자신이 얼마나 부족한지를 깨달았어요. 창피하고 부끄러워서 가장 쉬운 영어 참고서를 사다가 분해해

가지고 다니면서 공부했던 기억이 새롭습니다.

이런 생각을 할 때마다 여러분에게 들려주고 싶은 얘기는 자신의 모습을 제대로 알고, 그 모습에 따라 행동해야 한다는 것이에요. 그렇지 않으면 자신의 삶을 살 수 없다는 것이지요. 사실 그 당시 남의 시선이나 의식하면서 그저 그렇게 지냈다면 여러분 앞에 이렇게 멋지게 서 있는 나는 아예 없었을 테지요. 정말 세상의 커다란 변화는 작은 깨달음에서 시작된다는 너무나 평범한 사실이 여지없이 내게도 적용되었다고 봐야죠.

고등학교를 졸업한 후 국립 사범대학 영어 교육과에 입학했어요. 입시정보 하나 변변히 없던 시절이었고 사범대학 부속 고등학교에 다녔으니 다른 대학에는 아예 관심도 없었죠. 당연히 사범대학으로 가리라 생각했어요. 원서를 쓸 즈음, 예상 대로 아버님의 말씀은 사범대학에 가라는 것이었고, 사범대학 중에서 가장 점수가 높은 과가 어디냐고 물어 보셨죠. 정말 싱겁게도, "영어과"라는 나의 대답이 나를 영어 교사의 길로 접어들게 했다면 믿을까요? 지금은 정말 꿈같은 얘기로 들리겠지만, 당시에는 의무 발령 같은 제도가 있어서 국립 사범대학에 입학한다는 것이 곧바로 교사가 되는 것과 동일시되었지요. 여기에 필설로 다하기 어렵지만, 나름 대로 낭만을 즐기다가 대학을 졸업하게 되었어요.

막상 졸업을 하고 교사 생활을 하면서 염치가 없어지는 것을 느꼈어요. 대학 시절에 세상에 대한 관심이 지나쳤을까? 나의 능력에 대한 두 번째의 부끄러운 자각에 영어 공부를 다시 시작했고, 나름 대로 목표를 가져야 되겠다 싶어 당시 통역 대학원에 뜻을 두게 되었어요. 두 번씩이나 실패의 쓴잔을 마신 후인 1989년에 대학원에 입학하게 되었지요.

그런데 그 해에 참 한국 교육계에서는 무도하고 참혹한 일이 벌어졌어요. 교사들이 양심에 따라 전국 교직원 노동조합을 결성했다는 이유 하나만으로 1,500명 이상의 교사를 해직하는 사태가 일어났던 거죠. 이미 휴직 상태로 공부하는 중이었지만 지금 생각해도 마음 한쪽을 무겁게 하는 일이었어요. 물론 현직에 있었더라도 당당히 나의 목소리를 냈을지는 자신할 수 없지만 말이에요. 통역 대학원 2년 동안의 닦달은 나름 영어에 있어 자신감을 갖도록 해주었다고 해야 할까요?

내 경험 속에서 들려주고 싶은 얘기는, 좀 교만하게 들릴지 모르지만, 아버지의 '영어과 강권(?)'에도 당사자인 내가 준비가 되어 있지 않았다면 그것은 가능하지 않았다는 것이에요. 자신에 대한 나름 대로 냉철한 깨달음이야말로 바람직한 변화의 첫걸음이라는 거지요.

영어 교사로 아이들과 함께하면서 가장 기억에 남는 일 중 하나는 내가 주도했던 LOCIE(Love Our Country In English)라는 동아리 활동입니다.

우리 주변의 역사 유적의 영어 안내판의 오류를 바로 잡는 게 주된 활동이었죠. 그 중 가장 기억에 남는 것은 유관순 열사의 사당에 있던 안내판을 고친 일이에요. 우리가 고치기 이전의 영문 간판에는 일본 사람들이 유관순 열사를 추모해 일을 한 것처럼 되어 있더란 말이죠. 물론 고등학교 교사나 학생을 못 믿어 고치는 데까지는 순탄치 않은 과정을 거치긴 했으나, 지금도 그곳에 서면 자랑스럽기만 해요.

이런 관점에서 보면 속상한 일이 참 많이 있어요. 방송에 출연한 사람들 중 일부는 우리말을 써도 충분한 상황에서 외래어도 아닌 영어 단어를 하나씩 넣어 사용하기도 하죠. 그래야 유식하다고 생각하는 이런 병적인 현상이 사회 최고위층까지 번진 것도 안타까운 일이에요. 우리 것의 귀함을 알지 못하면 사실 아무도 우리를 귀하게 생각하지 않으리라는 것이 나의 생각이에요.

특히 최근 지방 자치 단체마다 경쟁적으로 영어로 된 이름을 붙이기에 나서는 것을 보면 천박함을 탓해야 하는 건지 나의 무딘 감각을 반성해야 하는 건지 모를 지경입니다. 내가 사는 도시의 브랜드가 'Fast'인데, 근데 영어로는 'First, Abundant, Satisfied, Technologic'의 약자라는 거예요. 언제까지 fast가 가치가 될지도 모르지만 영어 선생인 나로서 참으로 허탈했던 일이었습니다. 그동안의 빠름에 대한 반성적 사고에서 'slow'가 주목받고 있는 요즘의 흐름을 감안한다면 더욱 어이가 없는 일이지요. 하여간 이렇게 옆길로 새는 영어를 감시하는 역할도 내가 소홀히 할 수 없는 일입니다.

좌충우돌 나의 유학 생활

유학 생활을 마치고 귀국할 때, 미국에서 가져오고 싶은 것이 뭐냐고 묻는다면, 난 자신 있게 도서관과 공원이라고 말할 수 있습니다. 특히 미국의 도서관은 지역 문화센터로서 여러 가지 기능을 충분히 할 뿐만 아니라 독서 토론, 영화 토론, 영화와 독서를 함께하는 프로그램 등이 잘 구축되어 있어요. 특히 유학 생활 중 그곳에서 Toast Master's Club에 가입해서 활동했던 것은 기억 속에 오래 남아 있는 추억 중 하나예요. 회원들이 2주에 한 번씩 만나서 상대방의 짧은 연설을 듣는 모임이었는데, 발표자의 연설에 반드시 comment를 해주는 좋은 모임이었지요. 나는 한국의 이름에 대하여 영어권과 다른 것을 설명해 주어서 좋은 반응을 얻었고 많은 호기심을 불러일으켰어요.

또 미국에서 생활하고 있는 한국 사람들을 도서관에서 가르치는 기회도 있었어요. 그들은 이민 온 지 30년이 다 된 70세의 할머니와 이민 온 지 10년이 된 40대 후반의 여성, 그리고 미국에 온 지 2년 정도 되는 40대 초반의 여성이었어요. 70대의 할머니는 상당히 지적인 분으로 영어 표현을 세심하게 하려 노력하는 분이었고, 두 번째 분은 그저 나오는 대로 말해 대는 다소 수다스러운 분이었으며, 세 번째 분은 정말 되지 않는 영어를 한 단어씩이라도 내뱉다가 이제 조금씩 두려움, 혹은 부끄러움을 느끼기 시작하는 분이었죠.

여기서 문제 하나. 이 세 사람 중에 누가, 우리가 생각하는 회화 능력에서, 즉 남과의 의사소통에서 가장 앞서 나갈 거라고 생각하세요?

그래요. 정답은 두 번째 사람이 정답입니다. 그 분은 이미 자신감에 충만해 있더라고요. They was와 같은, 문법에 맞지 않는 표현을 그리 상관하지 않고 사용했지만, 의사소통에는 문제가 없었지요. 첫 번째 분은 번번히 자신의 발언 기회를 잃었고, 세 번째 분은 이제 영어 공부 방법에 대하여 계속 고민만 하고 있었어요.

이 세 분들에게 그리고 여러분 모두에게 해당되는 얘기는 일단 무슨 말이든 하라, 그리고 상대방의 말을 잘 들어라입니다. 사실 우리가 어색하게라도 무슨 말을 하면 원어민들은 대체로 그 말뜻을 상황 속에서 짐작하여, 고쳐 주려하기보다 그들이 그저 맞게 하거든요. 그 말을 기억했다가 내가 나중에 쓰면 되니까.

근데 두 번째 분에게 한계는 없을까요? 물론 있었죠. 자신이 쓰고 있는 말 이외에는 늘지 않는다는 엄연한 사실이었죠. 그러나 그 분조차도 언젠가는 본인이 느끼고 해결해 나가리라고 믿었지요.

참, 하는 얘기가 모두 영어와 관련된 얘기라 별로 재미가 없었으리라 생각되는데요, 좀 다른 얘기 하나 해볼까요. 한번은 이런 일도 있었어요.

미국에서 생활한 지 두어 달 되었을까? 내가 살던 주를 지나 다른 주까지 야간 운전을 하고 있었어요. 얼마나 긴장이 되던지!

근데 한참을 가고 있는데, 경찰이 지시봉으로 신호를 하는 거에요. 우리나라에서는 경찰이 길 옆에서 신호봉을 흔들면 조심해서 가라는 신호이잖아요. 그렇게 생각하고 자연스럽게 계속 운전하면서 갔는데……. 근데 이런 낭패가 있을까요? 우리가 공부하지 못한 언어외적 상황이 발생한 거예요.

갑자기 우리 뒤에 불을 번쩍이면서 차 한 대가 따라오더란 말이지요. 다소 불안했지만 그런 경험이 없었으니 그냥 그대로 달렸지요. 미국은 주 단위로 모든 일이 이뤄지기 때문에 고속도로도 주를 벗어날 때 요금을 계산하게 되어 있거든요. 그래서 요금을 내려고 섰는데, 웬 날벼락! 경찰이 오더니 차를 길 옆으로 대라는 거예요. 참, 이런 경우가……. 이게 무슨 일인가 싶어 차를 길 옆에 댄 다음, 앞문을 열고 차에서 내렸어요. 그랬더니 경찰이 자꾸 차로 들어가라는 손짓을 하는 거예요. 그래서 일단 들어갔다가 내 운전 면허증이 트렁크에 있으니 그것을 보여 주겠다고 했죠.

일단 운전 면허증을 보여 주니 상황은 약간 달라졌어요. 그것을 보고 나서야 이곳에 온지 얼마되지 않았다는 걸 안 경찰은 다행히 비교적 친절해졌지요. 그래서 나두 콩글리시를 모두 동원하는 기지를 나름 발휘했단 말이죠.

"Korea Go, You stop. I don't know" 정도?

물론 한국에서는 가라는 신호고, 너희들은 서라고 하기에 알 수 없었다는 것이었지요. 다행히 이 경찰이 대단히 영리하지는 않아 위기를 면할 수 있었어요. 좀 더 영리한 경찰이었다면 아마도 "이 사람아, 당신은 내가 시키는 것은 그리 잘 알아들으면서 말은 그리 못하냐?"는 말을 했을 성 싶은데, 내가 좀 어리버리해 보였는지 그냥 경고만 하고 보내 주더군요. 나중에 식구들 얘기 들으니 내가 차 밖으로 나갔을 때 경찰의 손이 허리춤에 가 있었다고 하더라고요. 참 아찔하지만, 다시는 하고 싶지 않는 경험이었지요.

여기서 우리가 소홀히 했던 부분이 바로 언어외적 요소라는 거지요. 얼굴 표정, 몸짓 등이 얼마나 중요한가를 소홀히 한 채 너무 활자에만 매달려 온 것도 부정할 수 없는 것 아닌가 합니다. 언어란 사실, 종합 행위라고 볼 수 있지요. 말뿐 아니라, 몸짓 기타 등등. 의사소통이 중요하다면 사실은 우리의 몸짓, 발짓 모두가 의미 있는 것이니까요. 참 나온 김에 얘기 하나 더.

기회가 있어 텍사스와 국경을 이루고 있는 멕시코의 도시에 도보로 갔던 적이 있었어요. 정말 놀랍게도 그쪽 사람들이 영어를 한 마디도 안 쓰는 거예요. 참말로 우리의 병적인 영어 집착에 비하면 상상할 수 없는 일이었지요. 나의 장난기가 발동할 수 있는 좋은 기회였어요. 그래서 나는 우리말을 쓰고 그들은 자신의 말을 쓰면서 손짓, 표정 등으로 음식을 시키기로 한 거죠. 둘 다 성공이었지요.

하여 의사소통을 중시하는 우리의 지금 영어 교육은 무엇이어야 하나를 나름 대로 한 번 더 생각하게 한 계기가 되었죠. 근데 말이에요, 영어 선생이니까 한 마디 덧붙이자면, 그때 내가 영어가 되지 않았으면 이런 시도는 애초에 불가능하지 않았을까요?

마음 놓고 실수해도 괜찮아

우선 우리의 수업은 여러분들이 무엇이든 마음 놓고 실수를 할 수 있는 멋진 시간이 되어야 한다고 생각해요. 거창하게 생각해서, 여러분은 수업료를 내고 좀 모르는 것을 배우러 왔다는 말이지요. 그러니까 여러분은 당연히 실수를 할 수 있는 권리와 의무(?)를 갖고 이 자리에 있는 것이란 말이지요. 좀 그런가요? 그래서 나는 의식적으로라도 정답, 즉 남을 옴쭉하지 못하게 할 수 있는 답을 가진 친구들에게 나의 칭찬에 인색할 수 있어요. 왜냐하면 지나친 나의 칭찬이 다른 이들을 위축시킬 수 있기 때문이죠. 사실 잘하는 아이들은 굳이 언어가 아니어도 잘 느낄 수 있을 테니까요.

난 수업 시간에 질문을 많이 할 거예요. 퀴즈를 많이 낼 거에요. 하지만 큰 걱정은 하지 마세요. 보상도 만만치 않을테니 기대하시고……. 근데 자신을 보이려 하지 않는 친구들에게 들려주고 싶은 이야기가 있어요. 만일 여러분들이 여러분의 실상을 보여 주지 않는다면 나는 어떻게 가르쳐야 할까요? 이런 좀 억지스런 상황을 가정해 봅시다.

병원에 온 환자가 의사가 어디가 아프냐고 물었더니 "의사 선생님이 그것도 몰라요? 한번 알아 맞춰 보고 치료해 보세요." 라고 한다면 말이에요. 그래서 의사가 체온, 혈압 등의 기초적인 확인한 다음에 상담과 진찰을 통해 판단을 내리는 대신에, 고가의 장비를 총동원해서 그 사람의 상태를 체크한 뒤에 과로 혹은

우리의 수업은 여러분들이 무엇이든 마음 놓고
실수를 할 수 있는 멋진 시간이 되어야 한다고
생각해요. 거창하게 생각해서, 여러분은 수업료를
내고 좀 모르는 것을 배우러 왔다는 말이지요.
그러니까 여러분은 당연히 실수를 할 수 있는 권리와
의무(?)를 갖고 이 자리에 있는 것이란 말이지요

감기 정도의 진단을 내렸다면 얼마나 큰 낭비일까요? 나는 애처롭게도 한눈에 여러분의 능력을 꿰뚫어 보는 신통력을 가진 사람이 아니기에, 여러분이 그때 그때 보이는 모습에 알맞게 수업의 정도, 내용 등을 진행하려 하지요.

우리가 틀린 영어라고 하는 것은 지나치게 시험에 초점을 맞추었기 때문이죠. 요놈의 시험이란 괴물은 우리를 자극하기도 하지만, 사실 언어라는 본질을 훼손하기도 하거든요. 사실 영어라는 언어가 의사소통이 중심이라면, 그저 다른 표현이라든가 어색한 정도가 아닐까요? 잘 알듯이 외국인들이 우리말을 하는 것을 들으면 좀 어색할 따름이지, 저건 도저히 무슨 말인지 알아듣지 못하겠어, 하는 경우는 드물잖아요. 힘을 내시고…….

이런 의미에서 한때 우리나라를 떠들썩하게 했던 '오렌지 · 오륀지 파동'은 희극 중의 희극이라고 할 수 있지요. 그 한 단어를 알아듣지 못해 이상한 서비스를 받았다는 것은 어느 한쪽의 지독한 게으름이 있지 않았을까요? 서로 상대방에 대한 무관심이든지…….

사실 우리가 듣기 평가를 위해 듣는, 정말 방송인들이 진공 상태에서 하는 영어는 실생활에 존재할 수 없는 것이지요. 내가 소위 최고의 지성인들이라 하는 교수들의 강의를 듣는 중에도 민망한 발음이 마음 놓고 튀어나옵니다. 우리라면, 교수라면 저럴까 싶게 말이죠. 예를 들면 tomb를 '톰브' 한다든지, singer를 '싱

거'라고 하는 것은 그리 드문 일이 아니었지요. 물론 좋은 영어, 보다 나은 영어를 배우려는 것은 너무나 당연한 일이긴 하지만 마치 절대적으로 옳은 영어가 있어 그곳에 이르지 못한 사람들은 그저 입을 열면 안 되는 것 같은 분위기는, 정말 의사소통 능력을 중요시하는 언어에는 백해무익일거예요. 그런 의미에서 이런 말은 쓰이지 않는다는 둥, 상대방이 절대 못 알아먹는다는 둥 하는 것은, 그저 값싼 영어 장사꾼들의 술책이라고 밖에 말할 수 없어요. 처음부터 완벽하지 않으면 아예 입을 떼지 말라는 선언을 하면서 어느 날 입이 트일 테니 그 때까지는 그저 묵묵히 공부나 하라는, 도저히 앞뒤가 맞지 않는 소리 말이죠.

자 마음 놓고 틀리도록 합시다.
준비되었나요?

그리고 의사소통이라는 의미에서 사실 우리는 회화니 뭐니 하는 것들을 잘못 이해하고 있는 것 같다는 생각이 들어요. 무슨 말이냐 하면 사실 회화가 그저 인사나 몇 마디 나누고, 일상생활에 대한 잡담으로 끝나는 것이냐는 것이지요. 그런 의미에서 정말 상상하기 어려울 만큼 큰돈을 들여 고용한 원어민 교사들에 대해서도 다시 생각해 봐야 할 것 같아요. 그리고 그 중에서 미국인이어야 하느니 마느니 하는 것은 정말 유치한 일이지요. 하여간 기왕에 쓴 돈이니 본전이나 잘 뽑아야 할 텐데…… .

그런 의미에서 나는 우리가 할 얘기를 만들어야 한다는 얘기를 하고 싶어요. 그러려면 그저 인사 영어, 잡담 영어를 넘어 상대 언어의 문화, 예술 등 다양한 분야를 알아야 한다고 생각해요. 사실 예전에는 영어 시간에 영시도 배우고 그러더니 요새는 그마저도 사라지고 말았어요. 사실 인터넷을 이용하면 영어로 된 우리 소식들도 따끈따끈하게 만날 수 있거든요.

아직도 언론의 왜곡보도 시비가 종종 있는데, 언제부터인가 나는 우리 신문이나 방송에서 해외의 소식을 인용해 우리에 관한 이야기를 하면 반드시 그 '뉴스 원'을 찾아가는 버릇이 생겼어요. 아마 여러분도 나와 함께 하게 될 것이고 말이에요. 작년에는 아이들과 'Stopping by Woods on a Snowy Evening'이란 시를 공부하면서 눈 속을 걸었던 기억도 새롭습니다. 물론 3학년이라 하더라도 이것은 꼭 필요한 일이기에 올해도 야외 수업은 반드시 할 것입니다.

우리 학교 주위의 모습, 정말 아름답지 않나요? 어떤 때는 그들에게 우리가 시선을 주지 않는 것이 죄악이다 싶을 만큼 말이에요. 꽃이 피면 우리는 꽃말과 함께, 그리고 풀, 나무와 함께하는 영어 표현을 갖고 주위를 돌아볼 것이고, 또 향기가 나면 냄새와 관련된 단어도 공부하게 될 거에요.

이제 어느 정도 방향을 알겠지요? 그래 이제 여러분이 바로 나의 수업 자료를 항상 풍요롭게 할 준비가 되어 있어야 합니다. 나 혼자 귀를 열고 눈을 뜨고 있어서는 안 된다는 말이지요.

참, 이참에 내가 좋아하는 영어 단어를 소개할까 해요.

alert, share, fair, sympathy…….

그 이유는 차자 알게 되겠지만, 그 중에 제일은 alert. 그것은 모든 것의 출발점이죠.

항상 깨어 있음?
낯설게 바라보기!

금방 내가 가장 아끼는 영어 단어를 얘기했지요? alert. 항상 깨어 있음이라는 거지요. 주위에 것들을 어제 보았던 눈으로 보지 말고, 낯설게 바라보라는 거죠. 그것이 굳이 얘기하면 우리가 살아갔으면 하는 길이에요.

나누자는 뜻의 share도, 공정하다는 뜻의 fair, 동정이라는 뜻의 sympathy. 이 모든 말들도 alert하지 않으면 퇴색될 거라고.

대학 때 「The Man Who Wouldn't Go To Heaven」이라는 영어 연극을 한 적이 있어요. 일생을 광부로 열심히 살던 이가 마지막에 세상의 불공평과 불의에 눈을 뜨면서 자신만이 천당에 갈 수는 없다는 것을 깨닫는다는 단순한 내용이지만, 내 인생에 가장 큰 영향을 준 연극이에요. 그 이후로 세상 사람들과 교류하면서 그러한 면을 확인하게 되고, 비슷한 생각을 가진 사람들과 더욱 가까이 하게 되었지요. 더욱이나 교직에 들어서서는 내가 상대방에게 너무 부담을 주지는 않나, 또한 욕심을 지나치게 내는 것은 아닌가 생각할 때도 있지만요. 그때마다 핑계처럼 들이 대는 말은 우리가 살면서 겪는 모든 것들은 언젠가 내게 어떤 형태로든 영향을 준다는 거죠. 더러는 나의 어떤 부분은 잊고 잘라내고 싶지만 그 모든 것들이 고스란히 모여 나라는 한 인간을 형성한다는 것이지요.

내가 50살에 유학의 기회를 갖게 된 것도 사실은 내가 아주 어렸을 적, 한 대여섯 살 되었을 때였을까요? 동네 어른들이 "너는 커서 뭐가 될래?" 하고 물으시면 "유학갈래요." 하고 대답했던 일의 씨앗이었다면 믿을까요? 사실 말이 씨가 된다는 말을 가벼이 여기지 않게 되었는데, 사실 그때 나는 유학이 대학 정도라도 생각했거든요.

하여간 희망이라는 씨앗을 갖는다는 것은 말할 수 없이 소중한 것이지요. 세상을 헤매고 다닌다 하여도 먼 발치에서라도 바라볼 수 있는 목적지가 바로 희망이니 말이에요.

사실 어떤 때는 여러분들에게 사치스러워 하지 말라고 할지도 모릅니다. 나는 세상에 공짜는 없다고 생각하거든요. 이것은 나의 철학의 기본입니다. 무언가 어떤 식으로든 편하면 반드시 그로 인하여 불편해지는 일들이 있을 것이라는 거지요.

사실은 선전포고 비슷한 것인데……. 가끔 여러분들의 뜻을 거스르며, 자연과의 대화를 가장하여, 창문을 여닫을 수 있다는 얘기입니다. 더워! 고스란히 에어컨에 맡기면 되나요? 추워! 그저 온풍기의 몫일까요? 그렇다면 우리 사람의 몫은 어디로 갔을까 생각할 때도 있습니다. 우리가 현재 누리고 있는 이 모든 것이 당연하다는 자세는, 어쩌면 우리가 '살아가는' 것이 아니라 그저 '살아지는' 것이라는 끔찍한 생각이 들기도 한다는 것입니다.

첫시간에 참 많은 얘기를 했습니다. 수업 시간에 내가 혹시 도움이 된다면 필요한 모습 배워 가고, 아니면 반면교사(反面教師)라는 말처럼, 저러면 못쓰지 생각하면서 1년을 살도록 합시다.

난, 항상 배울 준비를 하고 있겠습니다.

사람이면 다 사람이냐?

이 수 석 인천 동산고등학교 철학 교사

1964년에 서울에서 태어났습니다. 선생님이 된 이래로 계속 인천에 있는 동산고등학교에서 철학 선생님으로 일하며 학생들과 더불어 공부를 익히고 있습니다. 2000년에는 교육부 교과 연구 철학 선정 책임 연구를 진행한 바 있고, 2006년에는 한겨레신문에 '시사로 보는 논술'을 연재하기도 했습니다. 또『재미있는 철학 수업 1, 2』,『논리와 생각 시리즈』,『교과서를 만든 철학자들』,『이야기 속에 숨어 있는 논리를 찾아라』,『한자 속에 숨어 있는 논술』,『재미있는 철학 이야기』,『중학생을 위한 논술의 첫걸음』, 서울대 선정 인문고전선『중용』등 철학이나 한자와 관련된 책을 여러 권 내기도 했습니다.
몇 번의 큰 사고를 통해서 삶과 죽음이 함께 있다는 삶의 지혜를 얻었고, 현재의 삶을 덤으로 사는 것이라며 감사하는 마음으로 살고 있습니다. '흐르는 물처럼, 대지의 바위처럼'란 말을 좌우명으로 새기며 1녀 1남의 딸과 아들, 그리고 엄처시하에서 알콩달콩 사랑하며 때로는 다투기도 하면서, 이 세상 모든 것들을 스승으로 삼아 배우며 살고 있습니다.

안녕하세요. 나는 여러분과 함께 『철학』이란 교양 선택과목을 1년 동안 공부할 이수석입니다. 오늘은 그 첫 번째 시간으로 여러분과 내가 무엇을 어떻게 공부해야 할지에 대한 이야기를 진행하고자 합니다.

공부는 미쳐(狂)야 미친(及)다

먼저 생각하는 이야기를 하나 들려드리겠습니다.

한 사람이, "당신은 어떻게 해서 현인이 되셨나요?"라며 어느 현인에게 물었습니다.

그러자 그 현인은,

"글쎄요, 식용유보다 등유에 더 많은 돈을 썼더니 사람들이 저를 현인이라 부르더군요."

라고 대답했습니다.

'식용유보다 등유'라니, 그게 무슨 말일까요?

음식을 요리할 때 사용하는 것이 식용유이고, 깜깜한 밤에 책 읽고 공부할 때 필요한 것이 등유(석유)입니다. 그러니 현인이란 먹는 것에 투자하는 시간과 노력보다는, 공부하는 데 훨씬 많은 시간과 노력을 쓰는 사람이라는 겁니다. 그래서 사람들은 돈 많은 부자보다는 어질고 지혜로운 현인을 존경하는 것입니다. 그러므로 의식주에만 신경 쓰기보다는, '어떻게 살까?'에 대해 깊이 고민하며 사는 삶이 훨씬 재밌고 유쾌하답니다.

선생님의 선친은 '공부는 무식하게 미친듯이 해야 한다.'라고 늘 말씀하셨어요. 아니 모든 일은 미친 듯이 해야지만 목표한 것을 이룰 수 있다고 하셨지요. 그래서 공부하는 교과서 이외에는 그 어떤 것도 사 주지 않으셨어요. 황당하지요? 그렇게 살았어요. 대학교 갈 생각도 별로 없었지요.

선친은 부자였어요. 하지만 그것은 아버지 재산이지 내 것은 아니라는 괜찮은 개똥철학이 나에겐 있었어요. 괜찮은 놈(?)이었죠. 하지만 참고서도 사 주지 않는 아버지가 조금은 섭섭했어요. 왜 안 미웠겠어요. 심지어 내가 친아들이 아닐지도 모른다는 생각도 했지요. 어쨌든 선생님의 아버지께서는 좀 특이하신 분이었어요.

고등학교 2학년 여름방학이 시작하는 때였어요. 아주 친하게 지내는 중학교 동창인 5총사 중에, '김세영'이란 친구가 있었어요. 그 친구가 하루는 와서 하는 말이 "야, 우리 서울대라는 이름

아, 나도 공부하면 되는구나. 나도 공부하면 되는구나. 정말 서울 대학교를 목표로 공부해 볼까라는 자만심도 생기더군요. 그렇게 해서 정식으로 목표를 잡고 공부하기 시작했습니다. '잘 짜여진 계획은 반은 이루어진 것이다.'라는 말이 사실인 것을 실감한 것이지요.

만 들어 봤고, 어쩜 평생 그 문을 들어가 볼 수도 없잖냐? 우리 한번 세칭 명문대라는 서울대 · 연대 · 고대 · 서강대 · 성균관대 등의 학교를 한번 가 보자. 그리하여 대학교를 갈 것인지 말 것인지를 결정하자."고 하더군요.

우리 5총사는 그러자고 하였지요. 그리고 우린 서울 대학교 정문을 푸른 교복을 입고서 들어갔습니다. 친구들은 흩어져서 "어떻게 공부해서 서울 대학교를 왔느냐?"고 인터뷰했지요. 장난기 많은 나는 인터뷰하는 친구들을 두고, 여기저기 구경하며 놀러 다녔어요. 그러다가 느티나무 아래에서 '데이트'하는 한 쌍의 남녀 대학생을 보았어요. 여학생의 무릎을 베고 누워 있는 남학생에게 여학생은 새우깡을 먹이며 희롱하고 있었어요. 참 보기 좋았고 부러웠어요. 그 순간 난, 결심했죠. 나도 대학생이 되어서 저렇게 데이트 해보겠다고요. 참으로 황당한 이유에서 난 대학교에 가기로 결정하였죠.

그리고 난 그날 저녁에 학습 계획표를 세우고, 그 계획표 대로 공부할 준비를 했어요. 다음 날부터 난 미친 듯이 공부했지요. 하루 6시간씩 영어 테이프를 듣고, 1시간씩 단어와 숙어, 그리고 영어 문장을 외웠지요. 수학은 전략상 포기하기로 했어요. 국어는 그래도 자신이 있었던 과목이었고……. 문제는 나머지 과목이었어요. 그 나머지 과목은 EBS 라디오 강의를 녹음해서 듣고 또 들었어요. 녹음한 강의를 밥 먹으며 듣고, 운동하면서 듣고, 등하굣길에, 또는 오고가는 버스 안에서 듣고 또 들었습니다.

그렇게 고등학교 2학년의 여름 방학을 보냈어요. 아마도 그때처럼 내가 열심히 공부했던 적은 없었던 거 같아요. 이렇게 해서 여름 방학이 끝나고 9월 27일에 본 모의고사 때에는 영어 시험지가 보이더군요. 과거에는 검은 것은 글이요, 흰 것은 종이라고 장난치듯이 보았던 시험이었는데, 이제는 영어 시험 문제가 보이더란 말입니다. 무엇을 말하는지, 무엇을 묻고 있는지, 그리하여 어떻게 대답하고 답을 구하는지 검은 글자의 의미를 알겠더군요. 그리고 나서 답지를 채점했습니다. 50문항의 50점 만점에서 영어는 36점을 받았더군요. 그리고 모의고사 성적표를 받았는데, 보통은 62명 중에 20등 내외였는데……, 62명 중에 12등을 했더군요.

정말 놀랐습니다. 아, 나도 공부하면 되는구나. 나도 공부하면 되는구나. 정말 서울 대학교를 목표로 공부해 볼까라는 자만심도 생기더군요. 그렇게 해서 정식으로 목표를 잡고 공부하기 시작했습니다. 어른들이 흔히 하는 말 '잘 짜여진 계획은 반은 이루어진 것이다.'라는 말이 사실인 것을 실감한 것이지요.

사람이면 다 사람이냐?

우리 속담에 '사람이면 다 사람이냐? 사람이 사람다워야 사람이지.'라는 말이 있습니다. 이 말의 뜻은 무얼까요? 여러분 중에 사람다운 사람은 얼마나 될까요?

사람은 순우리말입니다. '살다'는 동사에서 '살림'이란 명사가 나왔고, 다시 '삶'이란 명사도 나왔다고 합니다. 여기서 나온 말이 '사람'이라고 합니다. 결국 사람은 '살다'란 동사에서 나왔다고 할 수 있습니다. 그런데 나는 '사람'을 다르게 해석합니다. 사람은 네 군데를 볼 수 있어야 한다는 '사람(四覽)'입니다. 아, 물론 이것은 언어의 유희입니다.

1. 앞[前]을 보아 꿈과 비전(Vision)을 가져라!

사람이라면, 먼저 앞으로 무엇을 하며 어떻게 살아야 할 것인지에 대한 꿈과 비전(Vision)이 있어야 합니다.

이성계와 무학대사에 얽힌 일화는 참으로 많습니다. 그 중에 하나가 이성계가 자신의 꿈 풀이를 무학에게 부탁한 겁니다.

> 어느 날 이성계가 무학대사에게 물었습니다.
>
> "꿈속에서 불이 훨훨 타고 있는 집에서 서까래 3개를 짊어지고 나오는데, 바로 눈앞에서 숫양이 싸움을 하다가 두 개의 뿔이 일시에 부러져 나가는 것을 보았습니다. 서까래를 짊어지고 정신없이 나오다가 양의 꼬리를 밟았는데, 이상하게도 꼬리가 쑥 빠져 버렸습니다."
>
> 이성계의 이야기를 신중히 듣고 있던 무학대사는 느닷없이 자리에서 일어나 "관세음보살, 관세음보살" 하면서 합장을 하여 이성계에게 황제의 예의를 올렸습니다. 큰일 날 일이었습니다. 왜냐하면 그 때는 고려 시대였으니까 말입니다. 당황하는 이성계

에게 무학대사는 말했습니다.

"새로운 왕조를 여는 임금이 될 것입니다. 집이 불에 타는 형상은 앞으로의 병화(兵火)를 말합니다. 서까래 3개를 짊어지고 나온 것은 석 삼자(三字)나, 등에 짊어지고 나왔으니 주인 · 임금 주자(主字)가 됩니다. 필시 임금이 아니고 무엇이겠습니까. 또한, 두 개의 뿔이 빠진 양(羊)을 친히 보았다는 것도 임금이 된다는 암시인데, 양(羊)에서 두 개의 뿔이 빠지고, 꼬리가 빠졌다고 하니, 임금 '왕(王)'이 아니고 무엇이겠습니까?"

이로부터 이성계는 새로운 왕조를 세우겠다는 비전을 갖고 생활하기 시작하였습니다. 전장에서 승리한 장수에게는 그에 합당한 격려와 칭찬을 해 주었고, 패배한 장수에게는 위로와 재기의 용기를 주었습니다. 이렇게 임금의 마음으로 사람들을 대하기 시작하니 사람들이 그에게로 몰려왔습니다.

사람이 어떤 비전을 갖느냐에 따라 그의 행동은 180도로 변할 수 있습니다. 미국의 사상가이자 시인인 에머슨(Ralph Waldo Emerson, 1803~1882)은 "생각은 높게, 생활은 단순하게!(High thinking, simple life!)"라고 말했습니다. 목표를 높고 고귀하게 가지십시오. 그 다음에는 그 목표를 달성하기 위한 노력을 하십시오.

2. 뒤[後]를 보아 반성(反省)을 하자!

나와 여러분 모두는 지나간 일에 대해서 후회하고 안타까워합니다. 그 이유는 무얼까요? 그렇습니다. 조금 더 잘할 수 있었는데, 다르게 할 수도 있었는데, 그렇지 못했다는 점이지요. 우리는 모두 자신의 행동에 대해서 생각하고, 잘못된 점이 있으면 다음번에 그렇게 하지 않으려고 노력합니다.

이런 우리의 반성하는 삶을 단적으로 일깨우는 공자와 소크라테스의 말이 있습니다.

> 현명한 사람은 모든 것을 자신의 내부에서 찾고, 어리석은 사람은 모든 것을 타인들 속에서 찾는다.
>
> —공자
>
> 음미되지 않은 삶은 살 가치가 없다.
>
> —소크라테스

무슨 의미일까요?

그렇습니다. 자신의 지나온 생활에 대해서 반성하고 돌이켜 보라는 것이지요. 여러분은 지금 어떤 생각을 갖고 어떤 생활을 하고 있습니까?

3. 위[上]를 보아 배우고 익히자!

여러분은 살아가면서 많은 사람들을 만납니다. 그들 중에는 여러분이 본받고 싶은 사람들이 여러 곳에서 여러 모습으로 살아가고 있습니다. 때로는 텔레비전을 통해서, 때로는 책을 통해서, 여러 경로를 통해서 접하게 됩니다. 그런 그들의 공통점은 무엇입니까? 그렇습니다. 그들은 한 분야에 있어서만큼은 전문

가입니다. 그것도 아주 뛰어난 전문가이지요. 그렇다면 그들은 어떻게 전문가가 되었을까요? 바로 공부를 통해서입니다. 무엇을 하고자 하면, 그 분야에 대해서 알아야 합니다. 그리고 그 분야에서 성공하려면 남들보다 많은 노력을 해야 하고 남들보다 잘해야 합니다. 자 그렇다면, 어떻게 해야 공부를 잘할까요?

"이런 무식한 사람 같으니!"라는 말은 상대방을 얕보고 깔보는 말입니다. '무식(無識)'은 '없을 무(無)'와 '알 식(識)'이 합쳐진 단어로, 아는 것이 없음을 뜻합니다. 사람들은 알기 위해서 공부합니다. 그래서 '아는 것이 힘이다.'라는 명언이 나왔는지도 모르죠.

'무식'과 소리가 같은 또 하나의 단어가 '무식(無息)'입니다. 이 무식은 '없을 무(無)'와 '쉴 식(息)'이 합쳐진 단어입니다. 쉼이 없다는 뜻입니다. 한자 '식(息)'은 '자유로울 · 저절로 자(自)'와 '마음 심(心)'이 합쳐진 글자입니다. 그래서 '식(息)'은 자기 마음을 마음대로 자유롭게 내버려 두는 것입니다. 컴퓨터 하고 싶을 때 컴퓨터 하고, 자고 싶을 때 자고, 놀고 싶으면 놀고, 여행을 하고 싶으면 여행을 하고……. 그저 자기 마음대로 하는 것이 쉬는 것이고, '식(息=自+心)' 자의 뜻입니다.

그런데 공부하는 것과 무식이라는 두 단어는 무슨 관계가 있을까요? 공부는 쉼 없이, 무식(無息)하게 해야 하기 때문입니다. 자기 마음이 컴퓨터 게임을 하고 싶고, 만화 책도 보고 싶고, 오락하고 난 다음에 공부하자고 했다면……, 지금 그 마음을 고쳐

보세요. 공부는 무식하게, 마음이 자기 마음대로 하지 못하게 간섭하며 해야 합니다.

산에 가 보면 움푹 팬 홈이나 구멍 뚫린 바위를 간혹 볼 수 있습니다. 구멍 숭숭 난 제주도 현무암도 아니고, 사람이 뚫은 흔적도 없는데, 그 구멍들은 어떻게 된 것일까요? '떨어지는 물방울이 바위도 뚫는다.'는 말 아시죠? 그렇습니다. 한 방울 한 방울의 물방울이 천천히 아주 오랜 시간에 걸쳐 만든 움푹한 홈이요, 구멍인 것입니다. 한마디로 끈기와 지속성이 열쇠인 셈입니다.

고대 아테네 델포이 아폴론 신전의 신탁은 소크라테스를 '가장 지혜로운 자'라고 말했습니다. 그러나 소크라테스는 자신을 '아주 무식한 사람', '아는 것이 없는 사람'이라고 했습니다. 그는 고대 그리스의 7현인 중의 한 사람인 큘론의 '너 자신을 알라!'는 말을 좌우명으로 삼았고, 아테네 청년들을 무보수로 가르쳤습니다. 그가 다른 사람들보다 지혜로운 것은 단 한 가지 이유 때문이었습니다. 그것은 무엇일까요?

그렇습니다. 소크라테스는 자신이 무식하다는 것을 알고 있었으나, 아테네의 다른 사람들은 자신이 무식하다는 사실도 알지 못했다는 사실입니다. 소크라테스는 자기가 아는 것이 없다는 것, 그 한 가지는 확실히 알고 있었기 때문에 아테네에서 가장 지혜로운 자가 될 수 있었던 것입니다. 그래서 소크라테스는 자신에게 끊임없는 질문을 하였고, 그 대답을 찾기 위해 열심히 배우고 공부하였던 것입니다.

4. 아래[下] 보아 겸손하자!

『논어(論語)』의 「자한」 편에는 후생가외(後生可畏)라는 말이 나옵니다. '젊은 후배들을 두려워해야 한다.'는 뜻입니다.

여러분은 그 무엇이든지 될 수 있는 '씨앗'입니다. 여러분 중에는 나를 본보기로 삼아 위대한 학자, 교수가 되는 사람이 있을 수 있습니다. 현재 대한민국의 정치 현실을 보고, 장차 남북한의 통일을 위해 노력하는 정치가가 나올 수도 있을 것입니다. 또한 세계 경제의 빈익빈 부익부 현상을 보고, 온 세계인이 추위와 굶주림, 그리고 질병으로부터 구원받을 수 있게 하는 위대한 경제인이 나올 수도 있습니다. 장래의 여러분은 오늘의 나보다도 훨씬 크고도 뛰어난 사람이 될 것입니다. 그래서 난 여러분에게 지금 존칭어를 쓰는 것이고, 여러분은 함부로 대접받는 그 무엇의 단순한 학생이어서는 안 되는 것입니다.

자신을 존중하십시오. 그리고 타인, 특히 후배들을 더욱 존중하십시오.

후배들은 여러분을 본보기로 삼아, 여러분보다 훨씬 능력 있고 뛰어난 사람다운 사람이 될 수도 있기 때문입니다.

다시 무학대사와 이성계의 또 다른 일화를 들려주겠습니다.

이성계와 무학대사는 자주 어울리며 사귐을 가졌는데, 어느 날 서로 농담을 주고받는 내기를 하였습니다. 먼저, 이성계가 무학대사에게,

"스님은 참 돼지처럼 생겼소. 그 툭 튀어나온 배와 희끈희끈 한 머리가 꼭 잘 키운 돼지 같소이다."

라고 했습니다. 아무리 자신이 새로운 왕조를 연 임금이었지만, 그래도 자신에게 꿈과 비전을 주었고, 많은 지혜를 가르쳐 준 스승인데, 좀 심하였지요.

하지만 제자의 이 말에 대해 무학대사는,

"제가 보니 대왕은 참 부처님 같습니다."

라고 대답하였답니다.

그러자 이성계가

"스님! 어찌 과인은 당신을 돼지라 칭하였는데, 당신은 저를 부처라 높여 주십니까?"

하며 의아해 물었지요.

이에, 무학 대사는

"무슨 말씀을요. 원래 용의 눈에는 모든 것이 용으로 보이고, 부처님 눈에는 모두 부처님이 보인다고 하였습니다. 돼지 눈에는 돼지가 보이는 법이라……."

라고 말했답니다.

'부처 눈에는 부처만 보이고, 돼지 눈에는 돼지만 보인다.'는 말은 두고두고 곱씹어야 할 말입니다. 그 사람의 마음 크

기를 나타내는 말이기도 합니다.

여러분은 그 무엇이든지 될 수 있는 '씨앗'이라고 생각하기에 나는 여러분에게 가급적이면 존댓말을 쓰려고 노력합니다. 여러분들 중에서 노벨 물리학상과 노벨 문학상을 받을 사람이 나올 수도 있으며, 정직하게 봉사하는 국회의원이 나올 수도 있으며, 대한민국 경제를 이끌어 갈 새로운 패러다임의 CEO도 나올 수도 있기 때문이지요. 물론 여러분 다수는 자기 주변의 사람들에게 감사하고 낮은 데로 임하는 평범한 가장이 되겠지요. 이런 이유 때문에 나는 여러분들에게 존댓말을 쓰는 것입니다.

나아가 여러분들이 결혼하여 아이를 낳아 키울 때도 그들에게 존댓말을 써 주어, 아이가 존중받고 있다는 것을 심어 주길 바라면서 존칭어를 쓰는 것입니다.

여러분 스스로를 사랑하고 존경하십시오. 자기 자신도 사랑할 줄 모르고, 존경할 줄 모른다면 다른 사람도 사랑할 줄 모르며 존경할 수 없을 것입니다.

자신을 믿고 자신을 사랑하십시오.

지금, 우리가 여기 존재하는 이유는

오 중 렬 **전 의정부 과학교사모임 회장, 과학 교사**

1977년에 전라도에서 태어났습니다. 경기도 의정부고등학교에서 일했으며 지금은 경기도과학교육원 연구원으로 파견 근무를 하고 있습니다. 또 의정부과학교사모임 회장을 지내며 청소년 생태 캠프 및 각종 교사 연구 활동을 진행하였습니다. 『경기지역 지질탐구 학습백과』와 2010년 우수과학도서로 선정된 『과학교사도 궁금한 101가지 과학질문사전』을 여러 선생님과 함께 만들기도 했습니다. 현재는 경기도과학교육원에서 학생들과 교사들에게 체험 활동 및 천체 관측을 지도하면서 다양한 연구 활동을 하고 있습니다.

과학이 어렵지 않고 방법만 달리한다면 누구든지 쉽게 즐길 수 있다는 믿음을 가지고 있는 그는, 모든 학생들이 과학을 쉽고 즐거운 과학으로 느낄 수 있게 해주고 싶은 과학 선생님입니다. 특히 과학 중에서도 상대적으로 관심이 적은 지구과학을 보급하기 위해 노력하고 있습니다. 그러기 위해 각종 천문 행사를 통해 더 많은 사람들에게 우주를 보여 주기 하기 위해 노력하고 있으며, 학생들과 함께 전국 각지의 지질과 화석을 탐사하러 다니고 있습니다. 그래서 우리나라의 모든 학생들이 우주를 담을 수 있는 넓은 마음과 시공을 초월한 지혜를 갖도록 하는 게 목표입니다.

여러분은 얼마나 '특별하게' 살고 계십니까? 이 질문에 대해 특별하게 살고 있다고 자신 있게 대답할 사람은 거의 없을 것입니다. 매일 반복되는 일상과 매일 만나는 친구들과 선생님. 아무리 생각해 봐도 딱히 특별하다고 생각되는 것이 떠오르지 않습니다. 여러분은 아직 잘 모를 것입니다. 여러분이 얼마나 소중하고 특별한 존재인가를……. 그래서 이번 시간에는 지금 이곳에 있는 여러분이 얼마나 소중하고 특별한 존재인가를 알아보는 시간을 갖도록 하겠습니다.

우리가 대한민국에 살고 있다는 것은

우리는 길이 500km 정도 크기의 대한민국에 살고 있습니다. 대한민국은 하루 한 바퀴 자전하는 지름 13,000km의 지구에 있습니다. 그리고 지구는 초속 30km의 속도로 태양 주변을 45억 년 동안 돌고 있으며, 태양계의 크기는 20조km에 이릅니다. 또 태양계는 초속 220km의 속도로 50억 년 동안 우리은하핵 주변을 돌고 있습니다. 태양과 같은 별들이 수천억 개 모여 있는 10만 광년(빛이 1년 동안 갈 수 있는 거리로 약 9조 5억km) 크기의 우리은하는 탄생한 지 100억 년이 지났습니다. 우리은하의 이웃 은하인 안드로메다 은하는 250만 광년 떨어져 있으며, 이러한 은하들은 약 300억 광년 크기의 우주에 수천억 개가 존재하며 대부분의 은하들은 매우 빠른 속도로 멀어지고 있습니다. 현재 인류가 알고 있는 가장 큰 공간은 우주이며, 우주의 끝은 지금도 엄청난 속도로 팽창하고 있습니다.

결국 우주에서 우리를 바라보면 너무나 작고, 나약한 존재에 불과합니다. 그러나 우리가 여기 있기까지의 과정을 살펴보면 우리가 작고 나약한 존재만은 아니라는 것을 알게 될 것입니다.

137억 년 전 아주 '특별한 점'이 있었습니다. 그 점을 우리는 특이점이라고 부릅니다. 부피나 면적이 없이 위치만을 나타낸 이 점, 그리고 이 점 이외에는 아무것도 없었습니다. '아무것도 없다'는 쉬운 것 같으면서 아주 어려운 개념입니다. 왜냐하면 이 점 이외에는 시간도 공간도 없었기 때문입니다. '시간도 공간도 없다'라는 상황이 쉽게 이해된다면 당신은 노벨 물리학상을 거뜬히 받을 수 있는 능력을 가진 분이니까 공부를 끝까지 해보시기 바랍니다.

우주는 이 특이점에서 시작되었습니다. 우주가 탄생하면서 시간이 흐르기 시작했고, 공간이 만들어지기 시작했습니다. 즉 '시간의 역사'가 시작된 것입니다. 우주가 탄생하고 10^{-43}초가 지났을 때 우주의 크기는 10^{-33}cm가 되었습니다. '10^{-43}초', '10^{-33}cm'. 이 둘 다 0과 같다고 해도 될 만큼 작은 값이지만 0은 분명 아닙니다. 이 작은 숫자에 전 세계 과학자들이 쩔쩔 매고 있습니다. 현재 과학 기술로는 이 짧은 시간 동안 무슨 일이 있었는지 알 수 없기 때문입니다.

많은 과학자들의 꾸준한 노력으로 10^{-36}초 이후의 우주 탄생 과정은 비교적 잘 알려져 있습니다. 10^{-36}초부터 10^{-34}초까지 거의 점이었던 우주에 이변이 일어납니다. 이는 생각할 수 없을 정도로 짧은 순간이지만, 10^{-36}초 입장에서 보면 10^{-34}초는 100배나 긴 시간입니다. 이 짧다면 짧고 길다면 길 수 있는 이 시간에 우주는 10^{30}배 크기인 100m정도의 크기로 팽창하였습니다. 아주 작은 바이러스 하나가 우리은하 크기로 순식간에 커졌다고 생각하시면 됩니다. 이러한 급격한 팽창을 '인플레이션'이라 합니다. 과학자들은 '인플라톤'이라는 새로운 에너지 개념을 만들어 이 불가능한 팽창을 설명하기 위해 노력하고 있습니다.

급격한 팽창이 일어난 인플레이션이 끝나고 10^{-27}초 후 완만한 팽창이 시작되면서 마침내 '빅뱅'이 시작됩니다. 지름 1,000km에 이른 우리의 우주는 10^{23}K(켈빈 온도 또는 절대온도라고 하며 열역학적인 온도로 0K는 에너지가 0J인 상태로 -273.15℃인 상태)에 해당하는 그야말로 상상할 수 없는 아주 뜨거운 불덩어리였습니다. 이 불덩어리 안에서 입자들이 만들어지기 시작합니다. 어떻게 에너지만 존재하던 불덩어리에서 입자가 만들어졌을까요?

이는 아인슈타인의 유명한 공식 $E=mc^2$(E:에너지, m:질량, c:빛의 속도)을 이용해 설명할 수 있습니다. 이 공식은 에너지가 질량으로 변할 수 있으며, 질량 변화는 에너지를 만들어 낸다는 식으로 핵폭탄을 만들어낸 식입니다. 인플레이션을 일으켰던 에너지가 질량을 가진 입자로의 전환이 일어나면서 소립자들이 탄생합니다. 이때 만들어진 소립자들이 별과 지구, 그리고 사람까지 만들어 낸 우리의 첫 번째 조상이라고 할 수 있습니다.

우리는 일상에서 1초는 시간으로조차 생각하지 않을 정도로 아주 짧은 시간입니다. 그러나 우주 탄생 후 1초 동안은 많은 일들이 일어난 아주 중요한 시간입니다. 우주 탄생 1초가 지나면서 원자를 만들 수 있는 재료들이 등장합니다. 쿼크와 전자들이 만들어지고, 4초가 지날 무렵 쿼크는 다시 뭉쳐 양성자와 중성자를 만들어 냅니다.

4분이 지날 무렵부터는 양성자, 중성자, 전자들이 서로 전기적으로 결합하여 드디어 원자를 만들어 내기 시작합니다. 이때 수소와 헬륨이 만들어졌는데, 수소가 헬륨의 세 배 정도 더 만들어졌습니다. 이 수소와 헬륨을 만들어 내는 작업은 38만 년 동안 지속됩니다.

우주는 38만 년 동안 팽창하였고, 그동안 온도가 내려가 2,700K가 되었을 때 드디어 빛이 빛의 속도로 달릴 수 있게 되었습니다. 전자와 양성자는 빛이 지나갈 수 없게 만드는 물질입니다. 빛이 이들과 충돌하느라 그동안은 빠져나갈 수 없었는데 원자가 만들어지는 과정에서 전자와 양성자가 사라지고 우주는 마치 안개가 걷히듯이 맑게 개이면서 빛이 빛의 속도로 뻗어 나가기 시작했습니다. 이 빛은 펜지아스와 윌슨에게 1978년 노벨상을 안겨 주었고, 2006년에는 조지스무트에게도 노벨상을 안겨주었습니다. 이 빛이 바로 우주의 역사를 풀게 해 준 '우주 배경 복사'입니다. 지금의 우주 배경 복사의 온도는 2.7K로 당시보다 1/1000로 낮아졌습니다. 우주의 온도가 1/1000로 낮아진 것은 그 때보다 우주가 1000배 커졌기 때문입니다.

빛이 달려 나가는 동안 우주는 계속 팽창하였고, 빛은 점점 어두워져 암흑의 시대가 시작되었습니다. 물질은 있으나 빛이 보이지 않는 암흑의 시대는 3억 년 동안 지속되었습니다. 그러던 중 수소들이 서로의 인력에 끌려 서서히 어느 한 곳으로 모이기 시작했습니다. 이 거대한 수소 덩어리의 중심부는 점점 뜨거워져 수천만 도에 이르게 되었고 수소들은 헬륨으로 합쳐지면서 수소 핵융합을 일으킵니다. 이 수소 핵융합 반응은 막대한 에너지를 뿜어 내었고, 거대한 수소 덩어리가 드디어 빛을 내기 시작했습니다. 암흑의 우주에 최초의 별이 탄생한 것입니다. 이후 수많은 별들이 탄생하였고, 별들은 서로의 인력에 의해 수천억 개씩 모여 또 수천억 개의 은하를 만들었습니다. 그리고 우주가 팽창하면서 은하들의 거리는 점점 더 멀어지고 있습니다.

우주에 대해서 거의 모든 것을 알아낸 것 같지만, 아닙니다.

현재 인류가 알고 있는 우주의 4%밖에 되지 않습니다. 우주의 23%는 아직 아무도 모르는 암흑 물질로 되어 있고, 나머지 73%는 암흑 에너지로 되어 있다는데, 이 또한 아무도 모르는 에너지입니다. 단, 암흑 에너지가 어떤 일을 하고 있는지는 알고 있습니다. 이 암흑 에너지는 중력 에너지와는 반대로 물질을 서로 밀어내는 일을 한다고 알려져 있습니다. 그래서 우주가 팽창하는 속도가 점점 빨라지고 있습니다. 언제가 될는지는 모르겠지만 이 암흑 에너지가 분자들을 쪼개고, 또 원자들을 쪼개고, 소립자들마저 쪼개 버려 물질들이 완전히 사라질 날이 올 것입니다. 그러나 수백억 또는 수천억 년 뒤의 일이니까 지금부터 걱정하실 필요는 없을 것입니다.

지구의 탄생

그렇다면 우리 지구는 어떻게 만들어 졌을까요? 우리 지구는 암석과 물, 공기로 이루어져 있습니다. 방금 살펴본 우주에는 수소와 헬륨밖에 없었는데, 어떻게 이런 다양한 물질들이 만들어져 우리 주변에 있게 되었는지 알아보도록 하겠습니다.

첫 번째 조상이 빅뱅 당시 만들어진 소립자라면, 두 번째 조상은 바로 별입니다. 별은 수소 핵융합으로 에너지를 만들어 냅니다. 현재 우리의 태양도 수소 핵융합 반응으로 에너지를 만들어 태양계에 빛을 뿌리고 있습니다. 약 50억 년 뒤 태양의 중심부에 수소가 없어지고 헬륨으로 가득 차게 되면 다시 헬륨을 핵융합시켜 탄소를 만들어 냅니다. 중심부가 다시 탄소로 가득 차게 되면 핵융합은 더 이상 일어나지 않고, 주변의 가스를 밖으로 뱉어내면서 고리 모양의 행성상 '성운'이 됩니다. 그리고 중심에는 지구 크기의 탄소 덩어리만 남게 되는데, 이 탄소 덩어리를 '백색왜성' 또는 '다이아몬드별'이라 부릅니다. 그러나 태양 정도 크기의 별들은 탄소까지 밖에 만들지 못했으므로 우리의 조상이라 할 수 없습니다. 우리를 만들기 위해서는 더 많은 원소가 필요합니다.

우리의 조상이 되려면 더 많은 원소들을 만들어 줘야 합니다. 태양의 수십 배 되는 별들은 중심핵에서 탄소, 산소, 마그네슘, 규소 등 다양한 원소를 핵융합으로 만들어 내며 철까지 핵융합을 일으킵니다. 중심부가 철로 가득 차게 되면 핵융합은 더 이상 진행되지 않고 별 전체가 폭발해 버립니다. 이를 초신성 폭발이라 하며 초신성 폭발 당시 우리가 알고 있는 대부분의 원소들이 만들어져 우주로 흩어집니다. 이 거대한 별의 폭발이야말로 우리의 두 번째 조상이라 할 수 있습니다. 빛마저 빨아들인다는 블랙홀이 이러한 초신성 폭발로 만들어지기도 합니다.

우리 태양계가 만들어 지기 이전 어떤 별이 초신성 폭발을 일으켰습니다. 이 폭발에 의한 잔해는 우주 공간상으로 빠르게 퍼져 나갔습니다. 여기서 잔해들이 모여 우리의 태양이 태어나야 하는데 이대로 두어선 불가능합니다. 이때 주변의 다른 별이 또 초신성 폭발을 일으킵니다. 이 초신성 폭발에 의한 충격파가 먼저 흩어져 있는 폭발 잔해에 전해지면서 큰 요동이 일어납니다.

초신성 폭발에 의한 요동이 두세 번 더 있은 후, 드디어 우리 태양의 씨앗이 만들어 졌습니다. 별이 태어날 때 두 개 이상의 별들이 함께 태어나는 경우가 많은데, 다행히도 태양은 하나만 태어났습니다. 만약 두 개의 태양이 태어났다면 지구는 없었을 것입니다.

이렇게 태어난 태양의 씨앗을 중심으로 서서히 물질들이 모여들기 시작합니다. 태양의 씨앗이 자랄수록 주변의 잔해들은 회전하면서 원반의 형태를 만들어갑니다. 원반의 중심에 원시 태양이 만들어지고, 원시 태양 중심부의 온도가 점점 올라가 천만 도에 이르면 수소 핵융합 반응이 일어납니다. 드디어 태양이 스스로 빛을 내기 시작한 것입니다. 태양은 빛과 함께 태양풍이라 불리는 초속 수백 km의 플라즈마(기체가 지속적인 열을 받아 이온핵과 전자가 분리된 상태로 제4의 물질 상태라고 불림)를 태양 밖으로 뱉어 냅니다. 태양 주변의 물질 중에 가벼운 기체 성분들은 태양풍에 의해 먼 곳으로 밀려나고 태양에 가까운 곳에는 무거운 암석 성분들이 남게 됩니다. 그래서 태양 가까운 곳에는 암석들이, 먼 곳에는 기체들이 모여 원시 행성들이 탄생합니다. 이때 원시 지구도 형성되었으며, 작은 천체들의 끊임없는 충돌로 온도가 점점 높아져 행성 전체가 녹아 마그마 덩어리가 되었습니다. 이 과정에서 철과 같은 무거운 원소들은 아래로 가라앉아 핵을 만들고 껍질 부분에는 규소와 산소 같은 가벼운 원소들이 남게 되었습니다. 몇 번의 소행성 충돌에 의해 지구의 자전축이

23.5도 기울어지게 되었고, 화성 정도의 소행성 충돌에 의해 달이 만들어 졌습니다.

만약 지구 자전축이 전혀 기울어지지 않았다면 고위도와 저위도의 극심한 온도차가 발생할 것이고, 자전축이 90도 완전히 누워 있다면, 일 년 중 반은 낮이고 반은 밤이 되어 연교차가 수백도에 이르게 될 것입니다. 또, 지구의 자전축이 현재와 같이 적당히 기울어지지 않았거나 계속 큰 폭으로 진동했다면 우리는 태어나지 못했을 것입니다. 그리고 달은 적당히 기울어진 지구 자전축을 유지시켜 주고 있으며, 지구의 바닷물을 끊임없이 밀고 당겨 지구의 생명체들이 잘 자랄 수 있도록 도와주고 있습니다.

원시 행성들의 충돌이 계속되고, 결국 궤도가 안정적인 지금의 행성들만 남게 되었습니다. 태양으로부터 멀리 떨어진 목성, 토성, 천왕성, 해왕성은 기체로 이루어진 행성으로 탄생 초기와 지금의 모습은 크게 달라지지 않았습니다. 그러나 태양에 가까운 수성, 금성, 지구, 화성은 엄청난 변화를 겪게 됩니다. 행성 전체가 액체 상태의 마그마였던 지구와 비슷한 행성들은 식어가면서 화산 가스를 배출하게 됩니다. 수성은 태양에 너무 가까울 뿐만 아니라 중력이 작아 화산 가스들을 우주로 다 잃어버렸습니다.

금성은 화산 가스들이 표면에 남아 두꺼운 대기층을 만들었습니다. 그러나 화산 가스의 대부분인 수증기와 이산화탄소는 강력한 온실 효과를 일으켜, 금성의 기온을 400℃가 넘게 만들었습니다. 결국 현재는 수증기가 대부분 사라지고 이산화탄소만 남아 지구 대기보다 90배 무거운 대기권을 만들었습니다.

지구와 화성은 금성과는 약간 다른 과정을 거칩니다. 화산 가스 중에 포함된 수증기가 응결되어 거대한 구름이 만들어지고 결국 지표면에 엄청난 비를 뿌리게 됩니다. 그 비로 인해 지표가 식어 가면서 지각이 형성되고 낮은 곳에 빗물이 고여 바다가 만들어졌습니다. 이때 내린 비는 화산 가스가 녹아들어 강한 산성을 띠고 있었으며, 지표의 암석을 녹이면서 중화되었습니다. 빗물에 녹아 있던 음이온과 암석이 녹으면서 나온 양이온은 서로 만나 석회암 같은 대규모 화학적 퇴적암을 형성했습니다. 이 과정에 의해 대기권에 가장 많았던 이산화탄소는 석회암으로 이동합니다. 그러나 염화이온과 나트륨이온은 화학적 퇴적암이 되지 못하고 바닷물 속에 그대로 남게 되었습니다. 바닷물을 증발시키면 염화나트륨(소금)이 가장 많이 나오는 까닭입니다. 화성에도 지구와 같이 넓은 바다가 만들어졌으나 중력이 작아 수십억 년이 지나는 동안 바닷물과 대기를 서서히 우주로 잃어버려 지금은 지구의 수백분의 일밖에 남지 않았습니다. 결국 지구의 질량, 크기, 태양 거리가 지금과 달랐다면 지구에는 액체 상태의 물이 없었을 것이고, 생명체는 탄생하지 못했을 것입니다.

바다가 만들어지는 과정에서 서서히 식어가면서 전체가 단단한 암석으로 변하는데, 이상하게도 지하 2,900~5,100 km의 물질들은 액체 상태로 남아 지구 내부에서 회전하게 되었습니다. 이 영역을 우리는 외핵이라 부르며 이곳에서 발생하는 유도 전류에 의한 자기장은 전 지구를 감싸고 있습니다. 이 자기장은 나침반을 움직여 북쪽을 알려 주기도 하고, 철새들의 비행에 도움을 주며, 우주로부터 날아오는 방사선이나 유해한 전자기파를 막아 주는 역할을 합니다. 만약 지구에 자기장이 지금보다 약했다면 지구 표면은 전자레인지와 비슷한 상황이 되었을지도 모릅니다.

생명의 탄생

지구 탄생 10억 년 후 심해저 화산 부근에서 지구 역사상 최대의 기적이 일어납니다. 바로 생명의 탄생입니다. 우리 주변에는 너무나 많은 생명체들이 있기 때문에 그들의 존재가 얼마나 대단한지를 모르고 살고 있습니다. 생명체란 주변과는 다른 물질들이 모여 세포를 형성하고 있으며, 세포는 물질대사를 통해 에너지를 생산합니다. 그리고 유전자를 통해 자신과 똑같은 자손을 만들어 내는데, 이것이야말로 생명체의 가장 큰 특징이라 할 수 있습니다. 자연 상태에서 생명체가 출현할 확률은 쓰레기 더미에 바람이 한 번 불어 여객기로 조립될 확률에 비교될 만큼 거의 불가능한 일입니다. 그런 불가능한 일이 지구에 일어난 것입니다.

지구 탄생 20억 년 후에 최초로 광합성을 하는 생명체 시아노박테리아(엽록소를 가진 최초의 단세포 생물로 세균처럼 핵막이 없고, 여러 세포들이 모여 실 모양의 군체를 형성)가 출현합니다. 시아노박테리아는 광합성을 하면서 다른 행성에는 없는 산소라는 기체를 만들어 내기 시작합니다. 약 6억 년 전까지 지구를 지배하던 시아노박테리아는 몇 번의 지구 전체가 얼어붙는 과정을 거치면서 폭발적으로 증가합니다. 그에 따라 바다 속에는 산소가 풍부해졌고, 이전까지 단세포였던 생물들은 풍부해진 산소를 바탕으로 콜라겐을 합성하여 조직을 만들어 다세포 생물로의 진화를 이루어 냅니다. 이 다세포 생물군은 호주의 에디아카라 지역에서 최초로 발견되어 에디아카라 생물군이라 부르고 있습니다. 그리고 대기 중에도 산소가 풍부해지면서 오존층이 형성되기 시작하였습니다.

약 5억 년 전 고생대가 시작되면서 지구의 바다에는 생명체들이 폭발적으로 증가하기 시작했습니다. 삼엽충 같은 절지동물이 번성하고 척추동물인 갑주어가 출현하였습니다. 그러나 아직 육지에는 생명체들이 살지 못했습니다. 아직 오존층이 완성되지 않아 자외선이 너무 강하여 햇빛에 직접 노출된 생명체는 바로 죽었기 때문입니다.

오존층이 형성되면서 생물들은 육상으로 진출이 이루어집니다. 육상에 가장 먼저 출현한 생물은 고사리 같은 양치식물이었습니다. 뒤를 이어 전갈 등의 절지동물이 육상으로 진출합니다. 그러나 어류였던 척추동물은 아가미와 지느러미를 가지고서는 육상으로의 진출은 불가능했습니다. 척추동물을 육지로 진출시킨 가장 큰 원인은 지구의 판구조 운동이었습니다.

고생대말 대륙들이 한 곳으로 모이면서 대륙과 대륙 사이는 점점 좁아졌습니다. 대륙들 사이의 바다는 점점 좁고 얕아졌으며 여기에 갇힌 어류들은 뭔가 새로운 방법을 찾아야만 했습니다. 물 속의 산소량이 급격히 떨어지고 지느러미로는 헤엄을 칠 수가 없었기 때문입니다. 이때 어류들은 아가미가 아닌 폐로 숨을 쉴 수 있도록 진화하였으며, 지느러미 안에 뼈와 관절이 만들어져 기어다닐 수 있게 되었습니다. 양서류가 출현한 것입니다. 물과 육지 양쪽 모두에서 살기 때문에 양서류라 불리는 이 척추동물은 얼마 지나지 않아 파충류로 진화하게 됩니다.

2억 5천만 년 전 고생대가 끝나고 중생대가 시작되면서 이 파충류들은 급격하게 발달하게 됩니다. 매우 효율적인 폐를 가진 이 파충류들은 몸집이 거대해지면서 중생대를 지배하게 됩니다. 이를 공룡이라 합니다. 공룡은 현생 파충류와는 다른 특징들이 많아 공룡과 파충류를 다르게 분류하기도 합니다. 공룡들이 지구를 지배할 때 우리의 조상인 포유류는 쥐와 비슷한 모습으로 출현하여 개와 비슷한 모습으로 진화를 합니다.

중생대 말 격렬한 화산 활동에 의해 육지의 대부분은 산성으로 변하였습니다. 공룡 알 껍질은 산성에 약하기 때문에 많은 공룡들이 태어나기도 전에 죽었으며, 포유류들이 단백질을 보충하기 위해 공룡 알을 훔쳐 먹으면서 공룡의 수는 급격하게 줄어들었습니다. 또 식물들은 곤충과 함께 새로운 진화를 이루어 내는데, 이 새로운 식물이 꽃을 피우는 속씨식물입니다. 초식공룡의 주식이었던 겉씨식물들이 쇠퇴하고, 속씨식물이 번성하면서 초식공룡들에게도 위기가 찾아옵니다. 공룡들의 먹이사슬 자체가 흔들리고 산성화된 환경은 공룡들에게 엄청난 시련을 주었습니다. 그러던 중 6,500만 년 전 멕시코 유카탄 반도 근처에 지름 10km정도의 소행성이 충돌하면서 공룡의 시대는 끝나고 땅굴을 파고 살던 포유류들은 살아 남아 신생대를 맞이합니다.

신생대에는 몇 번의 빙하기를 거치면서 포유류가 진화를 거듭하게 됩니다. 약 300만 년 전 포유류 중 유일하게 직립 보행을 하고 도구를 사용하는 인류의 조상인 영장류가 출현합니다. 언어와 불을 사용하고 사회를 이루고 있던 우리의 조상들은 빙하기를 극복하고 오늘에 이르렀습니다.

언어와 도구의 사용으로 지능이 발달하면서 인류는 더 이상 나약한 생명체가 아닌 최고의 생명체로 발전하게 됩니다. 최근 연구에 의하면 매머드가 이 시기에 멸망한 것도 인류의 조상 때문이라고 합니다. 사냥감이 부족했던 빙하기의 원시 인류에게 매머드는 최고의 식량 자원이었습니다. 우리의 조상이 언어와 도구를 사용하지 못했다면 나약한 인간이 매머드를 사냥한다는 것은 불가능했을 것이고, 결국 빙하기를 극복하지 못하고 멸망했을 것입니다.

빙하기가 끝나고 인류는 세계 각지에서 각각의 문명을 발달시켰으며, 산업혁명 이후 과학 기술이 눈부시게 발전하게 됩니다. 그리고 대한민국에서 여러분의 부모님이 만나게 되고, 그 사이에서 여러분이 태어나 여기에 있게 되었습니다.

우리가 지금, 여기 있는 이유

지금까지 우주 탄생부터 여러분이 여기에 있기까지의 과정을 살펴보았습니다. 만약 지금까지 이야기했던 과정 중 하나라도 잘못되었다면 여러분은 여기 존재하지 않을 것입니다. 결국 여러분은 거의 불가능의 확률을 뚫고 이 자리에 있는 것입니다. 그렇다면 서두에 말씀드린, 여러분이 왜 특별하고 소중한 존재인가를 이제는 깨달았을 것입니다.

만약, 빅뱅에 의해 우주가 태어날 때 팽창 속도와 소립자의 밀도가 조금만 달랐더라도 수소와 헬륨은 만들어지지 않았을 것이고, 최초의 별도 만들어지지 않았을 것입니다. 그리고 여러 번의 초신성 폭발이 우리 태양계가 만들어질 곳에 충격파를 주지 않았다면 태양은 만들어지지 않았을 겁니다. 태양의 수명이 지금보다 훨씬 짧았다면 인류가 진화하기 전에 태양계는 끝나 버렸을 것입니다. 지구에서 태양까지의 적당한 거리, 주변의 안정된 행성들, 적당한 기울기의 지구 자전축, 24시간인 하루, 한 달을 주기로 돌고 있는 달, 지구의 자기장, 드넓은 하늘과 바다, 이 모든 것들이 지구에서 생명이 살 수 있도록 해주었습니다. 생명 활동에 의해 만들어진 산소가 오존층을 만들어 육상에 생명이 살 수 있게 되었고, 대륙의 이동과 화산 활동, 소행성 충돌 등이 지구의 생명들을 단련시키고 진화시켰습니다. 언어와 도구를 사용할 수 있는 인류의 조상은 빙하기를 극복하였으며, 과학 문명을 발달시켜 오늘날에 이르렀습니다.

1960년대에 드레이크 교수는 재미있는 생각을 해냈습니다. 드레이크 교수는 지금까지 이야기한 여러 가지 조건들을 변수로 하여, 과학 문명이 발달한 외계 문명의 확률에 대한 방정식을 만들었습니다. 이 드레이크 방정식에 따르면 우리 은하 내에 약 30~125개의 문명이 있으며 그들과 우리는 평균 수백 광년 떨어져 있다고 합니다. 만약 100광년 떨어진 곳의 외계인과 전화 통화를 한다면 내가 전화를 걸었을 때, 100년 뒤 외계인이 받을 것이고, 외계인이 전화를 받으면서 '여보세요.'라고 한 응답은 다시 100년 뒤에 내가 듣게 될 것입니다. 아니 들을 수 없습니다. 내 수명이 200년이 안 되기 때문입니다. 즉 외계 문명이 있다 하더라도 우리와는 너무나 멀기 때문에 우리 이웃집과 같이 그들에게 찾아가거나 연락할 수는 없습니다.

결국 우리 지구는 우주에서 아주 외로운 존재입니다. 지구가 살 수 없는 곳이 되었을 때, 지구와 똑같은 조건의 행성이 있다 하더라도 우리가 이주해 가서 산다는 것은 불가능합니다. 하나뿐인 우리의 지구. 우리 인간은 지질 시대 동안 출현한 생명체 중에 가장 뛰어난 생명체임에는 틀림없습니다. 그렇다 하더라도 인간은 지구에 살고 있는 수많은 생명체 중 하나일 뿐입니다. 그런 우리가 지금 하나뿐인 지구에서 어떻게 살고 있습니까?

지구의 산소 탱크라 불리는 아마존 밀림이 벌목으로 인해 사

하나뿐인 우리의 지구, 우리 인간은 지질 시대 동안
출현한 생명체 중에서 가장 뛰어난 생명체임에
틀림없습니다. 그렇다 하더라도 인간은 지구에
살고 있는 수많은 생명체 중 하나일 뿐입니다.
지금 하나뿐인 지구에서 우리는 어떻게
살고 있습니까?

막으로 변하고 있으며, 화석 연료 사용에 의한 지구 온난화로 북극의 빙하가 녹아 뱃길이 열려 있는 상태입니다. 5초마다 어린이 1명씩 기아로 숨지고 있으나 곡물 총생산량의 70%가 가축의 사료로 사용되고 있습니다. 지난 50년 동안 해양 식량 자원은 무분별한 포획으로 50%가 감소하였으나, 해양 오염으로 인해 우리나라와 일본 해역의 노무라입깃해파리 개체수는 세계 인구의 몇 배를 넘고 있습니다.

한 지질 시대를 지배했던 삼엽충이나 공룡도 결국은 지구에서 사라졌습니다. 인간도 결국 언젠가는 지구에서 사라질 것입니다. 그러나 지금 상황으로는 지질시대 동안 번성했던 그 어떤 생명체보다도 가장 짧은 시간에 사라질 위기에 놓여 있습니다.

그러나 우리에겐 희망이 있습니다. 우리나라만 하더라도 한국 전쟁으로 황폐해진 산들을 수풀이 우거진 산으로 바꿔 놓았으며 자원 재활용에 전 국민이 동참하고 있습니다. 세계는 화석 연료를 사용하지 않기 위해 청정 대체 에너지 개발에 노력하고 있으며, 몬트리올 협약 이후 각국의 노력으로 남극의 오존홀도 서서히 회복되고 있습니다.

그렇다면 하나뿐인 우리의 지구를 위해 지금 여러분은 무엇을 하시겠습니까?

희망수업을 준비한 16분의 선생님

강병철 | 소설가. 충남 공주공업고등학교 국어 교사. 이따금 사랑하는 제자들과 호되게 싸우고 상처받은 가슴으로 먼저 악수를 청하는, 생김새와는 달리 마음이 여리고 서정적 문체를 가진 속살이 흰 사내이다.

고병태 | 인천 남고등학교 수학 교사. 지금은 대학생이 되어 버린 아들이 태어나기 전날부터 지금까지의 생활과 본인의 일상을 적은 일기를 매일같이 쓰고 있는, 책을 끼고 노는 것을 제일로 좋아하는 학구파 수학 선생님이다.

권혁소 | 시인. 강원도 인제 원통중학교 음악 교사. 어린 시절의 고향 풍경과 경험이 거름이 되어 시를 쓰는 음악 선생님이 된 이래로, 학교에서 미래의 노동자들과 함께 노래 부르고 시 쓰는 일을 제일로 행복한 일로 여기며 살고 있다.

김경윤 | 시인. 전남 해남고등학교 국어 교사. 눈 맑은 아이들에게 국어와 문학을 가르치면서 고향 사람과 풍광에서 얻은 시심을 '느림과 상생'의 자세로 노래하며, 지역사회에서 '아름다운 사람의 마을'을 가꾸는 일에 작은 힘을 보태고 있다.

김보일 | 서울 배문고등학교 국어 교사. 청소년을 위한 여러 권의 교양서를 낸 저술가이면서, 하루에 한 권 이상씩 책을 읽는 독서가로, 사실은 책읽기보다는 달리기를 더 좋아하고, 달리기보다는 지리산정에 밤을 새우며 별 보는 것을 더 좋아하는 국어 선생님이다.

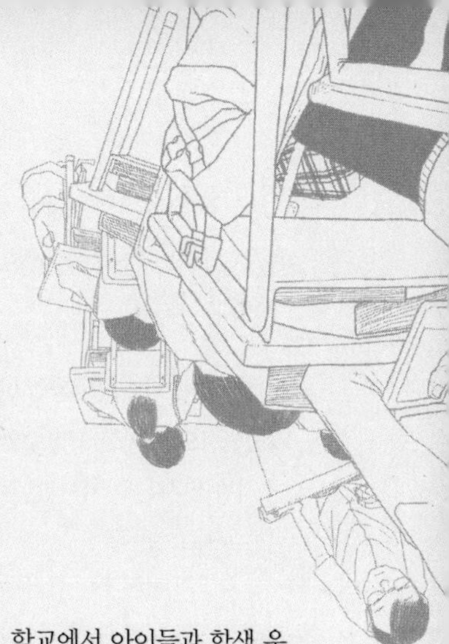

김재룡 | 시인. 강원도 춘천여자고등학교 체육 교사. 학교에서 아이들과 학생 운동 선수를 만나면서 주로 굴리기 놀이를 하며 살아가는 유일한 낙으로 여기고, 본인을 한심한 나쁜 선생으로 말하지만, 글쓰기를 멈추지 않는 체육 선생님이다.

김춘현 | 인천 학익여자고등학교 사회 교사. 공부에 지친 아이들, 삶의 무게에 힘들어 하는 부모들과 희망을 잃지 않고 오늘을 열심히 살고 있는 이웃들에게 따뜻한 마음을 전하고 싶어 펜을 든, 평범한 선생님을 꿈꾸고 있다.

박두규 | 시인. 전남 구례고등학교 국어 교사. 아이들에게 국어를 가르치는 일 이외에도 생명평화 사상의 일상화 운동을 펼치며 자본주의적 가치관을 극복하고 생명·평화적 가치관 확장을 위해 노력하고 있다.

신현수 | 시인. 인천 부평고등학교 국어 교사. 모교에서 국어를 가르치며 작은 체구에서 뿜어져 나오는 열정과 포근함으로 인천 지역의 시민단체에 힘을 보태고 있으며, 여행에 관심을 가지고 꾸준히 글을 쓰고 있다.

오중렬 | 전 의정부과학교사모임 회장. 과학 교사. 모든 학생들이 어렵고 재미있는 과학이 아닌 쉽고 즐거운 과학으로 느낄 수 있게 노력하는, 우리나라 모든 학생들이 우주를 담을 수 있는 넓은 마음과 시공을 초월한 지혜를 갖도록 하는 게 목표인 과학 선생님이다.

이계삼 | 경남 밀양 밀성고등학교 국어 교사. 공교육과 궁합이 맞지 않는다고 생각하면서도 아이들과의 수업이 제일 좋고, 자전거 타고 어슬렁거리는 것이 취미인 사람입니다. 거기서 얻은 힘으로 여러 매체에 글을 쓰고, 여러 사회 활동에도 힘을 보태고 있다.

이득우 | 충남 천안 북일여자고등학교 영어 교사. 통역대학원에서 공부하고 해외연수를 다녀온 것을 행운으로 생각하지만, 앞서 간 많은 이들에게 진 빚을 영어 교육에 대한 나름 고민과 실천으로 갚고자 하는 영어 선생님이다.

이수석 | 인천 동산고등학교 철학 교사. 청소년을 위한 철학과 한자와 관련된 책을 여러 권 낸 적이 있으며, 흐르는 물처럼 대지의 바위처럼이란 좌우명처럼 이 세상 모든 것들을 스승으로 삼아 배우며 살고 있다.

전병철 | 충남 공주공업고등학교 역사 교사. 아이들에게 역사를 재미있고 현재에 살아 있는 것으로 느끼게 하기 위해 노력하고 있으며, 한국작가회의 동인과 전국역사교사모임 회원으로도 힘을 보태고 있다.

조재도 | 충남 천안동중학교 국어 교사. 책을 쓰고 만드는 일에 관심이 많아 여러 권의 시집과 《이빨 자국》과 같은 청소년 소설을 냈으며, 평생 글쟁이로 살고자 하는 이웃집 아저씨 같은 국어 선생님이다.

최은숙 | 시인. 충남 청양중학교 국어 교사. 칠갑산 고개 넘어가는 출근길이 행복하고, 아이들이 있어 행복한, 동료 선생님들과 독서 모임을 하며 죽을 때까지 공부하고 싶은, 그러한 삶이 몸담고 있는 학교와 지역에 작은 보탬이 되길 바라는 국어 선생님이다.